现代日本经济治理
百年变局的转型探索

刘云·主编

时事出版社
北京

撰稿人（按姓氏拼音排序）：
胡　欣（国际关系学院外语学院）
霍建岗（中国现代国际关系研究院东北亚研究所）
刘军红（中国现代国际关系研究院东北亚研究所）
刘　云（中国现代国际关系研究院）
平力群（天津社会科学院日本研究所）
汤　祺（中国现代国际关系研究院东北亚研究所）
田香兰（天津社会科学院日本研究所）
田　正（中国社会科学院日本研究所）
徐永智（中国现代国际关系研究院东北亚研究所）
徐　玥（南开大学日本研究院）
颜泽洋（中国现代国际关系研究院东北亚研究所）
张梓瑶（中国现代国际关系研究院东北亚研究所）
郑文杰（中国现代国际关系研究院东北亚研究所）

目 录
CONTENTS

第一章　经济决策与宏观政策　// 1

第二章　经济安全理念与政策　// 27

第三章　产业政策与产业链　// 58

第四章　供应链安全及政策　// 96

第五章　对外经济与区域合作　// 114

第六章　环境治理与气候政策　// 135

第七章　数字化转型　// 156

第八章　"地方创生"政策　// 181

第九章　老龄化与医护制度　// 206

第十章　金融体系现代化　// 225

第十一章　公司治理平成改革　// 253

第十二章　动漫产业发展与国际化　// 290

第一章 经济决策与宏观政策

一、日本经济决策的特点

经济决策涵盖广泛，既包括政府政策的制定，也包括具体企业的经营决策等。本章所涉及的经济决策，主要是指广义的政府经济决策，也就是国家经济政策制定的过程。同时，经济政策的制定，所涉主体并非只是日本政府及其下属的各相关省厅，还包括执政党、国会、日本央行等并非狭义上的政府部门的实体。换而言之，本章关注的对象并非只是被制定出来的经济政策，而是政策被研拟直至出台的全过程。

（一）经济决策的分类

日本政治学者山口二郎将"制度化动量最大限度予以发挥的政策"描述成为"基本设计性政策"，如经济计划、国土计划等，其功能是对整个政策系统的总体性构图予以规定。而"在现实层面中得以情境化的政策"则被称为"实施设计性政策"，这种政策有明显的对象，如政府提供的财政、服务等。[①]

对照此分野，前者可以是2021年10月诞生的岸田文雄内阁提出的"新资本主义""数字田园都市国家构想"等，后者可以体现在于2021年底临时国会通过的补充预算经济对策中涉及的诸多政策项目。

[①] [日]山口二郎著，吕耀东等译：《日本内阁制度》，社会科学文献出版社2017年版，第24页。

从理论上讲，前者规定了后者的具体范围和实施的宏观方向，两者应该是原则与具体体现的对应关系。但在实践过程中，两者关系不会如此简单明了。往往会出现规范性的政策过于宏观，有时只是提出美好的愿景，而在执行的过程中则缺乏实现的条件和环境等问题，从而导致两者的割裂。在日本政治中，首相作为政府首脑，为了强化自身的政治地位，往往会在执政初期提出一系列经济政策口号以体现自己相较于前任的"崭新"特色。但在实际操作中，口号有时候难以转化为政策，这是两者之间脱节的重要原因。

（二）经济政策的决策主体

日本政治具有自身独特之处。尽管从理论上或从制度设计的角度去看，政府或者说内阁，具有经济决策的主导权，首相以及与经济相关的省厅的首脑比如经济产业省、财务省等的大臣，是决策的当然主体。但实践中却不尽然，在二战后的日本历史中，首相掌握决策的绝对主导权反而是比较特殊的现象。在观察日本政治的时候，不宜套用欧美政治学的一般性理论，因为日本自身的特殊性，会让政治的实际运行与制度设计根本不相符，经济决策也是如此。

在日本的政治实践中，经济决策的主体是多样的。其一，首相以及与经济相关省厅的首脑也就是大臣，当然是决策主体，但除此之外，相关省厅的官僚也就是高级公务员，特别是省厅的事务次官（文官体系的最高职位，相当于常务副部长）也具有相当大的影响力，这种影响力在2010年左右制度修改之前更为巨大。其二，日本的执政党对经济决策的影响力并不比官僚体系小，在某些极端情况甚至具有绝对性影响。其三，虽然不少人从政治经济学的理论出发，认为经济界也就是垄断资产阶级才是日本真正的主人，但实际上经济界的影响力并没有那么大。比如在2022年日本所谓"经济安全保障推进法案"的制定与通过的过程中，日本经济界特别是经团联提出了诸多的反对意见，但并未阻挡法案的最终通过。但日本经济界的影响力不可小觑。经济决策的实践过程，实际上是各种主体相互作用的过程，如果意见一致，就会形成合力，决策过程顺畅、执行状况良好；但是如果意见有分歧，那么就会产生各方博弈，决策过程则会出现某些意想不到的波折，可能偏离一开始的方向，最终的结果也可能与计划不同。

日本经济决策还有一个鲜为人知的特点，就是在野党有时也能对决策起到一定的作用。虽然按照民主"少数服从多数"的原则，在国会中议席数较少的在野党理论上对政策的影响应该非常小，但在日本社会，"依靠多数强行通过"被视为是"政治暴行"，可以用但不可以一直用。所以执政党在通过某些重要法案的时候，往往会通过"国会对策"干部与在野党进行协商，争取在野党的支持，努力形成"决策代表了最大多数"的表象。这在日本政治中被称为"国会对策政治"（简称"国对政治"），各政党的国会对策委员长也是举足轻重的重要职位，他们的能力、人脉往往会决定国会的具体运行走向。因此在"国对"勾兑的过程中，在野党的意见就可能进入决策过程。

（三）决策主导性的不同分类

在过去很长一段时间，日本被称为"官僚治国"，也就是说，以内阁名义颁布的经济决策结果，实际上是由官僚决定的。很多时候事实确实如此。这主要由几大因素导致：一是日本官僚体系的稳定性以及专业性。文官体系具有自身绝对的稳定性，从入省到退休，几十年几乎都在省厅工作，专业性自不用赘言，在长期处理政府事务的过程中，积累了丰富的人脉资源与权力资源。官僚的决策，往往能够体现真正的专业性，以至于日本官僚自己都认为自己才是日本这个国家的真正的主人。2010年民主党内阁制度改革之前，在内阁会议前召开的事务次官会议才是决策的真正的舞台，各省厅事实上的"一把手"进行政策协调与妥协之后达成一致意见，第二天的内阁会议很多时候只是"走过场"。二是日本政治体系自身的不稳定与非专业性。日本的首相一般任期都不长，2001—2006年的小泉纯一郎政权与2012—2020年的安倍晋三第二次政权的长期执政，在日本战后政治中属于"异数"而非常态。一般而言，执政2—3年已经算是不短，而2006—2012年出现的"一年一相"的情况,在日本政治史上并不罕见。首相在台上时间短,站稳脚跟尚且难以如愿,更无法在决策中贯彻自身的意志。还有一个重要原因是日本的内阁大臣往往被视为对党内议员的"政治酬庸"。按惯例一年进行一次内阁改组,以便让尽可能多的执政党议员能够在自己的履历中加入"曾任某省大臣"。因此经济省厅的大臣很可能业务尚未熟悉就被改组下台,无法形成有力的决策。另外,除了在官僚退职之后竞选当上国会议员的之外,很多日本的政治家对政府具体事务缺乏系统性了解,在专业性上也远逊于官僚。

1. 官邸主导决策

经济领域真正的官邸主导决策,实际上只是近些年的现象。所谓官邸主导决策,就是在决策体系中首相居于绝对主导地位,能够驾驭官僚体系与执政党,形成"乾纲独断"。这种情况之所以罕见,是因为对政治家的要求非常高,同时也需要制度配合,缺一不可。在小泉纯一郎内阁时期,尽管小泉的民意支持率很高,但在决策体系中依然难以形成对执政党与官僚体系的绝对优势,在道路公团改革等一系列经济决策中,在必要的时候他也必须妥协,而在邮政民营化决策上更是遭到了执政党的抵抗,而最终迫使他不得不以解散众议院来"绝地求生"。对官僚体系,小泉也只能依靠高民意支持率压制却无法完全驾驭。2012年底开始的安倍第二次政权,之所以能形成"官邸独大",实际上具备了两个条件,一是高民意支持率,二是制度的配合。小泉只占其一,而安倍则是完全占据了两者。政治体系之所以难以真正驾驭官僚体系,很重要的一点是不能真正掌控官僚体系的人事权。在原有的政治惯例中,官僚体系的人事变动,下至基层官员,上至事务次官,几乎都由省厅内部自行决定,内阁只是事后给予法规上的确认。内阁在人事上难以制约官僚系统,就给予了官僚系统在决策过程中的"独立性"。内阁人事局使得安倍在决策系统内具有了一言九鼎的实力。

2. "政高"还是"党高"

从法律上讲,负责行政事务的是政府和内阁,但执政党与内阁之间的关系却并不确定。在自民党执政的前半段,即第一次下台的1993年之前,"以党领政"的脉络相对清晰。也就是说,在决策体系、内阁与执政党的关系中,自民党拥有相对较高的位置。在重大决策比如一些经济类法案的确定过程中,首先由自民党政策调查会草拟,然后经由政调会长决定通过之后再交付自民党总务会讨论。自民党总务会是党规中规定的该党最高权力机构,担任总务会的成员过去一般都由党内资深议员出任,由总务会通过的法案,向政府提交。内阁开会通过相关决议,就向日本国会提交。之所以能够长期维持"党高"的状态,主要原因是派系(派阀)的存在,派系领袖是潜在的总裁或者说首相候选人,同时掌控派系内议员的投票取向,如果政府不顾这些派系的意见而执意推动某些决策,就可能面临在国会无法通过的风险。因此内阁在决策的时候,不得不顾虑执政党内的意见。但是在1994年政治改革、1996年众议院选举引入小选区及比例代表并立制之后,派系的作用下降,党总裁的地位上升,由此造成的结果就是政府在决策体系中的地位不断上升,顶峰就是安倍任首相期间的"官邸独大",党完全成为安倍掌控的"机器"。在安倍内阁期间,首相官邸决定某项重大事务之后,就交给执政党,由执政党按照首相官邸的意见草拟成案,经过党内程序之后提交给政府,这时候执政党在决策中的作用比较小,很大程度上就是首相完成决策程序的"工具"。

3. "一致"的决策与"无责任"的决策

美国学者鲁思·本尼迪克特的《菊与刀》与日本著名思想家丸山真男的《现代政治的思想与行动》,都说到了遍布日本社会的"普遍无责任"的特点。所谓普遍无责任,按照丸山真男的说法,就是"主体责任意识淡薄"[①]。一般而言,决策主体需要做好承担决策责任的心理准备,这是常理。但是日本社会却普遍缺乏这种个体责任意识。比如日本的企业一般都是"集体决策",简而言之就是害怕自身个体担责,要负责也必须大家一起负。即便是企业的最高领导,在涉及创新这种缺乏

---

① [日]丸山真男著,陈力卫译:《现代政治的思想与行动》,商务印书馆2018年版,第100页。

清晰前景、可能失败的事项时，也不愿乾纲独断，避免自身承担决策失败的责任，这被日本学者视为数字化转型失败的结构性原因之一。因为创新可能面临失败，而日本企业的决策者们则普遍厌恶失败可能会带来的责任问题，因此决策就会倾向于保守、因循。① 战后自民党政府长期以来形成"以党领政"的决策结构、派系"黑箱政治"的决策过程，与上述的"逃避责任"不无关系。日本的许多决策，在明面上都是"全场一致"，比如内阁决议、自民党"最高决策机构"总务会的会议等。决策的过程是利益的争夺与勾兑，不可能一团和气。如果在会上以"少数服从多数"决定事项，那么多数方必然要担负决策的责任，如果是主事者乾纲独断，那决策责任归属就更加明确。但如果是"全会一致"，那就是决策群体的集体责任，是大家的责任而不是个体的责任，事后往往难以追责。但决策过程不可能没有矛盾，所有的矛盾都会事先在"水面下"解决。所以所谓的"黑箱"或者"密室"，才会成为日本政治经济决策的常态，最终的决策过程，只是对已经决定的事项的最后确认而已。

4. 对决策结果的跟风

准确地说，这并非是决策的特点，但却与决策密切相关。丸山真男曾经阐述过日本的特殊的"现实主义"问题，简而言之，就是一旦确定，就是"现实"，就应该遵从。在 2015 年前，多数日本民意反对解禁行使集体自卫权，更反对之后安倍内阁制定的基于解禁的安保相关法案，安倍的支持率也一度跌至谷底。但在 2015 年安倍一意孤行通过法案之后，日本民意迅速接受这一"决策结果"，不仅安倍的支持率迅速回升，民众对法案也从反对占多数转变为默认甚至支持。在安倍经济学问题上也是如此，在安倍推出其经济政策的前后，日本社会对此的争论一度非常激烈，学界、民意分裂，但是在推出之后，即便安倍经济学未能实现 2% 的通胀目标，即便国内生产总值增长率依然处在极低的水平

---

① 「日本がデジタル化で遅れる決定的な構造要因」、https://toyokeizai.net/articles/-/378961。

甚至时有负增长，但日本社会几乎听不到对安倍经济学的反对声，民众接受了安倍经济学作为其生活的一部分。这种对决策的跟风，是一把双刃剑，好处就是让决策相对容易得到推行，不好的地方就是往往会失去对决策结果的纠错机制，会让错误的决策长期影响社会的各个方面。

二、日本经济决策的微观过程

在政治学中，决策过程被形容成一个"黑箱"，各种建议就是向黑箱输入的过程，而最终的决策就是黑箱的输出。黑箱的运作机制，非当事人很难详细地完整描绘，因此此处所论述的决策微观过程，只是相对于宏观架构的微观过程，而不可能是对决策过程中各种因素之间冲突过程的完整描述。

论述微观过程，就必须落实到具体的决策事例，通过对典型性事例决策过程的理解，来管窥经济决策中的一些共性。

（一）日本预算的决策过程

预算是财政支出，因此在预算的决策过程中，财务省拥有很大的发言权。从部门利益出发，财务省总是希望增加收入减少支出，在税收上是坚定的增税派，但在支出方面则是尽可能地减少。而其他省厅，比如厚生劳动省就希望尽量扩充社保方面的支出，防卫省就希望较大幅度地增加防卫费用，两者的利益是对立的。日本的财政年度从 4 月开始，因此在上一个自然年的年底，日本政府就基本上确定了预算案，准备提交给本自然年 1 月开幕的例行国会审议，在 3 月底之前必须通过，否则就会造成下一财政年度没有预算可用，而在政府决定预算案之前则是各方就预算内容纵横捭阖的过程。一般而言，在上一自然年的 8 月开始，各省厅就会向财务省提交自己的预算要求，通常会"要价"较高，给财务省留出"砍价"的空间。财务省在决定最终的预算框架也就是"大盘"的过程中，需要考虑几个方面的问题：一是总额的问题。对于财务省来说，理论上财政支出越少越好，当然这种少不是绝对的，而是希望能够拿最少的钱来做最多的事情，所以财务省肯定不会完全按照各省厅的要价来分配预算，而是有"额度"的考虑。二是各项预算组成部分重要性等级的问题。财务省在决定预算的过程中，有些预算难以压缩，比如社保相关预算，在日本少子老龄化不断深化的大背景下，每年的社保相关支出具有较大的"刚性"，必须要予以充分满足，否则就难以完成基本的功能。而在总预算一定的情况下，除非对社保制度进行根本性改革，否则其他的预算组成部分就可能被压缩，比如在2012年安倍上台前，防卫费长期减少，就是这种情况的反映。三是政治层面考虑的问题。预算不可能由财务省单方面决定，既是财务省与相关各省厅博弈的结果，同时也是内阁意志与财务省之间博弈的结果。首相很多时候不能乾纲独断对财务省直接下达命令，财务省与内阁之间的博弈，既可能反映为财务省官僚与首相官邸之间的暗中"斗法"，也可能反映为财务相与首相之间的交锋。一般而言，大臣往往会成为省厅自身利益的代表者，所以省厅的意见往往会通过大臣直接表达。如果首相强势，那么省厅基本上会照顾到官邸或者首相的意见，近些年来日本的财政支出规模不断扩张，就反映出官邸独大的安倍内阁的意见。

（二）日本税制的决策过程

此处的税制，并非指日本的整体税收制度，而是指每年都会修改的各项税种的具体税率或者一些新税种的产生、旧税种的废止等。按照日本宪法的租税法律主义，修改税制需按照指定法律来进行。关于国税的立法，极少由国会议员提出，大多数时候由财务省主导修订法案。不过如何修改，按照法律应该由政府的税制调查会主导，这个调查会名义上是调查、审议有关租税制度的首相咨询机构，但很大程度上受到财务省的影响。但是在很长一段时间内，决定税制修改等诸项事宜的，却是自民党税制调查会。

税制非常重要，不仅涉及普通民众收入的增减，而且也会对具体行业、部门等产生很大影响，某些行业可能会因为增税而导致收入大减。因此，向执政党议员"陈情"，实现对自己有利的税制改革，对于行业来说是理性的做法。而对于执政党议员来说，也是加强与各个行业团体、经济界联系的重要渠道。对很多企业而言，执政党能够将他们的要求转化为政策"变现"，因此在给予政治献金的时候，也不会吝啬，甚至很多时候不惜触犯《政治资金规正法》，暗地里给予执政党政治家大额献金。

因此，自民党的税制调查会历来是大佬云集的地方，这一方面是因为重要政治家多、影响力大，让自民党的税制改革方案成为政府最终决策的可能性也会更大；另一方面因为这是重要决策部门，政治家大佬可以借此提升自己的政治地位，从而巩固与业界、经济界的关系，这对于他们来说也是只有好处而没有坏处的。

（三）经济财政咨询会议

2001年1月日本的中央省厅制度改革，创设了"经济财政咨询会议"（以下简称"会议"）。这本身是强化首相权力的一项改革，其实就是通过汲取"社会贤达"的政策建议，来让他们为自己的政策背书，从而压制官僚系统在政策制定中的作用。从其人员构成就可以看出这一点，在包括首相在内的11名成员中，至少40%必须是民间人士。2022年岸田文雄内阁时的成员，除了主席岸田、内阁官房长官松野博一、经济再生担当相山际大志郎、总务相金子恭之、财务相铃木俊一、经产相萩生田光一、日银总裁黑田东彦等经济部门官员外，还包括经团联会长十仓雅和、巴黎证券的中空麻奈、三得利控股的新浪刚史以及东京大学教授柳川范之等民间成员。其职能是"调查并审议经济的基本方针、财政运营以及预算编组的基本方针等经济财政的重要事项，并就全国综合开发计划等经济财政政策等向首相提供咨询"。

在小泉内阁时期，会议的最主要功能就是涉足预算编组。如上所述，长期以来预算是大藏省（后来的财务省）的"自留地"，主要由该省的主计局负责编组。而在会议成立之后，在8月财务省接受各省厅的"概算要求"之前，会议在研究经济增长率等数据的基础上制定"关于经济财政运营与结构改革的基本方针"（即所谓的"骨太方针"），再经内阁决议通过成为国家的方针，预算的编组必须以此为准绳，实际上就是在财务省的"自留地"里横插一脚，官邸主导得到了增强。

在小泉内阁时期，除了预算之外，在金融系统改革、邮政民营化、规制改革、税制改革、经济增长战略等国家的经济战略方针中，该会议也充当了"指挥部"的角色，较好地完成了官邸主导的职能。小泉的亲信竹中平藏负责会议，在竹中平藏的操作下，会议的民间成员在事先就形成统一意见，向会议提交他们的共同建议。若政府方面的成员没有反对，实际上代表了小泉和竹中政策主张的建议就会被采纳，若有反对则继续商讨交锋，由竹中做出最终结论，以最大限度地体现小泉和竹中的意图。在2009—2012年的民主党执政时期，国家战略局的成立取代了会议的职能，因此在这一阶段，会议并没有发挥作用。而到了安倍时期，首相安倍晋三继续将会议作为推动其经济政策的"发动机"，安倍的政策主张比如"安倍经济学"都是通过会议提出然后成为国家的大政方针的。

（四）日本涉经济法案的推动过程

与美国活跃的议员立法不同，日本绝大多数的法案由政府主导并提出，由议员发起的立法并非没有，但非常少见。每届国会通过的大多数法案都是政府立法，当然在政府的背后体现了首相、执政党、官僚体系或者一些有影响力的资深议员的意志，这很大程度上与日本的政治文化有关。由议员串联向国会提出法案，是"个人英雄主义"行为，与注重权威集团利益的日本政治传统并不相符，所以极为少见。

经济财政咨询会议这样的机构决定国家的大政方针，不可能对具体领域的经济事务一并进行审议，所以还是需要各相关省厅来推动法案的形成。

日本有自己的"审议会"制度，在国家层面，有根据法律设置的涉及大政方针的审议会，但相对来说数量较少。而在各个省厅乃至地方自治体，拥有数量较多的审议会，这些被认为是"私人审议会"。此处的"私人"并非真是个人的审议会，这些审议会的运营依然使用公款，审议会的秘书处一般也设在省厅，之所以称之为"私人"，是因为这些审议会与国家层面的不同，其设立并非依据法律，而是由各部门领导的命令推动的。

如上所述，经济省厅认为自己汇聚了该领域的专家，他们的决策是最科学、最权威、最有说服力的，但长期以来，因为政、官、财的"三角结构"臭名昭著，所以外界对其决策的"合理性"质疑颇多。

包括经济学家野口悠纪雄等在内的不少日本学者专家，均将审议会视为省厅等"合理化"自身决策的工具。决定审议会议程的是负责具体事务的秘书处，而秘书处的成员都是省厅官僚。在遴选审议会成员的时候，必须要保证与他们意见一致的学者专家占据多数，保证审议过程"不出轨"。在秘书处的主导下，讨论的过程基本上是按照省厅官僚预定的步骤前行，最终的报告也体现了省厅的意志，但通过这个过程，省厅"征求了有识之士的意见"，具备了全面性与科学决策的特征。由此，省厅官僚可以部分化解来自外界的批评。

三、利益集团与经济决策

在现代社会，利益集团影响政府经济决策极为常见。在美国，利益集团通过游说或者推出代言人来影响国家的经济决策。在日本，因为固有的集团主义的社会传统，利益集团与政界深度勾结，从而形成了固定的利益关联结构，此结构即日本所谓的政、官、财"铁三角"关系，而其中具有日本特色的就是所谓的"族议员"。

所谓族议员，就是为了具体的利益集团的利益而进行"公关工作"的议员，除了介入法律制定以及政策决定过程，还向具体的有关省厅游说，在给予特殊许可、发放补助金、基础建设选址等方面，为具体的利益集团谋利。

族议员中，有不少原先是中央省厅的官僚，他们退职之后转换跑道，代表自民党参选并当选国会议员之后，凭借他们的专业素养以及与原省厅的人脉关系，比较容易成为各利益集团的代言人。而自民党的政策调查会，又比照中央省厅，设有各方向的政策部会或调查会，比如对应外务省的有外交部会，对应防卫省的有国防部会等，这些原官僚议员往往成为各政策部会或调查会的成员，这些地方就成为了族议员的"培养皿"。而这些部会的成员，在长期浸淫此方面事务之后，随着其政坛资历的不断累积，有机会被任命为各省厅的政务官、副大臣乃至大臣，其对政策的影响力也会随着资历的累积而不断上升。

在自民党内，族议员的类别众多，有法务族、外交族、财政族、金融族、建设族、农林族、邮政族、文教族、厚生族、商工族等。自民党内之所以会产生如此众多的族议员，与其长期以来的"以党领政"的决策结构有密切关系。20世纪70年代之后，政府在推出法案或重大决策时，需要经过政策调查会的"事先审查"，在审查的过程中，这些议员不仅使用自己的专业能力对草案进行修改，而且也会将法案、政策所涉及的部门、产业、企业等的诉求，通过各种方式反映其中。

对于利益集团而言，通过族议员能够更有效地将自己的诉求反映到政策上。而族议员也不排斥与具体利益集团加深关系。对两者而言这是"双赢"的结果，族议员可以通过为利益集团"办事"而一举多得，一是在选举中获得稳定的票源。日本著名的利益集团如农协、医师会等，其会员遍布全国各地，不仅其会员可投票给特定候选人，其亲属、朋友也会被动员支持某候选人，从而让候选人相比其他缺乏稳定基础的对手"赢在起跑线上"。这些就是自民党所谓的"组织票"。二是获得政治资金。在20世纪90年代政治资金规制法修改之前，议员获取献金更为便捷、大胆，而利益集团就是这些议员的"大金主"，获得利益集团的鼎力支持，就能在选举中更有资金上的胜算。在20世纪70年代，田中派拥有很多的建设族与邮政族的议员，主要就是因为田中派掌握了自民党的政治命脉，与该派系议员交好能够更便捷地实现诉求，而田中派也通过与这些利益集团的交往来获取政治斗争所需要的各方面的支持，从而更稳固地把控政局。前首相海部俊树曾以文教族为例阐释族议员的政策决定过程：在选择哪家出版社的教科书的问题上，文教族首先在自民党的文教部会进行商讨，然后选定与他们有深厚关系的出版社，之后将结果在文教委员会上推动通过，最终实现政策制定。

自民党内还有所谓的"道路族"议员，其与路桥建设公司以及地方势力有很深的关系，通过促使国家投资建设公路来满足利益集团，从而获得丰厚的回报。1974年，政府将民众购买汽车、加油等时所收的税金定为"道路特定财源"，专门用于道路建设。后期随着日本经济增长的减速甚至最终陷入停滞，预算分配捉襟见肘，因此一直有声音要求废除该规定，将道路特定财源用于他处，但却遭到"道路族"的重重阻挠而无法如愿。2009年麻生内阁时虽然终于将特定财源定为"一般财源"，但在"道路族"的操作之下，大部分预算依然被用于道路的建设或者维护上，换汤不换药，由此也可以看出日本族议员的能量。

日本利益集团的力量就在于其拥有巨大的选票与财力。日本农协是最重要的利益集团之一，覆盖全国农村，社员和准社员达到950万人，能影响的议会席位数占到国会选举的30%。同时农协还拥有银行"农林中央金库"、保险公司"全国共济农业协同组合联合会"等，且规模巨大，在日本首屈一指。农协的组织性也非常强，有遍布全国市町村的基层农协，也有全国农协，影响力很大。在与政界长期的交往过程中，农协逐渐培养出一批自民党内的农林族议员，他们是农协在政坛的代言人，成为农协实现自己诉求的工具，也是影响政府决策的主力军。日本参与国际与地区自贸架构，总是遭到农协的重重阻挠，农协希望维持国内农业市场的封闭，避免外来农产品的竞争，从而维持农民以及农协的既得利益。因此在日本希望加入美国主导的"跨太平洋伙伴关系协定"时，农协曾经大力反对，在全国展开反对"跨太平洋伙伴关系协定"的示威活动，让政府加入"跨太平洋伙伴关系协定"的企图最终"胎死腹中"。而2012年底上台的安倍内阁，决心加入"跨太平洋伙伴关系协定"，面对农协的阻挠，安倍反其道而行之，通过新《农协法》，取消了中央农协的领导权和监督权，不再赋予农协不受反垄断法约束的特殊地位，将综合农协改组为专业农协等。通过削弱农协的政治和经济影响力，以削弱其对国家政策的干预能力，确保安倍从上到下的决策可以尽量少地受到农协这个利益集团的干扰。安倍对农协的改革以及最终加入"跨太平洋伙伴关系协定",不仅大大削弱了农协的作用,也让农林族在党内的地位大大受损,降低了其对政策的影响力。

而围绕邮政民营化的政治博弈,相较于在农协问题上的较量,可谓有过之而无不及。在邮政民营化之前,日本的邮政长期坚持国营政策,即使在 2003 年邮政公社成立,也是一个典型的国有企业。当时的邮政公社,与农协一样拥有极强的组织与经济实力,遍布全国的邮政局以及由邮政出身人员组成的"大树会",是自民党重要的支持基础。和农协一样,邮政公社也利用其遍布全国的网点,形成了规模庞大的银行与保险产业,邮政储蓄甚至是当时世界上最大的金融机构,而邮政储蓄吸纳的大量存款,被政府用于财政投融资,被视为政府的"第二财政"。邮政公社的银行与保险产业相较于民营企业,无论是其规模还是实力都具有优势。2001 年担任首相的小泉纯一郎是邮政民营化的核心推动者,民营化的目标是削弱邮政公社及其下属银行、保险公司在各自领域中的绝对地位,促进公平竞争,同时也可以通过改革增强邮政各产业内部的竞争与效率机制,推动其走向内生性发展路线。

但小泉的邮政民营化决策受到利益集团的挑战,邮政公社及其各产业从维护自身的垄断优势地位出发,强烈反对民营化。而邮政工会也因为民营化会导致他们丧失原先的公务员身份,从而致使其各项福利受损,因此也强烈反对民营化。因此,即便小泉政府制定了邮政民营化法案并付诸国会表决,在众议院勉强通过法案,但依然受到反对民营化的自民党议员和在野党在参议院的强力阻挠,法案被否决。这是日本政治上罕见的,政府已经决定并付诸国会的经济决策法案被本党议员阻击而功败垂成的事件。由此形成了所谓的"邮政民营化"政局,小泉以法案被参议院否决为由解散众议院"取信于民",最终在众议院选举中获得大胜,依靠民意的支持,小泉压制党内议员特别是参议员的反对声,最终通过了民营化法案。

日本医师会也是有名的利益团体。医师会虽然财力、人力比不上农协和邮政团体,但因职业的特殊性,在日本社会也是一股不容小觑的势力。对于医师会来说,其目标相对简单,那就是尽可能地确保自身的经济利益。医师会主要是确保医疗保险制度的改变要对其相对有利，以及争取政府对医疗体系的诸多补助，因为这直接关系到他们的收入。医师会在自民党内的代言人就是厚生族，同时医师会也会直接推荐会内的成员竞选参议员，直接代表他们的利益，从结果来看，日本医师会对政府决策的影响是非常大的。

总体而言，在20世纪90年代自民党第一次长期执政期间，因派系政治处于黄金期，执政党在决策体系中的作用突出，相应族议员的权重也比较突出，通过政策的"事先审查"机制，利益集团能够较为容易地将自己的诉求转化为政府的政策。但是，在20世纪90年代政治改革之后，随着小选区制的推行，派系开始走下坡路，在执政党内总裁的作用和权力逐渐增加。而自民党总裁同时也是首相，其权力的上升也就意味着政府相对于执政党的地位的上升，原先的"以党领政"同时也使自下而上的决策架构出现松动，越来越多政策开始自上而下推行，而其极端形式，就是安倍第二次执政时期的"官邸独大"，即执政党完全成为官邸的附庸与政策工具。族议员的地位下降，利益集团实现诉求"变现"的途径发生改变，虽然利益集团依然能够对政策制定产生影响，但影响力不可避免地被削弱。

四、日银的决策及其独立性

日本银行（以下简称"日银"），是日本的中央银行，在日本的经济体系中拥有特殊地位。长期以来，日银都缺乏中央银行应有的独立性，其地位的增强较其他欧美发达国家要晚。

原来的《日本银行法》，是1942年的所谓"战时立法"，不可避免地带有当时的色彩，之后的几十年也并未进行全面的修改。旧日银法中，不仅内阁拥有任命、解除日银总裁的权力，甚至当时的大藏相（即现在的财务相）也拥有针对日银的"业务命令权"。日银下设的金融政策的最高决定机构"政策委员会"，也必须有大藏省的席位。所以当时日银的独立性很差，其金融决策不得不考虑内阁以及大藏省的意见。

1989年初开始，日银想改变货币政策，通过提高利率来遏制当时已经非常明显的泡沫经济，并就此调整与大藏省协商。但当时的资产价格虽然飙升，一般的物价却仍保持稳定，甚至有走低的趋势，因此大藏省和经济企划厅等对日银提高利率的想法持反对意见。此外，大藏省反对提高利率，还因为年内将施行消费税，希望在此事落定之后再改变货币政策。因此在大藏省的反对之下，日银一次次错过提升利率的窗口期。时任日银副总裁三野重康事后回忆称："虽然想过尽早调整量化宽松的货币政策，但悔之晚矣。"①

1997年《日本银行法》大修，新修订的法律于1998年4月开始施行。新《日本银行法》一定程度上强化了日银的独立性，虽然财务省和内阁府可以派遣政府代表委员参与政策委员会的金融政策决定会议，但法律规定的政府权限仅限于要求政策委员会延期表决，如果出现意见对立，最终的决策还是由政策委员会来决定。

1997年的修法虽然提高了日本央行的独立性，但就法律而言，日本央行的独立性较之于其他发达国家还是属于比较低的。日银前总裁白川方明就明确指出："政府代表每次都出席货币政策决策会议，并可以就货币政策发表观点或意见，这在发达国家中并不常见。在首相以及与经济相关重要内阁成员参加的经济财政咨询会议上讨论货币政策问题，在发达国家中更是没有先例。"②

如上所述，即便在修改了法律之后，日银的独立性也达不到真正"独立"的程度，所以在金融政策的决策过程中，政府依然有较大的发言权，日银也就难以针对当时的经济状态提出有针对性的、基于理性的决策。

即便日本的法律给予日银高度的独立性，但在日本文化中，也难以真正做到绝对的中立或者独立，正如在日本战后长期担任日银总裁的一

---

① [日] 西野智彦著，李立丰、宋婷译：《失去的三十年》，中国出版集团东方出版中心2020年版，第6页。

② [日] 白川方明著，裴桂芬、尹凤宝等译：《动荡时代——白川方明亲历日本经济繁荣与衰退的39年》，中信出版集团2021年版，第566页。

万田尚登所言,"日银总裁要征得大藏省、经济企划厅、国会甚至广大民众的理解,不能只是坚守央行的中立。"①

因此,日银在金融政策的决策过程中,实际上存在各种影响因素。虽然最终是通过货币政策决策会议这个出口来发布,但在决定的过程中,依然存在各种势力的影响,而日银的高层也必须要考虑到政府、执政党乃至经济界等的意见,这是一个非常复杂的过程。

如上所述,20世纪八九十年代的日本经济泡沫之所以最终破裂,日银长期采取金融宽松的政策是主要原因。因为政府的反对,提升利率的决策一次次被拖后,导致积重难返,而不得不在最后采取更为严厉的紧缩措施,最终让胀大的泡沫破裂,经济未能实现"软着陆"——日本泡沫经济的"崩溃",是"硬着陆"。而之所以不能及时加息以遏制泡沫的进一步膨胀,是因为不仅是大藏省的意见,当时政府和经济界的意见也起了很大的作用。从政府的角度来看,经济"繁荣"可以为其带来政治利益,而紧缩可能导致暂时的经济衰退,不利于其任内的经济统计数据。同时,无论是政府还是经济界,都希望日元贬值而不是升值,这与他们的经济利益直接相关,而加息将导致日元升值,从而为他们所不喜。

真正的理性决策,需要在熟悉全局、对未来事态发展预测的基础上做出最合适的决策。而日本的金融决策,却因为负责决策的各部门的当权者将自身利益看得过重,忽视了一个简单的道理,那就是"皮之不存毛将焉附"。如果出现金融危机,那么自身的利益也难以保全,但很多决策者在做决策的时候,往往不能看到这一点,因此并不认为自身观点有什么错误。

那么在《日本银行法》修改后,日银的独立性有所增强,其决策是否能够更加理性、长远?

正如白川方明所说的那样,即使是在《日本银行法》修改之后,日银依然受到政府有形和无形的影响。有形的影响就是上文所指出的那

---

① 「核心変わらぬ日銀総裁の条件は」、『日本経済新聞』、2022年1月22日。

些与欧美央行不同的法律规定，在法律允许的范围内，政府依然拥有影响日银决策的能力；而无形的影响则是在整个政治架构之中，央行特别是央行总裁，往往无法摆脱与政府的配合。

当掌握权力或是马上要掌权的政治家针对货币政策乃至整个国家的金融架构提出激进主张的时候，日银往往无法反对。2012年11月，时任自民党总裁的安倍晋三在竞选中提出"实施大胆的宽松货币政策，制定2%—3%的物价上涨目标，施行无上限的货币宽松"。当时的形势已经非常明了，自民党将在众议院选举中轻松获胜，安倍也将成为首相，因此他的话就是执政后的政策宣言。但时任央行总裁的白川方明在回忆录中感慨，"在我的记忆中，发达国家选举中如此赤裸裸地要求中央银行改变货币政策，实属罕见"，"现在完全是无所顾忌了"。①

白川方明对安倍的观点并不以为然，但最终还是不得不屈从于安倍的观点。这不仅因为《日本银行法》在强调央行独立性的同时，也强调"日银的政策应该与政府经济政策基本方针保持一致，需经常与政府保持密切联系并进行充分意见交流"，还因为如果日银拒绝合作，政府方面可以采用各种手段给日银"穿小鞋"。白川方明之所以当时采取与安倍配合的姿态，其中一个很重要原因就是自民党内的不少议员威胁说，如果日银从中作梗，就会提议修改《日本银行法》，限制日银的独立性。白川在权衡各方面的利弊之后，最终决定与安倍配合。

从理论上而言，在资本主义社会，央行之所以需要独立性，就是因为政府的决策需要考虑的因素过于复杂，既要考虑能否获得民意支持从而影响内阁支持率的问题，也要考虑各方面利益群体的诉求，更要考虑决策对政府内、党内政治斗争的影响，避免伤及自身的地位。因此，如果央行成为政府的工具，必然也会卷入其中。而对于央行来说，维持金融秩序的稳定才是最重要的任务，所以相对的独立是确保其专业化例行决策的前提。

---

① [日]白川方明著，裴桂芬、尹凤宝译：《动荡时代——白川方明亲历日本经济繁荣与衰退的39年》，中信出版集团2021年版，第464页。

日银的总裁由谁来当非常重要，日银货币政策决策会议的成员倾向也同样重要，这些人选往往能够决定日银与政府的关系。因此，尽管在安倍当选首相前后，与其政见分歧的白川方明尽量配合安倍的政策，但安倍依然无法容忍白川继续留在日银总裁的位置上，白川认为"IT行业泡沫崩坏之后积极实施宽松政策就能防止低增长的美联储政策论是错误的"，白川反对"金融万能论"，认为若想真正解决日本的经济问题必须实施财政重建和结构改革。① 因为"安倍经济学"经济政策的要枢就是货币政策，唯有与该政策同步的央行掌门人，才能成为其积极推动者，而不是一个被迫配合他的日银总裁。

因此在白川辞职之后，安倍拒绝了财务省提出的人选——武藤敏郎，而是选择了一直批评日银政策、与他的主张高度一致的亚洲开发银行总裁黑田东彦担任日银新总裁。同时向日银塞入和他政见一致的岩田规久男担任副总裁，中曾宏担任理事。安倍通过人事任免，将日银牢牢地掌握在自己手中。可以看出，尽管法律规定日银具有"独立性"，但是其人事问题以及涉及日银的立法权仍掌握在执政党或是首相官邸手中，所谓的独立性也只能大打折扣。

1997年修订后的《日本银行法》虽然规定了央行的"独立性"，但同时也要求政府与央行进行"充分的意见沟通"，正如白川方明所言，在修法之后"依然存在许多法律上没有界定的做法"②。

黑田是安倍选择的央行行长，两者的理念高度一致，所以在安倍担任首相期间，黑田是安倍在经济决策上举足轻重的"帮手"。日本政府对外一直强调"与中央银行统一行动"或"协同"的论调，曾经让希望保持独立性的白川方面非常苦恼，但是在黑田时期，这个顾虑与苦恼并不存在，因为在设定2%的通胀目标以及实行超大规模的量化宽松方面，黑田与安倍是一致的，所以在安倍担任首相期间，政府与日银间一

---

① ［日］西野智彦著，李立丰、宋婷译：《失去的三十年》，中国出版集团东方出版中心2020年版，第223页。

② ［日］白川方明著，裴桂芬、尹凤宝译：《动荡时代——白川方明亲历日本经济繁荣与衰退的39年》，中信出版集团2021年版，第570页。

直维持着良好关系。安倍卸任首相后，因为菅义伟在经济政策上与安倍基本一致，所以在其担任首相期间，政府与央行之间的关系依然较好。

在长达9年的任期中，黑田积极配合安倍，资金大举进入股市，持续购买交易型开放式基金，其余额从黑田就任前的2012年末的1.4万亿日元飙升至2021年末的36万亿日元。国债亦是如此，安倍让黑田不断地从市场购买日本国债，从而确保日本政府能够以很低的利率低成本持续借债。日银持有的国债比率从2012年末的11%升至2021年末的43%。[①]

黑田时期的日银，实际上就是日本政府实现其经济政策的工具，所谓独立性的问题被掩盖，因为黑田与安倍是"同路人"，外界自然也不会去计较日银是否独立。

黑田任期至2023年4月届满，尽管岸田在上任半年多之后并未改变"安倍经济学"的基本路线，但其主张与黑田还是多有分歧，政府与日本央行之间的关系，将随着2023年新总裁的诞生发生改变，有关日银独立性的问题，或将重新浮出水面。

五、再通胀派与财政重建派的十几年对决

如第一节所述，经济决策首先就是"基本设计性"政策，涉及的是整个国家的经济往何处走的问题。本部分讲述的就是2000年以后日本最宏观的经济决策的问题。

日本泡沫经济崩溃之后，日本经济的主题就是如何实现经济的稳定增长，如何解决日本经济中的问题。但从实践来看，尽管其中一些年份的经济略有增长，但总体上处于停滞状态，负增长的年份也不在少数。

实现日本经济的"正常化"成为日本各界的强烈愿望。虽然作为成熟的发达经济体，实现较快增长已经不可能，但至少如欧美一样，实

---

① 「黒田日銀、試される残り1年　急な円安、悪い物価高進む」、『朝日新聞』、2022年4月10日。

现一定程度的稳定增长，这在不少日本决策者眼中是应该能够实现的目标。

（一）并非新自由主义与新资本主义的博弈

2000年以后日本经济政策路线的论争，很多学者将其概括为新自由主义与其对立面的竞争，而这种政策路线的对立延续到2022年，似乎就体现在前首相安倍所代表的"新自由主义"与首相岸田文雄主张的"新资本主义"之间的分歧。2022年1月，岸田在国会的施政演说中强调："20世纪80年代之后，新自由主义成为了世界的主流，将市场和竞争放到最重要的位置，认为只要依靠这两点，所有的事情就能顺利进行。新自由主义在成为增长的原动力的同时，也产生了许多弊病。"安倍则针锋相对地强调，经济界等希望"安倍经济学"延续，对岸田的改弦更张表示不满。

然而这种概括实际上流于表面，其着眼点集中在效率与公平之间孰更为重要。这是对宏观经济政策的普遍归纳方法。针对撒切尔时代的英国或者里根时代的美国，这种描述或许正确，但日本的情况却并不那么具有典型性。

比如安倍，虽然强调所谓的"效率"，但对损害日本经济效率的企业的终身雇佣与年功序列制度并未下力气推动改革，在其当政的七年多的时间内，几乎每年都要采取各种措施压迫经济界提高工资水平，这与岸田执政后提出的"新资本主义"的措施并没有什么两样。再比如，虽然岸田鼓吹"新资本主义"，但却对没有触及"安倍经济学"的核心即大规模的金融宽松，不愿意、实际上也不能停止量化宽松，从某种程度上讲，岸田虽然不再提"安倍经济学"，但却不得不延续"安倍经济学"的主要措施，而且2022年6月岸田提出的"新资本主义"实施计划，其实还是强调增长而不是分配。所以所谓的新自由主义与新资本主义等的对立即所谓的效率与公平的分野，不足以概括2000年之后日本经济路线的分歧。岸田之所以强调两者的差别，实际上就是对外表明"想走自己的路"，而安倍之所以反对，原因也在于此，不希望岸田

"走自己的路",希望他继续走安倍路线,使自己继续对日本的内外政策施加强烈影响。政治上的分歧放大了原本在经济政策上并不大的分歧。

在谈及岸田的"新资本主义"的时候,外界往往将小泉纯一郎与安倍晋三并列,视为日本新自由主义的两大旗手,但实际上两者政策虽然有共同点,却大相径庭。

两者都强调给予企业更大的自主性,提升经济增长率,这一点是一致的,但是小泉更倾向于通过结构性改革来实现经济增长,同时在财政政策上,他也主张尽量减少不必要的支出,改善日本的财政状况。因此,如果要说新自由主义,小泉的政策更贴近欧美意义上的新自由主义。而在"安倍经济学"的三支箭——金融宽松、财政扩张、结构改革之中,安倍真心推动的是金融宽松和财政扩张,结构改革被置于非常不重要的地位。从某种程度上来讲,安倍和小泉甚至有对立的一面。小泉以政治前途为赌注通过的邮政民营化法案,在其继任者安倍上台后就有走回头路的迹象。安倍和小泉,本质上并非同路人。

(二)再通胀派与财政重建结构改革派的对立才是主轴

安倍的经济路线并非新自由主义,而是日本常说的"涨潮派"[①],也就是所谓的再通胀派的观点。而所谓"再通胀",其实就是有计划地增加货币供给,让因为通缩而过度下跌的物价升至正常水平,简而言之就是"可控的通胀"。贯穿2000年以后日本宏观经济政策的纷争,并非新自由主义与反新自由主义之间的对立,而是再通胀派和财政重建结构改革派之间的分歧,而在这一点上,安倍与小泉恰恰是对立的。

两者的分歧,首先在于如何认识日本的"问题"。再通胀派秉承的是西方货币主义的理论,认为日本的经济之所以停滞,关键是通货紧缩预期过于强烈,导致民众不愿意消费,厂家卖不出去东西自然也不会给工人加工资,工资不涨当然不会去消费,形成恶性循环。再通胀派开出

---

① "上げ潮"的直译,国内有翻译成"强势上涨"的,此处暂用"涨潮"。

的药方是打破民众的通缩预期，促使社会产生通胀预期，让民众意识到价格还会上涨，自然会增加消费，从而促使企业增加供给，企业增加供给利润增加，就能提高工资水平，工薪阶层消费能力上升，消费将进一步增加，形成良性循环。因此，再通胀派主张设定通胀目标，辅以超大规模的金融宽松，增加货币供给，人为地提高通胀率。同时再通胀派也主张积极的财政政策，可以暂时不管政府债务不断上升的现状。财政开支本身就是增加需求，与再通胀派的逻辑一致。再通胀派认为，虽然一定时期内政府债务的国内生产总值占比会上升，但一旦实现经济增长，税基扩大，完全可以用增加的税收来逐步减少债务水平。总之一句话，再通胀派是希望先通过金融手段促进经济增长，然后解决财政问题。

而财政重建派秉承的是传统的经济学理论，相信债务不可持续，认为如果不能遏制政府债务不断上涨的趋势，迟早有一天会导致全面的财政危机与金融危机，到时候日本有可能陷入万劫不复的困境。从泡沫经济崩溃之后的历届内阁的情况来看，从解决泡沫经济崩溃的后遗症和提升国内生产总值增长率的角度出发，扩大财政开支是"理性选择"，但在大肆扩张财政之后的内阁，往往会采取程度不一的旨在改善财政状况的政策。1996年的桥本内阁就提高了消费税率。在小渊内阁大肆扩张财政让日本的赤字状况大幅恶化之后，2001年上台的小泉纯一郎内阁也采取了事实上的"财政重建"路线。

一般而言，扩张财政能够让经济数据短时期内上升，对于当届政府而言当然是有利的，所以一般的政府都有扩张财政的冲动。然而，财政重建要减少财政开支，这必然会导致数据不好看，甚至还需要增税，而增税一般是为选民所不喜的。但在冷战后日本的历届内阁中，却有数届政府敢于"冒天下之大不韪"，不仅提出财政重建的路线，甚至还敢于增税。

之所以有如此决策，一是因为某些首相本身就与财务省有较好的关系，在政策观念上与财务省较为合拍。比如2012年的民主党籍首相野田佳彦，被日本媒体称为"财务省刻意培养的政治家"，正是在其任内，他不顾党内的反对与当时在野党自民党等达成了消费税增税的共识。二是因为"历史责任感"。在财政重建派看来，日本债务水平不断上升不具有可持续性，现在不出问题不表示没有问题，反而会让问题不断累积，从而在未来的某个时间点集中爆发。从自民党长期执政的角度出发，财政重建或者增税是难以避免的，所以在竹下登时期，尽管民意和不少党内声音反对，竹下还是决定将消费税列入税种。

不少日本媒体甚至学者攻击财政重建派只重视财政问题而忽视经济增长问题，是财务省利益的代言人。但实际上这种指责缺乏事实的根据。因为财政重建派并非绝对地主张财政紧缩，而是希望通过合理的税种、税率的调整，增加政府的收入，同时在支出方面，保留甚至增加必要的支出，减少不必要的支出，来逐步实现经济的良性循环。

在安倍执政的7年8个月的时间中，通过超大规模的金融宽松，日本央行大量购入国债，向市场投放货币，从而使日元贬值，同时大幅度提升财政开支水平，成功地"托底"经济，特别是日本国债在安倍任内飙升到2万—3万点的高水平，国内生产总值虽然也有负增长，但根据日本政府的判断，在安倍任内，日本实现了二战之后历时最长的"景气"。

在这种背景下，日本社会普遍认为，以金融宽松、扩张财政为基础的"安倍经济学"是治愈"日本病"的良药，尽管日本国债主要由日银和国内投资者持有。一些经济学者，比如一桥大学教授佐藤主光认为，这不足以确保日本财政的安全，随着日本国债规模的不断扩大，将来必然会依靠国外资金支撑，从而产生国债价格骤跌导致国内恶性通胀的风险。如佐藤这样的声音，在安倍刚上台的时候还比较强烈，但随着"安倍经济学"的"成功"实施，日本的利率被控制在极低的水平，此类的声音逐渐稀少，认同乃至赞美金融宽松、财政扩张的声音占据绝对主流。日本社会主流观点认为，债台高筑并不可怕，只要利率维持在极低的水平，日本政府的偿债压力可控，未来完全可以通过经济增长带来的税基的扩大逐步减少债务，同时日本的债务也都是国内债务，国家拥有的资产基本可以覆盖债务，并不会发生如欧债危机中希腊那样的不可控的局势。

截至2022年，财政重建的声音颇为微弱，以抗疫为理由，2021

年、2022年的预算以及补充预算都达到了历史最高水平。在日本政坛内部，也基本上是安倍领衔的金融宽松与积极财政派占据优势地位，安倍的亲信、自民党政治调查会长高市早苗是安倍在政坛的代言人，主张积极财政。

首相岸田文雄虽然显示出偏向财政重建的路线，但这主要是因为他所在的派系自民党宏池会立派的经济主张就是财政重建，岸田当选首相后，其不少政策主张都是向本派的"先辈"致敬，比如曾提出的"令和收入倍增计划"模仿的是派系创始人池田勇人，"数字田园都市国家构想"则取自出身本派系的前首相大平正芳。

虽然安倍屡屡"提醒"岸田不要更改"安倍经济学"的路线，表示他担心日本的经济政策会在岸田任内发生较大的变化。但是从决策者的角度而言，受到多重因素的约束，即便岸田有改弦更张的意思，短期内也难以进行。

一是经济政策的惯性使得政策难以骤变。宏观经济决策的大变动并不是执政者动动口就行，各种条件齐备是前提，如果岸田希望财政重建，需要执政党、政府内部都能对此形成一定的共识，否则就难以推动。同时也需要考虑到施行财政重建短期内对经济的冲击作用，以及经济界的反应如何。宏观经济的变化，很多时候都是逐渐演变的过程，并在演变的过程中逐步完善条件。

二是"放易收难"。当今世界，民粹之所以大行其道，就是因为所谓的民主体制需要讨好民众，而民众并非专家，往往难以辨别政治家的讨好是否真的为老百姓考虑。民众的直觉是不愿意增税，因为增税会让其收入直接减少；民众希望就业稳定，所以财政扩张创造就业岗位的政策就往往能够受到民众的欢迎。

所以对于根基不稳的政治家而言，讨好民众才是"理性"的选择，因为这直接关系到他的支持率，关系其选举利益。白川方明也透露，他私下里接触的再通胀派的政治家，其实心底也认同财政重建，但为了政治利益只能强调再通胀。往往只有政治基础稳定的政治家，才有余力做一些与民众的直觉不相符的事情，比如在小泉纯一郎执政时期，虽然他的财政等经济政策主张可能会让民众的利益暂时受损，但小泉提出的"没有改革就没有增长"的口号，成功地激起了民众"只要跟着小泉走，明天就是美好的"的预期，从而抵消了其不受欢迎的政策可能导致的反感。

因此，如果岸田缺乏那样的政治基础，就算推进财政重建政策，可能也会遇到很多麻烦和障碍。

第二章 经济安全理念与政策

本章回顾了日本经济安全演变史，系统阐述日本在最重视经济安全的两个阶段如何强化经济安全，分别是 20 世纪七八十年代和 2018 年后。

一、概述

经济安全，又称"经济安全保障"，是从 20 世纪 70 年代至 80 年代受日本政府重视，近期又重新受到瞩目的概念。经济安全的内涵和特点随时代而改变。因此，在具体阐述日本政府为何、如何强化经济安全前，这里将分阶段概述日本的经济安全战略。

（一）20 世纪七八十年代的经济安全

20 世纪 70 年代初，日本的经济持续高速增长，国民生产总值位列西方阵营第二位；同时，东西方两个阵营内部都出现裂痕，经济和社会因素在权力政治中的地位提升。在这种背景下，日本的精英开始探索"自立的对外政策"，目标是更好地参与多元化的权力政治，且在相互依存的状况下确保经济繁荣。于是，军事方面，日本提出以能够独立抵抗"有限的小规模侵略"为标准建设"基础防卫力"；经济方面则试图确保能源安全。[1] 其原因是当时日本能源约 80% 依赖石油，而 20 世纪 70 年代初已经出现了产油国试图掌握石油定价权的动向和关于可能发

---

[1] 中西宽、「総合安全保障論の文脈」、『年報政治学』1997 年 48 卷、第 97—102 页。

生石油危机的预测。

但是，危机的到来比想象的更为迅速。1973 年，第四次中东战争爆发后，阿拉伯国家以石油为武器，威胁对支持以色列的国家禁运石油或减少供应，导致日本遭受重创，让日本社会意识到资源的稳定供应并非"理所当然"。在这种背景下，20 世纪 70 年代政府语境中的经济安全主要是确保能源、资源的稳定供给，克服"资源小国"的劣势。[1]

1979 年，第二次石油危机的爆发再次为日本敲响警钟。20 世纪 80 年代，日本政府明确了对经济安全的定义，并以确保经济安全的名义制定相关规划，出台系列政策。其代表是 1982 年通产省指示产业构造审议会制定的报告书《确定经济安全》。报告书对经济安全的定义是"主要使用经济手段减轻国际因素对日本经济产生的重大威胁"，其背景是受制于"和平宪法"，日本使用军事手段遭到制约。威胁既包括资源和能源稳定供应受阻的"直接威胁"，也包括国际体系不再稳定，世界趋于贸易保护主义的"间接威胁"。报告书也为强化经济安全提出了政策建议。针对直接威胁，提出确保能源、资源等通过海运稳定供应。针对间接威胁，提出两方面建议，一方面是维持和强化自由贸易体制，如推进关税和贸易总协定规则新回合谈判，进一步开放市场，对发展中国家开展经济援助等；另一方面是通过联合研发、公平转移技术等"技术立国"手段贡献于国际社会。[2] 但当时的媒体主要关注能源、资源安全部分，如增加石油和稀有金属储备、降低对石油的依赖、提高粮食生产效率等。[3] 而在 1980 年和 1984 年两位首相分别指示出台的"综合安全"[4] 报告书中，经济安全主要指维护资源与能源安全，维护世界经济体系的

---

[1] 「通産省、80 年代の通商産業政策ビジョンで方向まとめる——『経済安保』確立訴え」、『日本経済新聞』、1978 年 10 月 12 日；中西寛、「総合安全保障論の文脈」、『年報政治学』1997 年 48 巻、第 104 頁。

[2] 「産構審の経済安保報告の要旨」、『日本経済新聞』、1982 年 4 月 29 日。

[3] 「経審、2000 年展望の 2 分野で報告書——地域開発・社会資本整備と経済安全保障」、『日本経済新聞』、1982 年 5 月 5 日。

[4] 这一概念又称"经济安全保障"，与"经济安全"相比内涵更广，主要指从经济与军事两方面强化安全。

内容则独立成一节。①

由此，可以这样总结20世纪七八十年代日本的经济安全，即确保经济安全的标准是确保日本经济稳定运行，最主要目的是确保能源与资源稳定供给，同时兼顾维持和强化世界经济体系的正常运转。因此，本章在阐述20世纪七八十年代日本如何强化经济安全时，主要论述其重中之重，即如何强化资源、能源安全。

(二) 过渡期的经济安全

冷战结束后，此前经济安全的部分方针与政策被沿用，如为确保能源运输安全，尽量提高本国可控的海运比率，与海峡沿岸国开展合作等。但总体而言，除了少数特殊时期，经济安全受重视程度下降，主要原因是能源安全不再成为问题。例如，1995年出现了认为石油不再是"政治商品"，呼吁开发和储备石油应更多考虑经济合理性的呼声。② 20世纪60年代成立的金属矿业事业团（负责金属矿产开发与储备）和石油公团（主要负责石油储备与海外开发）在2004年合并成为"石油天然气·金属矿物资源机构"也说明传统经济安全的地位下降。东日本大地震后，日本政府重新提及资源和能源的经济安全，③ 背景是因核电站停止运行，对化石燃料依赖加剧。

与此同时，经济安全的另一面，即维持世界体系的正常运转依然偶尔被提及，但呈现更重视亚洲的趋势。④ 1997年，外务省而非通产省曾召开经济安全研究会。其背景是日本的经济安全更多呈现为防止全球性问题给日本带来负面影响，目的是希望通过制定规则、推进环保增进日

---

① 「大平総理の政策研究会報告書5　総合安全保障戦略」、https://worldjpn.grips.ac.jp/documents/texts/JPSC/19800702.O1J.html；「平和問題研の中間報告概要——経済協力を総合安保の柱に、市場開き自由貿易維持」、『日本経済新聞』、1984年2月27日。
② 「問われる役割大詰め特殊法人改革（6）石油公団——『国家事業』錦の御旗に」、『日本経済新聞』、1995年1月31日。
③ 「経済財政運営と改革の基本方針～脱デフレ・経済再生～」、https://www5.cao.go.jp/keizai-shimon/kaigi/cabinet/2013/2013_basicpolicies.pdf，第21—22頁。
④ 「日本戦後50年の選択（4）3つの『経済安保』——『小さな日本』より国際協調」、『日本経済新聞』、1995年8月12日。

本企业的利益。此外，外务省经济部门希望在贸易摩擦烈度降低的背景下体现存在价值也是召开研究会的理由。① 1998 年 7 月，该研究会提出政策建议，其核心内容是让企业积极参与标准制定、改善日本营商环境、适应金融全球化（重组金融机构、取消证券交易税、降低法人税和所得税、建设亚洲内部合作机制）、推进信息化（推进密码技术国产化、产官学联合研发、建设信息技术设施）、解决地球资源问题（储备粮食、维持农地、建设东亚天然气管道网、东亚就融通石油储备合作、向发展中国家转移技术）、促进人员跨境移动（劳动市场自由化、有限地接受外国劳动者）、进行规制改革、改进外援（开展环保等符合日本利益的援助、制订国别援助计划、采用民间人才）。② 不难看出，这份建议的内容远超出外务省管辖范围，最终实现的也主要是外务省权限内的政策，如建立中日韩合作机制和"东盟+3"机制、改革日本的对外援助等。外务省曾尝试推进解决亚洲资源问题，如推进石油储备融通③、亚洲各国缔结紧急米储备协定等，④ 但总体进展缓慢。其他领域的改革要么已经开始，要么大部分没有实现。⑤ 同期，外务省官员将日本的经济安全描述为保障国际体系的安全，即维持和强化世界的经济、贸易、金融系统。第一是让更多国家如中、俄参与世界贸易组织或经济合作与发展组织等国际组织，救助贫穷国家。第二是应对地区和全球问题，如亚洲能源问题、环境问题等。⑥

因此，20 世纪 90 年代至 2010 年中期日本经济安全的重点实质上是其试图扮演亚洲"领头羊"，通过建立地区合作机制、让外援向有利于

---

① 「安保の視点から経済政策を検討、外務省、研究会発足へ」、『日本経済新聞』、1997 年 9 月 30 日。
② 「経済安保研究会の提言要旨」、『日本経済新聞』、1998 年 7 月 26 日。
③ 「石油を共同備蓄、ASEANと安定確保策、経産省検討」、『日本経済新聞』、2001 年 11 月 3 日。
④ 「日中韓 ASEAN、コメ備蓄協定を締結」、『日本経済新聞』、2011 年 10 月 8 日。
⑤ 此时金融改革已经开始，银行重组、废除证券交易税等建议仅仅是重新确认改革方向。而减税、促进人员跨境流动、推进信息化中的具体举措大部分没有实现或实施幅度较小。
⑥ 「経済安保、国際的枠組みで——外務審議官小倉和夫氏（経済教室）」、『日本経済新聞』、1997 年 6 月 13 日。

解决全球化问题方向倾斜①、支持中国等加入世界贸易组织②等手段维持和强化日本在世界体系中地位的过程。但相比过去，经济安全在政策和预算方面都不再受到重视，也缺乏领导人的重视和持续性系统规划。因此，本章将不再以单独一节论述这一时期的经济安全保障。

（三）2018年后的经济安全

2018年后，经济安全重新被频繁提及。但是，近年来的经济安全概念和此前相比存在较大差异。

此前经济安全的主要目的是确保经济本身顺畅运行，即确保"经济的安全"。近年的经济安全保障的目的则在此基础上有所扩展，增加了"用经济确保国家安全"的部分。其代表是岸田首相将经济安全分为三部分：第一部分是确保经济运转的"自律性"，第二部分是确保日本经济对于其他国家的"不可或缺性"，第三部分是维持和强化国际秩序。③

确保"自律性"与过去确保经济"顺畅运行"有共同点。但日本所处的复杂环境致使其政策具有更强内向性。20世纪70—90年代，日本认为苏联是主要的国家安全潜在威胁，而经济安全保障的威胁来源主要是中东等能源生产国，日本与相关国家的经济联系是单向的，即日本进口资源或能源。当前，日本将中国视为"安全担忧"甚至"安全威胁"，同时两国经贸、投资联系密切。这导致日本既无法采取增加援助等积极方式确保经济"顺畅运行"，又无法简单地采取可能对中日经济关系造成极大影响的"断然举措"，只能更多地采取限制外资进入或促进国内生产等内向性举措。

确保"不可或缺性"则反映出时代背景的不同。与数十年前相比，日本科技实力在世界中的地位有所下滑。因此，确保"不可或缺性"

---

① 日本迄今为止的外援仍以发展援助为主。
② 「中国加盟、日本に恩恵 当時の交渉担当者に聞く—中国WTO20年」、https://www.jiji.com/jc/article?k=2021121100388&g=eco。
③ 「経済安全保障推進会議」、https://www.kantei.go.jp/jp/101_kishida/actions/202111/19keizaianpo.html。

主要指在新兴领域获得技术优势。① 这导致近年日本经济安全政策中的相当部分是以国家为主体，和美国等协调参与科技竞争。其手段不仅包括加大科研投入，还包括将特定国家排斥出高科技领域。这让当前的经济安全更具有竞争性色彩。

所谓"维持和强化国际秩序"实际上反映出日本试图"用经济确保国家安全"。日本维持"地区与国际秩序"的伙伴主要是以美国为首的西方国家。② 日美同盟已较20世纪更为紧密，不少日本政治家认为自身处于大国博弈的"最前线"。③ 因此，当前日本的经济安全政策与美国关系密切，部分举措未必符合日本的短期经济利益或经济合理性，而是为了满足美国的要求。之所以如此，是因为日本认定追随美国符合其更为长远、全局性的国家利益，有利于国家安全。④ 因此，近年来日本强化经济安全的政策具有很强的战略性。

综上所述，与20世纪七八十年代相比，近年来日本经济安全政策的内涵获得拓展，其重点是用经济确保"国家安全"。鉴于日本的经济安全政策具备了战略性、竞争性和内向性的新特点，确保技术优势、与美国合作成为其当前经济安全政策的新重点。当前经济安全的目标更宏大、领域更广泛，因此日本为强化经济安全，对决策机制、法律规定、政府机构进行了改革，政策逐渐系统化，举措涵盖多个方面。

本章将在第三部分详细阐述2018年后日本的经济安全，先论述强化目的，再阐述其推进路径，最后分类介绍具体措施。

---

① 「経済安全保障推進会議」、https：//www.kantei.go.jp/jp/101_kishida/actions/202111/19keizaianpo.html。

② 参见2021年4月16日的《日美首脑共同声明》。

③ 《安倍：美国安保战略转移，日本已成中美博弈最前线》，https：//c.m.163.com/news/a/G664P0BJ05503FCU.html。

④ 外务省委托研究课题。林载桓、「米中対立とシステム競争：『中国モデル』に競争力はあるか」、第97—98，102頁，http：//www2.jiia.or.jp/pdf/research/R01_China/07-hayashi.pdf；高木誠一郎、角崎信也、「総論・提言」、第324頁，http：//www2.jiia.or.jp/pdf/research/R01_China/21-summary_recommendation_takagi_kadozaki.pdf。

二、20 世纪七八十年代的经济安全保障——以能源安全为核心

日本是资源小国，二战前石油就已经主要依赖进口。20 世纪 60 年代，通产省重视能源的低价、稳定供应，出台政策促进日本能源从煤炭向石油转换，能源结构中"进口石油"逐渐一家独大。第一次石油危机时，国际油价在 3 个月内上涨了 4 倍，成为日本经济史上的重大转折。经济高速增长期由此结束，1974 年日本经济在二战后首次出现负增长，工矿业生产指数从 1971—1972 年的 8.1% 骤降至 1973—1974 年的平均 -7.2%。因通胀率飙升，还引发了抢购厕纸等骚动。[1] 日本政府甚至曾打算采取凭油票购油、发放高速公路通行券等极端方式应对危机。[2] 此后，油价再未回落至危机前水平。第二次石油危机后，油价再从 15 美元每桶上升至近 40 美元每桶，在 1985 年前一直处于高位。两次危机让日本开始具备强烈的经济安全意识。此外，20 世纪 80 年代，日本面临的另一问题是产业升级带来的对稀有金属需求的提升。据计算，假设镍、铬供应减少 30%，日本的国内生产总值将降低 4%—5%。[3]

因此，早期日本确保经济安全的核心是"确保获得稳定的资源、能源供应，让经济正常运转"。如果将能源、资源供应环节分解，大致可以分为获取、运输、消费三大步骤。围绕这三大步骤，日本政府采取了一系列举措。获取方面，主要是处理好与生产国的关系，并进行储备。运输方面，主要是维持日本商船队规模，尽可能用日本船运输物资，帮助海峡沿岸国确保稳定通航。消费方面，主要是尽可能节能、促进消费能源种类多样化。

---

[1] 「『日本のエネルギー、150 年の歴史④』2 度のオイルショックを経て、エネルギー政策の見直しが進む」、https://www.enecho.meti.go.jp/about/special/johoteikyo/history4shouwa2.html。

[2] 「石油ショック 10 年（2）パニック招いた情報不足——山形・小松氏に聞く（経済教室）」、『日本経済新聞』、1983 年 9 月 28 日。

[3] 「産構審の経済安保報告の要旨」、『日本経済新聞』、1982 年 4 月 29 日。

（一）确保稳定获取能源

1. 相对独立的能源外交

能源安全在 20 世纪 70 年代后的日本外交中处于特殊地位。这种特殊地位体现在为确保本国能源安全，日本的外交在相当程度上展现出了对美独立性。

第一次石油危机爆发前，日本从沙特、科威特、阿联酋进口的石油占进口石油总量的 49%。1973 年 10 月第四次中东战争爆发后，阿拉伯国家将其他国家分为三类，宣称对美国等支持以色列的"反阿拉伯国"禁运石油，要求日本等"非友好国"改变中东政策。11 月 5 日，阿拉伯国家声明决定削减石油供应量 25%，但"友好国"暂不受此影响。日本为确保石油供应，不顾美方阻挠，接受沙特的要求，于 11 月 22 日由官房长官声明，如果以色列不撤军，则重新考虑与以色列关系。[1] 12 月，汽油价格上涨 50%。日本政府派遣三木武夫副首相访问中东，开展"乞求石油"外交。12 月 12 日，三木武夫在和沙特国王会谈时承诺开展经济援助，正式获得"友好国"认定和解除制裁的承诺。日本之所以能够选择独立于美国的外交路线，主要是为了避免国内经济、社会产生混乱。此后，日本密集展开中东外交，与埃及、卡塔尔、伊拉克、伊朗等中东国家的高层往来较此前更为频繁，重点是经济援助与能源合作。[2]

第二次石油危机中，日本为确保石油供应，在部分追随美国对伊朗制裁的同时，坚持继续日伊能源项目合作。[3] 20 世纪 80 年代中期，在美国要求日本停止从伊朗进口石油时，日本同样未采取追随措施，仅仅

---

[1] 古田雅雄、「国際政治と第 4 次石油危機の可能性―エネルギー資源確保をめぐる地政学・地経済の変動の一考察」、『社会科学雑誌』第 8 巻、第 120 頁；「『その油、米国が回してくれるのか』（田中角栄のふろしき）小長秘書官の証言（20）」、https://www.nikkei.com/article/DGXMZO29918350X20C18A4X12000/。

[2] 日本と中東関係資料集：https://worldjpn.grips.ac.jp/documents/indices/JPME/index.html。

[3] 「政府、米のイラン制裁決議案に条件付きを要請」、『日本経済新聞』、1980 年 1 月 11 日。

承诺不购买更多的石油。① 同期日本也未随美国对利比亚进行制裁。②

这种对能源的重视也体现在近期的日本外交中，在西方各国均严厉制裁俄罗斯的情况下，日本仍不愿从与俄罗斯合作的天然气项目中退出。

2. 增加原油和稀有金属储备

1973 年后，日本开始要求民间企业增加石油储备数量，并且开始进行国家储备。1974 年国际能源组织成立并通过《国际能源计划协定》。为履行国际义务，日本于 1975 年通过《石油储备法》，规定政府应制订国家石油储备目标，并要求企业制订储备计划。到 1979 年，日本全部石油储备量已达近 90 天用量。此后，日本政府又多次决定增加国家石油储备量，总体储备天数不断上升。

有色金属的储备也自 1980 年起开展。因镍、钴等用于高技术产品生产，进口来源单一，日本政府于 20 世纪 80 年代初期先后决定建立有色金属的民间与国家储备。③ 1983 年，储备对象为镍、铬、钨、锰等 7 种有色金属，储备量为 60 天用量。1986 年又根据生产国社会稳定性、依存度和需求扩大了储备范围。目前，日本针对 34 个矿种进行官民联合储备，储备量为 30 天或 60 天用量。④

3. 鼓励参与海外天然气等开发

在出台能源多元化计划的同时，日本支持企业走出去，通过开发、购买等方式获取天然气等资源。日本是最早大规模使用液化天然气的国家之一，东京电力是世界上最早使用天然气发电的企业。⑤ 20 世纪 70

---

① 「イラン禁輸、米に同調せず——米国務次官に正式回答」、『日本経済新聞』、1987 年 11 月 1 日。

② 「米の禁輸同調要求を警戒——イラン刺激を恐れる（底流）」、『日本経済新聞』、1987 年 10 月 28 日。

③ 「通産省、経済安保の柱に非鉄金属の民間備蓄目標設定の方針」、『日本経済新聞』、1980 年 9 月 15 日；「通産省、経済安保へ国家備蓄強化の方針——希少金属 2 カ月分、石油 5000 万 kl」、『日本経済新聞』、1982 年 6 月 23 日。

④ 経済産業省：「レアメタル備蓄制度の見直しについて」，https：//www. meti. go. jp/shingikai/enecho/shigen_ nenryo/pdf/029_ 05_ 02. pdf。

⑤ 「LNGの導入」，http：//koueki. jiii. or. jp/innovation100/innovation_ detail. php? eid = 00008&age = high – growth&page = keii。

年代后，日本政府全面支持、协助日本企业参与海外天然气资源开发、采购。日本进出口银行（现称国际协力银行）为气田开发、液化天然气制造工厂、采购液化天然气船只提供了优惠性融资。20世纪七八十年代，受日本政府支持，日本企业先后在文莱、印尼、马来西亚、澳大利亚参与了年产总量达8000万吨的液化天然气项目的建设与经营。[1] 在20世纪90年代至近期才获得收益的位于卡塔尔、俄罗斯的天然气项目，也是早在20世纪七八十年代就在政府支持下启动了商谈。

（二）自主运输能源与资源

1. 尽可能维持日本商船队的规模

战后，日本一贯坚持"国货国运"，尤其是重视自主运输资源、能源。日本政府认为，鉴于主要资源依赖进口，工业集中于沿海地区，绝大部分物资依赖海运，因此使用本国船只运输对经济安全至关重要，可防止紧急事态下出现经济混乱。[2] 20世纪70年代，在日本海运中，外籍船只数量和吨位激增。1980年，外籍船吨位比1970年增长353%，日本国籍船仅增长70%。[3] 因此，1981年，日本政府制定了《外海航运整备计划》，设定了日籍船只运量目标。[4] 为提高本国国籍船只国际竞争力采取了以下对策：第一，提高银行融资比例，对建造"高度合理化船"和运输液化天然气船只补贴融资利息。仅1982年，政府系银行就为造船提供了1345亿日元的低息贷款。通过优惠贷款，一度降至20万—30万吨的新船建造吨位数在1979年猛增至163万吨。第二，让获得补贴的企业解决船员过剩问题，增强竞争力。第三，修改航行相关法

---

[1] 「日本のLNG開発の歴史とJBICの支援」、https：//www.jbic.go.jp/ja/information/today/today-2019/contents/jtd_202001.pdf。

[2] 「昭和55年 運輸白書」、https：//www.mlit.go.jp/hakusyo/transport/shouwa55/ind020401/frame.html。

[3] 「わが国外航商船隊」、https：//www.jsanet.or.jp/data/pdf/2021data40-1.pdf。

[4] 「安全保障にかかわる運輸政策の課題（社説）」、『日本経済新聞』、1983年2月18日。

律，鼓励使用仅有 18 个船员的"高度合理化船只"。[1] 上述举措在 1985 年前减缓了外籍船只用于日本海运比率的增速。

但是，因航运市场不景气，20 世纪 80 年代中期开始，日本政府逐渐接受本国海运企业船队导入外籍船只。[2] 外籍商船数量和吨位最终仍然远远超过日籍商船。2008 年两者吨位数之比一度达到约 16∶1。为此，2008 年起，日本政府多次修改《海上运输法》，对日籍船和所谓"准日本国籍船"进行大幅实质性减税。这促使外籍商船和日籍商船吨位数之比恢复到 4∶1 的水平。[3]

如今，日本更注重本国船运公司运输本国进出口产品的比例。目前，日本出口货物的 39%、进口的 65% 使用本国海运公司运输。这一数字与 20 世纪 70 年代初基本无变化。[4] 该比率远高于中、美等其他主要经济体，日本对资源、能源运输安全的重视程度由此可见一斑。

2. 政府出面促进使用日本船运输能源

20 世纪 80 年代初，日本政府在推进天然气资源海外开发的同时，不断鼓励使用本国船只运输资源。例如，20 世纪 80 年代，日本三家船运公司成立了合资企业，运输从印尼进口的天然气。再如，经过日本政府做工作，从澳大利亚进口的天然气部分由日籍船只运输。[5]

随着日本进口煤炭与天然气数量增加，日本在要求"国货国运"的同时，于 20 世纪 70 年代后有计划地推进"能源港"建设，即在港湾

---

[1] 「昭和 55 年　運輸白書」、https：//www.mlit.go.jp/hakusyo/transport/shouwa55/ind020401/frame.html；「昭和 57 年　運輸白書」、https：//www.mlit.go.jp/hakusyo/transport/shouwa57/ind020202/frame.html。

[2] 「昭和 59 年　運輸白書」、https：//www.mlit.go.jp/hakusyo/transport/shouwa59/ind000402/frame.html。

[3] 日本本国与外国商船数据参见：「わが国外航商船隊」、https：//www.jsanet.or.jp/data/pdf/2021data40-1.pdf。

[4] 「日本の海運　2021—2022」、https：//www.kaijipr.or.jp/assets/pdf/shipping_now/allpage2021.pdf、第 13 頁；「昭和 49 年　運輸白書」、https：//www.mlit.go.jp/hakusyo/transport/shouwa49/ind050102/004.html。

[5] 「日豪経済合同委、海運問題で互いに注文」、『日本経済新聞』、1981 年 10 月 29 日；「造船大手、西豪州のLNG 運搬船で、今月末までに入札」、『日経産業新聞』、1985 年 10 月 4 日。

设置煤炭或天然气的储藏场所与设备，建设防波堤、疏浚港口等。1984年，日本已经建成9个"能源港"。①

3. 帮助海峡沿岸国确保稳定通航

日本将霍尔木兹海峡与马六甲海峡等称为所谓"海运咽喉点"。能源经过"海运咽喉点"的比率是日本政府评估各国能源安全的重要指标。② 因此，日本从20世纪60年代就开始致力于促进海峡航行安全，其中马六甲海峡是典型案例。马六甲海峡是连通印度洋与南海的主要航道，日本有80%以上的原油运输经过该海峡。作为国际海道测量组织、世界航行警告系统③东亚区资深成员国，以及东亚海道测量委员会创始国，日本从20世纪60年代末便开始与马六甲海峡沿岸国合作开启航道综合测量。④ 马六甲海峡的分离通航规则也是经日本和新加坡共同提倡于1977年获得采纳。20世纪80年代初，日本运输省在考虑经济安全时，将确保马六甲海峡安全通航作为经济安全保障重点项目。日本由此强化了政府层面（此前为日本船主协会的经济援助）对沿岸国的经济和技术协力。⑤ 1982年，日本协助相关国家推出马六甲海峡海图。目前，日本仍在自己创设的合作机制下，通过出资、帮助设计、参与维护助航设施、培养人才等方式参与航行安全，且和相关国家一起定期测量航道。

（三）能源消费的节约与多样化

1. 率先推进节能标准

1979年，日本通过《节约能源法》。该法律赋予政府权限，可通过

---

① 「昭和59年　運輸白書」、https://www.mlit.go.jp/hakusyo/transport/shouwa59/ind000602/frame.html。

② 「エネルギー白書2015」、https://www.enecho.meti.go.jp/about/whitepaper/2015html/1-1-3.html。

③ 指国际海道测量组织与国际海事机构为发送海上航行警告而建立的无线电系统。

④ 海上保安庁：「マラッカ・シンガポール海峡の初めての電子海図の刊行について」、https://www1.kaiho.mlit.go.jp/GIJUTSUKOKUSAI/koho/20051220_masi_enc.pdf。

⑤ 「運輸省・運政審、10月から"運輸安全保障"を本格検討——海上輸送路を確保」、『日本経済新聞』、1981年10月4日。

行政命令要求厂商生产节能产品；规定工厂、运输行业、建筑物等必须考虑节能因素，并制定了家电和汽车的节能标准和数值目标。为配合法律实施，日本政府不仅规定空调和汽车在 5 年内能耗需下降 12%—20%，还开始限制锅炉排气温度。① 节能是日本的石油使用量在 20 世纪 80 年代初开始下降的关键因素。② 1983 年，日本政府又再次扩大《节约能源法》适用的产品种类范围，由政策性银行负责为写字楼设置节能空调设备提供融资。③ 此外，政府还开展了较长时间的节能宣传，如呼吁少用私家车、提高空调设定温度等。

因为立法和意识的转变，1973 年起，日本生产一单位国内生产总值能源消耗量在 15 年内降低了 45%。④ 节能不仅强化了能源安全，更提升了日本产品在世界市场的竞争力。⑤ 20 世纪 80 年代起，日本家电、汽车产品受到世界欢迎，与其节能不无关系。

2. 促进使用能源种类的多样化

石油危机后，日本通过立法支持企业"走出去"，主持核电发展等措施，有意识地摆脱对石油的单一依赖。如按热量计算，日本对石油的依赖程度从 1973 年的 75% 降至 1985 年的 55%。⑥ 其原因是日本有意识地增加对煤炭、天然气、核能的使用。

1980 年，日本通过《代替石油能源法》。该法律规定政府必须制定

---

① 「通産省が"省エネ法"判断基準、ボイラーの標準廃ガス温度など抑制」、『日本経済新聞』、1979 年 12 月 26 日；「通産省・運輸省、乗用車の省エネ基準作成、あす正式決定——小型・大衆車は13%」、『日本経済新聞』、1979 年 11 月 18 日；「エネルギー庁、省エネ基準を告示——58 年 9 月までにエアコン17%、冷蔵庫 20%」、『日本経済新聞』、1979 年 10 月 17 日。
② 「石油業界、備蓄資金の政府融資分"返済"で青ざめる——大蔵省が優遇手控え」、『日本経済新聞』、1983 年 12 月 2 日。
③ 「通産省、省エネ機器の導入促進——家電製品やビル冷暖房、節約呼びかけから一歩前進」、『日本経済新聞』、1982 年 6 月 13 日。
④ 「21 世紀への課題（31）地球環境の優等生－日本——CO_2 削減へ支援（基礎コース）」、『日本経済新聞』、1991 年 12 月 4 日。
⑤ 「石油ショック10 年（1）量経済から質経済へ移行（経済教室）」、『日本経済新聞』、1983 年 9 月 27 日。
⑥ 「エネルギー需要の概要」、https：//www. enecho. meti. go. jp/about/whitepaper/2017html/2－1－1. html。

代替石油能源的供应目标。1980 年 11 月，政府公布大幅增加煤（120%）、天然气（270%）和核能（390%）的供应目标。

在促进能源多元化方面，电力行业的成效最为显著。1975 年，石油占日本电力消费能源比率为 64%，至 1985 年，这一比率降至 27%，目前这一比率已降至 7%。主要原因是核电和天然气在电源占比中的大幅增加。1974 年，日本通过俗称为"电源三法"的法律（《发电用设施周边地域整备法》《电源开发促进税法》和《电源开发促进对策特别会计法》的总称），通过向地方支付补贴金的方式促进核电站建设。在日本曾建设的 20 个核电站中，约 75% 都建设于 1974 年之后，这充分说明补贴金对核电站发展的促进作用。短短 10 年内（1975—1985 年），核能在日本电力能源中的占比从 7% 增长至 27%，① 在一次能源中的占比从 1.6% 猛增至 9.1%。②

三、2018 年后的经济安全——用经济确保安全

如前所述，2018 年后，再次开始被频繁提及的"经济安全"概念和此前相比存在较大差异，即要确保"经济的安全"，又要"用经济确保安全"，具备了战略性、竞争性和内向性特征。正因如此，日本为确立这种"经济安全"，对决策机制、法律、政府机构开展了较大幅度改革，并出台了系统化、机制化政策。接下来本部分将分析日本近年来强化经济安全的目的，再介绍推进路径，即决策机制、法律、政府机构的改革，最后分类介绍具体措施。

（一）强化经济安全的目的

满足对美外交需求。日本决定强化经济安全具有战略性，即追随美国的外交政策。2018 年是日本重新重视经济安全的分水岭，其背景是

---

① 「日本のエネルギー選択」，https：//www.jaero.or.jp/sogo/detail/cat－01－02.html。
② 「平成 26 年度エネルギーに関する年次報告（エネルギー白書 2015）」，https：//www.enecho.meti.go.jp/about/whitepaper/2015html/2－1－1.html。

美国开始在高科技等领域不择手段地打压中国。日本最早的经济安全政策，大部分属于对美国要求的回应和配合，典型案例是禁止相关企业进入政府采购名单，以及修改《外汇法》。修改《外汇法》是在 2019 年 8—9 月间的突发性决定，目的是为了配合所谓"美国统一西方阵营的投资标准"。① 开始全面强化经济安全后，日本政府出台部分重要举措的原因也是应美方的要求。例如，尽管台积电在日本建厂的经济合理性可能存在问题，但日本政府于 2021 年春季仍然决定强化对其支援力度。② 这与 2021 年美国提出和所谓"共同价值观国家"共同确保半导体供应的战略，并要求与日本就"强化半导体等敏感产业链"合作有关。正是从美国回国后，时任首相菅义伟表示从拜登处听说了"半导体的事情"，并详细了解资金需求。③ 再如，在防止"技术泄露"方面，日本希望和美国联合建立新出口管制机制的背景是担心不采取措施会影响和美国的国际科技合作。④

干扰他国经济转型升级。在进行经济安全施策时，日本不惜牺牲经济合理性以满足美方需求，希望借此在一定程度上干扰他国技术、国力和对外影响力的增长。这一点从日本领导人、前高官的发言可以管窥。2020 年 6 月，甘利明向时任首相安倍就经济安全开展汇报时，安倍最为重视的是其妄称的"中国利用数字技术扩大影响力"问题。⑤ 时任日本国家安保局局长的北村滋表示："确保日本的优秀技术不'非法流向'外国政府与企业，能促进国家间自由与公平的竞争，因此，企业高

---

① 「外資 1% 規制『米に配慮』色濃く、『物言う株主』も意識か（金融コンフィデンシャル）」、「日本経済新聞」、2019 年 10 月 22 日。

② 「TSMC の熊本新工場、半導体、日本へ安定供給、投資額 1 兆円、ソニー工場近辺に（NIKKEIAsia）」、『日本経済新聞』、2021 年 10 月 19 日；「日本、補助金の対価は、TSMC・ソニーが 8000 億円投じ工場、半導体、優先確保にハードル」、『日本経済新聞』、2021 年 10 月 10 日。

③ 「『日の丸半導体』の幻影（風見鶏）」、『日本経済新聞』、2021 年 8 月 1 日。

④ 「先端研究、情報管理を徹底、海外資金の報告要求、日米連携へ、流出懸念を払拭」、『日本経済新聞』、2021 年 4 月 28 日。

⑤ 「経済安保政策を追う（下）激化する米中覇権争い—政官民でコロナ後に備え、危機管理へ対話欠かせず。」、『日本経済新聞』、2020 年 6 月 5 日。

管应该更为慎重地考虑和谁交易,让谁参加企业供应链。"① 北村虽然将经济安全施策冠以"防止不公平竞争"名义,但其判断标准是交易对象而非交易行为,且明确表示目的是保证日本的优势地位。为政府提供政策建议的学者国分俊史将日本经济安全战略描述为降低他国追赶西方的速度。② 为此,日本政府试图阻止科学家与他国开展联合研究;公安调查厅等部门通过宣传、调查让企业、大学风声鹤唳。

在大国竞争中捞取红利。冷战后的全球化让资源按照经济合理性配置,日本试图借美国政策调整占领空出的生态位,这在第五代移动通信技术、海底电缆领域表现得尤为明显。在第五代移动通信技术方面,日本支持美国的"OPEN RAN"计划,即允许将来自不同厂商的设备组合成为第五代移动通信技术通信网,其目的之一是让在第五代移动通信技术时代已经落后的日本厂商得以进入市场。③ 在海底电缆领域,日本与美国等阻止他国公司参与建设,目的是帮助本国企业赢得竞争。在半导体、车载电池方面,日本看到了日美合作的机会,认为当前的格局有可能打破日美在20世纪持续30年的半导体摩擦。2022年5月4日,日本经济产业相访美时称,"在半导体领域与美国合作,感受到了命运的奇迹"。

此外,传统意义上的确保经济稳定运行的需求也依然存在,如日本更为注重确保稀土等供应安全。

(二)推进路径

1. 决策机制

因近年来的经济安全范围广泛,单一政策目标需多个部门联合出台配套措施。如技术研发就至少与防卫省、文科省、经产省有关。此外,

---

① 「経済安保、公正な競争促進——企業は長期的視点を(政界 Zoom)」、『日本経済新聞』、2020年10月15日。
② 「経済安全保障の論点(下)國分俊史・多摩大学教授——『冷戦長期化は有益』の視点を(経済教室)」、『日本経済新聞』、2021年8月5日。
③ 「5G基地局、国内複数社で、総務省が広域実験、中国勢の寡占防ぐ」、『日本経済新聞』、2021年12月4日。

部分政策带有外交属性，但外务省难以管辖国内事务。因此，经济安全政策具有跨内外、跨部门的特点，出台内外联动、跨部门联动的机制就成为当务之急。

从安倍到岸田内阁，可看出随着经济安全保障从局部的"点状政策"到全面施策，经济安保决策机制从国家安保局逐渐转移至"经济安全保障负责室"。国家安保局是日本国家安全保障委员会的附属机构，负责制定政策选项，与相关国家协调政策。2019年10月，日本政府在国家安保局中新设"经济班准备室"。2020年2月14日，国家安全保障委员会首次专门讨论了经济安全，具体议题包括土地交易、知识产权、数字货币等。[1] 2020年4月，"经济班"正式成立。围绕上述议题，此后均有相关政策出台。如制定法律限制军事基地等敏感设施周边土地交易与使用，拟制定秘密专利制度等。由此，经济安全成为国家战略的一部分，相关法律、政策得以从全政府视角制定、实施。经济班启动时大约由20人构成，人员来自经济产业省、总务省、外务省、财务省、警察厅等。在早期，它是经济安全的实质性主管部门，主要负责的工作有以下几部分：一是制定相关法律；二是负责日常性调研，它调查了日本企业对高科技的掌握状况，为制定防止外资并购、出台补贴政策的相关法律提供依据；三是开展经济安全外交。2019年末，藤井敏彦与美国国家经济委员会官员讨论了出口管制合作事宜。安倍与特朗普2020年3月会谈后，经济班负责跟进处理确保医疗物资稳定供给。[2]

岸田内阁新设了经济安保相岗位，负责跨部门协调与相关政策制定，短期内的具体任务是推动经济安全立法。经济安保相还作为观察员参与国家安全委员会。鉴于经济班并不归经济安保相指挥，日本政府在内阁府中成立了"经济安全保障法制准备室"辅助其处理事务。"准备

---

[1] 「NSC、経済安保を幅広く、デジタル通貨で米と連携、外国人の土地取引警戒、中国の動き念頭に議論」、『日本経済新聞』、2020年3月18日。

[2] 「経済安保政策を追う（上）省庁横断『経済班』が司令塔——コロナ対策や技術流出防止、縦割り排除、橋渡し役に」、『日本経済新聞』、2020年6月3日。

室"负责人和经济班相同，共50人，其中包括经济班的20人。① 在立法完成后，内阁府中将新设"经济安全保障负责室"，负责供应链安全，包括审查和修改企业等申请强化供应链补助金的计划；支持人工智能和量子等尖端技术研发；决定哪些专利不可公开；审查基础设施是否使用不恰当的外国产品并提出修改建议。而经济班行政职能被削减至仅负责审查外国企业投资与并购等少数业务，主要职能是搜集情报与分析，向"经济安全保障负责室"提供信息与建议。② 这意味着大部分经济安全权限从经济班移交至"经济安全保障负责室"。但是，预计国家安保局作为国家安全保障战略的制定机构和首相的辅佐机构，仍然会在经济安全战略层面发挥影响力。

综上所述，日本经济安全在战略层面归首相及国家安保局管理，但政策实施的具体负责人为经济安保相。"经济安全保障负责室"向经济安保相提供政策选项，国家安保局中的"经济班"主要负责战略制定和准备部分涉及外国的决策选项。

2. 政策文件

自2020年起，日本领导人演说、经济政策、促增长政策、科技政策文件都开始加入经济安全相关内容。将2021年文件内容和2020年比较，其涉及领域更广、政策更具体。媒体预计2022年底出台的《国家安全保障战略》也将涉及经济安全。这显示日本的经济安全政策逐渐系统化且具备可操作性。

菅义伟、岸田文雄两任首相均在国会演讲中提及经济安全。2021年1月，菅义伟在施政演说中提出将"全政府确保经济安全"，制定防止不恰当拥有、利用土地的新法律。2021年10月，岸田文雄执政后将经济安全立法作为执政主要目标。强化经济安全不再仅仅为了满足美国

---

① 「先端技術の『軍民両用』に懸念、対策法案、特許公開制限など4本柱、掛け声先行、惑う民間（経済安全保障の論点）」、『日本経済新聞』、2022年1月5日。
② 「経済安保『司令塔』新設　内閣府に　半導体確保を主導」、『読売新聞』、2021年12月12日；「経済安保の新組織、技術流出防止、法整備を準備」、『日本経済新聞』、2021年10月9日。

需求，而逐渐带有促增长性质。在岸田增长战略的"四根支柱"中，经济安全占其一，主要是推进确保战略物资和自主性经济结构，为构建强韧的供应链、推进经济安全保障立法。其他"支柱"中的政策举措，如对人工智能、量子等尖端科技研发进行大胆投资，在地方建设半导体工厂等也属于建立自主性①经济结构、构建强韧的供应链范畴。由此可见，近期日本经济安全施策中的相当部分与促增长施策相互重合。这是岸田对经济安全保障理念的新发展，即从满足美国对日要求，配合美国的亚洲战略，发展至以经济安全促进日本经济增长，利用大国对立攫取红利。2021年12月和2022年1月，岸田在国会演说中均提到经济安全，主要内容和此前大致相同。

日本政府还于2020年开始在年度经济政策、促增长政策和科技政策文件中加入经济安全内容，2021年呈现出篇幅更长、政策更具体的趋势。

《经济财政运营与改革的基本方针》（以下简称《骨太方针》），是日本每年6月出台的阐述年度经济财政政策与改革举措的文件。2020年《骨太方针》表示，要"考虑经济安全保障观点，建立强韧的经济与社会构造"，提出要强化并多元化供应；与所谓"共同价值观"国家建立融通物资的规则；和各国联合考虑是否发行数字货币并进行技术验证；考虑针对大学、研究机构等构建防止技术泄露机制；推进所谓"自由与开放印太"，强化和所谓"共同价值观"国家的协调和合作。② 从内容上看，2020年的经济安全政策的施策原因主要来自外部，即新冠肺炎疫情导致供应链中断、美国希望日本配合其遏制中国。但到了2021年，《骨太方针》专设一节阐述"确保经济安全"，强调确保本国的经济自主性，确保优势地位，为此要保护、培育重要产业基础，强化基干产业。具体施策涵盖防止技术泄露、强化供应链、确保关键基础设施安全等领域，手段包括建立搜集、分析、集约、共享相关情报的体

---

① 日本称之为"自律性"。
② 「経済財政運営と改革の基本方針2020」，第6、34、36頁，https://www5.cao.go.jp/keizai-shimon/kaigi/cabinet/2020/2020_basicpolicies_ja.pdf。

制，切实执行法律，考虑创立新法等。① 从近两年的变化可以窥见，日本政府在推进经济安全政策时具有了更多的主体性与系统性。主体性指的是日本希望通过推进政策提升自身国际地位，促进自身增长。系统性指的是政府开始将经济安全机制化。正是在这个时期，经济安全逐渐从经济班管辖中独立，且各部门逐渐开始成立相关内部机构处理相关事务。

《增长战略实行计划》是日本政府的年度促增长举措政策集。这一文件同样也显示经济安全的定位出现微调。2020年6月的《增长战略实行计划》仅在涉及海洋的段落和应对国际环境变化段落提及经济安全保障，并未提出具体政策。但2021年6月的《增长战略实行计划》则专设确保经济安全与集中投资一章，内容主要涵盖：确保技术优越性，选定、培育、保护重要技术；减轻对供应链和关键基础设施的威胁，提高自主性；建立支持研发和强化产业链的财政制度。具体施策包括支持国内研发与制造半导体，强化稀土与医疗产品等重要物资的供应链等。由此可见经济安全政策的"促增长"侧面日渐凸显。此后"新资本主义会议"替代增长战略会议，2021年11月向政府提出新建议，内容是2021年6月《增长战略实行计划》的加强版，具体施策增加，包括支持汽车用电池的国内生产、支持既有半导体工厂的设备更新等。②

《统合创新战略》是日本政府年度科技创新政策集。2020年7月的《统合创新战略》仅提出要从经济安全保障观点出发开展材料创新。③ 2021年6月的《统合创新战略》则提出要从经济安全视角施策，具体政策包括：成立相关智库；支持技术实际运用；防止技术泄露；支持尖

---

① 「経済財政運営と改革の基本方針 2021」、第 25 頁、https://www5.cao.go.jp/keizai-shimon/kaigi/cabinet/2021/2021_basicpolicies_ja.pdf。
② 「新しい資本主義会議提言要旨、賃上げ税制を抜本強化、電池・半導体、供給網強く」、『日本経済新聞』、2021 年 11 月 9 日。
③ 「統合イノベーション戦略 2020」、第 132 頁、https://www8.cao.go.jp/cstp/togo2020_honbun.pdf。

端技术研发；长期以财政支持强化国内的战略性产业基础等。[1]

此外，2022年末日本将第二次制定国家安全战略，也将写入经济安全相关内容。

3. 法律保障

在2018年后日本强化经济安全政策的过程中，日本修改或新创立了一系列法律，这些法律成为出台或执行政策的后盾，一方面赋予政府更大干预经济运营与技术研究的权限，另一方面赋予国家提供财政等支援的依据。

日本最早修改的法律是2019年夏季的《外汇法》。法律规定，如外资需获得企业的1%股份，就需要事前申报，此前该比率为10%。但是，如果外资不接触非公开重要技术、不参加董事会，就可以免除申报。如前所述，该法律出台背景是美国开始限制外资并购，并要求欧盟和日本同步修改，日本需要避免本国成为西方阵营中的"短板"。[2]

2020年，日本通过的相关法律包括《促进特定高级信息通信等系统普及法》和《重要土地利用规制法》。前者出台的背景是日本政府为了与美国相关政策"对表"，且培育本国第五代移动通信技术设备制造商，实质是禁止日本企业选择相关国家第五代移动通信技术设备。于是，日本政府立法决定向企业提供税收优惠，以弥补日本企业无法选择性价比更高的外国产品的"损失"。[3] 后者意在限制对国家安全有重要意义的设施的周边土地的购买和不当使用。该法律允许政府将自卫队基地周边、离岛等指定为"特别注视区域"，将海上保安厅、核电设施、机场等周边指定为"注视区域"。政府将监视使用上述区域土地时有无危害国家安全行为，如有必要则加以处罚或收回土地，购买"特别注视区域"的土地前需要政府事前审查。具体危害国家安全的案例包括监视

---

[1] 「統合イノベーション戦略2021」、第9頁、https://www8.cao.go.jp/cstp/tougosenryaku/togo2021_honbun.pdf.

[2] 「6月7日、改正外為法が全面適用——経済安保強化、運用に注目（NewsForecast）」、『日本経済新聞』、2020年5月31日。

[3] 「増税後の国づくり（1）税制、時代にふさわしく（迫真）」、『日本経済新聞』、2019年12月17日。

或窃听附近的军事设施使用情况、开展电子干扰等。① 2021 年，日本为补贴建设半导体工厂，修改了《促进特定高级信息通信等系统普及法》。当然，接受补贴必须满足能够应政府要求增产、开展技术研发等要求。

2022 年，日本新创立了《经济安全保障推进法》，这是一部系统强化经济安全的法律。内容主要包括四方面：一是强化供应链。政府将指定一些产品，如半导体、医药品、稀土、蓄电池等为"特定重要物资"，为在国内生产这些物资提供补贴。二是以所谓"强化基础设施"为名禁止使用"有威胁的外国产品和系统"。三是建立秘密专利制度。四是确保技术基础，即政府为研发人工智能等技术提供信息与资金支持。② 此外，自民党政调会长高市早苗在 2021 年 11 月表示，目前的立法只是第一步，③ 预计未来还将立法对民间人员进行涉密审查。

4. 政府改革

为处理经济安全相关事务，日本多个政府部门均改组了机构设置。最早行动的是经产省和外务省，2019 年，两部门分别成立经济安全保障室和新安全保障课题政策室。在这一时期出台的加强对韩出口管制、限制政府采购对象等政策，均与此类组织的调整有关。

2021 年，随着立法过程的推进和经济安保负责大臣职位和附属部门的创立，更多部门开始调整机构设施。在考虑中央部门人员编制时，经济安全领域成为特殊照顾对象。负责内容主要是实施法律，包括防范技术泄露、审查外资并购等。④ 情报、警察部门分别新成立了搜集经济安全情报、侦办相关案件的相关组织，财务省、经产省、文部科学省则

---

① 「重要土地利用規制法の『機能阻害行為』政府想定の8事例が判明」、https://mainichi.jp/articles/20211227/k00/00m/010/377000c。
② 「経済安保　半導体を確保　インフラ・特許・技術　法案　4本柱」、『読売新聞』、2021 年 11 月 14 日；「重要物資、供給網を支援、半導体や医薬品、政府、投資計画促す、企業の新陳代謝、阻害も。」、『日本経済新聞』、2022 年 1 月 17 日。
③ 「経済安全保障、段階的に法整備、自民政調会長。」、『日本経済新聞』、2021 年 11 月 25 日。
④ 「経済安保、省庁100人超増員、技術流出防止や外為審査、来年度、別枠で確保。」、『日本経済新聞』、2021 年 9 月 12 日。

增加了审批是否合规的人手，总务省增设了帮助日本厂商"走出去"填补空缺的部门。

（三）具体举措

尽管《经济安全保障推进法》2022年才通过，但日本政府、产业界、学界已经为强化经济安全采取了很多具体举措。根据内容可将其分为以下几类：第一类是在部分领域禁用他国设备的措施，第二类是确保技术优势的措施，第三类是促进重要物资国内生产的措施，第四类是鼓励研究，第五类是调研供应链优势与劣势，第六类是与美国等协调战略与政策。

1. 在部分领域禁用他国设备

这是日本在经济安全方面最早采取的举措。2018年，日本政府事实上禁止政府采购部分他国厂商设备。2019年，日本政府进一步禁止使用部分他国无人机。上述两个举动都是对美国相关举动的追随。此后，日本政府通过行政命令的方式将部分国家的信息设备排除扩展至全部关键基础设施领域，并在《经济安全保障推进法》中加以明确。今后，关键基础设施运营商购买重要设备时，要事前向政府提交计划，相关省厅应当审查确定是否存在着有无"受外国政府影响的公司"生产的产品，可以要求将"问题产品"排除在外。[1] 审查对象是14个关键基础设施领域的"重要设备"（控制电力供给的系统、通信基站等）。[2] 这意味着日本政府将对部分国家设备的排斥扩大至商业领域。其目的是满足美方在军事层面需求，即确保驻日美军所依赖的基础设施，如供电、供水、机场、港口等正常运转。

2. 确保技术优势

日本政府以"防止技术泄露"为名采取了多项措施，主要包括限

---

[1]「特許公開制限、企業に補償、経済安保法案、基幹インフラを審査。」、『日本経済新聞』、2021年12月26日。

[2]「電気など14業種の基幹設備、製造国や部品を審査、経済安保法案。」、『日本経済新聞』、2022年2月5日。

制外资准入、对外技术合作、秘密专利、防范"经济间谍"。从实际举措看，其目的主要是为了确保技术优势，与美国政策协调一致，顺利开展日美技术合作。

一是强化对外资购买日本企业股份或参与企业经营限制，避免"具有战略意图"的外资危害国家安全。2020年6月，日本开始实施新《外汇法》。新《外汇法》进行了两项认定。第一项认定是将大多数企业定为"国家安全相关企业"或"核心业种企业"。在3800家上市公司中，"与国家安全有关的企业"多达2100家（2020年6月数据）。① 在这2100多家企业中，又有715家企业（2021年9月）属于"核心业种企业"。② 所谓核心业种指武器、航空、航天等业务。政府认定的核心业种范围目前不断扩大，从以军工为主扩展至医疗、稀土等领域。第二项认定是投资者分类。外国投资者被分为三类，即外国金融机构、政府系基金、国有企业等敏感投资者。前两者在不干预企业经营、不接触敏感信息的前提下持股相对宽松，如外国金融机构对"核心业种企业"控股无需事前申报，政府系基金对"国家安全相关企业"控股无需事前申报。而国有企业无论是否参与企业经营，只要对"与国家安全有关的企业"持股超过1%，就需要事前申请批准。如已经批准持股的外资希望介入经营，如派出人员参加管理层，或将企业退出某些经营领域或将企业部分转让，也需要事前申请批准。③ 如何认定外国投资者也由日本政府进行，因此，通过该立法，日本政府拥有了叫停敏感外资持有日本主要企业股份、防止外资影响主要企业运营的权限。因为修改法律，2020年度外资审查件数较过去增加了约10%。④ 目前，围绕《外汇法》

---

① 「『図解・経済』外為法の事前届け出の範囲（2020年6月）」、https://www.jiji.com/jc/graphics? p=ve_eco_kinyushoken20200607j-02-w480.
② 「改正外為法、スタート 外資による買収規制を強化」、https://digital.asahi.com/articles/ASN6D4T0LN6CULFA026.html。
③ 財務省：「外為法改正の狙い」、https://www.mof.go.jp/policy/international_policy/gaitame_kawase/press_release/kanrenshiryou_20200314.pdf。
④ 「経済安保、省庁100人超増員、技術流出防止や外為審査、来年度、別枠で確保」、『日本経済新聞』、2021年9月12日。

已经出现两个较知名的案例。2021年，经产省以东芝从事量子技术通信和半导体研究，属于"核心业种"企业为由，阻止了外资基金整体收购东芝。在另一个案例中，收购方承诺不干涉乐天经营，免除了事前申报义务，收购了乐天3.65%股权，但美国大使馆向日本政府施压，此后，日本政府表示将严格监视收购方是否违法。[①]

二是尽可能避免向"非友好国"人员或机构教授敏感技术或与其开展技术合作。对于留学生，日本仿效美国限制其参与高技术研究。政府已经建立跨部门的审查制度，在发放签证前对留学生是否与军队、军工企业有关开展调查。[②] 2022年，日本政府打算要求大学在让外国公派留学生接触敏感技术前，先向经产省申请。[③] 因此，日本政府逐渐杜绝了所谓"非友好国"留学生在日本接触军民两用技术的可能性。对于联合研究，日本政府将强制研究人员申报与外国合作情况，并威胁停止发放国家科研经费。2020年，日本政府开始考虑如何采取"制度性措施"，让科研人员"自主地"避免与相关国家合作。文部科学省认为，尽管政府出资仅占大学研究经费的小部分，但企业等决定是否资助研究时往往以研究项目能获得国家资助为前提，因此政府只要限制向相关人员发放研究费，就可让大学自觉避免与相关国家合作。[④] 2021年，政府出台《适当执行竞争性研究费的指针》，规定申请科研经费的人员必须申报研究资金来源、兼职、参加外国政府人才计划情况，所属企业、大学负责监督申报是否真实。如虚假申报将被惩罚，最高5年内不得再申请竞争性研究费。[⑤] 尽管政府未明确禁止与相关国家进行联合研究，但

[①] 「中国テンセント、楽天に3.65%出資——改正外為法、事前審査免れ、事後監視、経済安保に課題（真相深層）」，『日本経済新聞』，2021年4月20日。

[②] 「先端技術研究の留学生、入国審査を厳格化…中国念頭に職歴・資金支援の報告要請」，https://www.yomiuri.co.jp/politics/20210719-OYT1T50354/。

[③] 「安保技術、留学生は許可制、長期も対象、大学からの流出懸念、来年度、審査徹底求める。」，『日本経済新聞』，2021年10月27日。

[④] 「先端技術の海外流出防止、政府補助、資金源開示を条件に、スパイを警戒」，『日本経済新聞』，2020年6月24日。

[⑤] 「研究、外国資金に開示義務、公的支援指針、技術流出防止へ監視強化」，『日本経済新聞』，2021年11月29日。

甘利明曾表示，日本政府应该将"脚踩两只船"的研究人员剔除出资助对象。① 并且，应用研究与基础研究都属于限制范围。因此，日本政府实质上创造出了让涉及军民两用技术的研究人员在日本与"高风险国"间"二选一"的环境，以限制合作研究。

三是设立秘密专利制度。基于《经济安全保障推进法》，日本国家安保局和防卫省将建立跨省厅审查组，审查特定领域，如军工或量子领域的专利。如认为公开将危害国家安全，政府可限制其公开，但予以一定经济补偿。政府计划每年限制数十份专利公开，考虑到三菱重工一家企业每年申请的涉军专利数就达100余件，秘密专利覆盖范围并不大。②

四是政府、企业联合强化防范"经济间谍"。如前所述，公安调查厅、警视厅公安部均成立了经济安保部门，前者偏重于情报搜集，后者偏重于执法。目前，公安调查厅已经调查了外国人购买重要设施周边不动产的情况和产业间谍案件，今后将通过企业与大学搜集"经济间谍"相关情报。③ 警视厅公安部则于2021年12月召开了经济安保战略会议，其经济安全对策小组主要以掌握半导体制造等尖端技术的企业为对象开展活动。④ 从案例看，日本警察着重侦察对他国出口物资的相关企业，不惜罗织冤案。即使未能定罪，企业的生存也会因警察调查受到威胁。⑤ 因此，未来存在日本政府利用警察对未违反规定，但又较为"敏感"的正常出口贸易施压的可能性。2020年，政府建议企业制定与经

---

① 「特許の公開制限、経済安保法案に、衆院選『与党で安定多数』、自民・甘利幹事長インタビュー」，『日本経済新聞』，2021年10月13日。
② 「安保技術、公開禁止ルール浮上——『秘密特許』で抜け穴防げ、企業への補償など課題（真相深層）」，『日本経済新聞』，2020年4月3日。
③ 「公安調査庁、組織を拡充 技術情報、海外流出防げ、相談窓口や啓発動画」，『日本経済新聞』，2021年4月15日；「公安調査庁、経済安保の取り組みを強化 その狙いを長官に聞いてみた」，https://digital.asahi.com/articles/ASPDQ6QS5PD8UL-ZU008.html。
④ 「経済安保会議、警視庁が初開催、情報流出警戒呼びかけ」，『日本経済新聞』，2021年12月2日。
⑤ 「冤罪はこうしてつくられた 大川原化工機事件を追う」，https://www.asahi.com/rensai/list.html?id=1475&iref=pc_rensai_article_breadcrumb_1475。

济安保有关的经营指针,并设置相关部门和岗位。此后,《日本经济新闻》刊登的企业人事信息中,与经济安全有关的岗位信息陡然增多。半导体、通信、核电等领域企业是政府监管"技术泄露"的重点。①

3. 促进国内生产

促进国内生产是日本政府在经济安保上投入预算最多的领域。投入领域从第五代移动通信技术扩展至因疫情供应中断的相关产品,再到高度依赖外国的产品和高技术产品,认定与扶持政策目前已经通过立法系统化。

在第五代移动通信技术领域,日本政府支持本国企业通过"OPEN RAN"走出去。日本电报电话公司是通过《促进特定高级信息通信等系统普及法》受益的全国性运营商。接受补贴后,日本电报电话公司与日本电气股份有限公司决定联合开发新通信技术,并开展了日美联合支持的"OPEN RAN"试验。主管部门总务省于2020年制定了促进第五代移动通信技术和海底光缆出口的计划,又于2021年新设促进出口的部门。

疫情暴发让日本开始在医药品、汽车零件等方面补贴企业而将供应链分散化。2020年9月,时任首相菅义伟接受采访时表示,"因为疫情才发现原来如此依赖外国,将重新评估依赖特定国家的供应链"。② 2020年日本政府开始向采取"供应链多元化"措施的企业提供支援。最初几个月,日本政府为此编列的预算就达到2000亿日元,企业也较为积极。从申请补助的名单看,主要是医药品和汽车零件厂商,近期扩展至半导体制造领域。③

美国总统拜登执政后,日本以高新产业为重点,补贴力度加大。

---

① 「経済安保担当、役員設置要請へ、政府、主要企業に。」、『日本経済新聞』、2021年5月3日。
② 「菅氏のインタビュー要旨」、『日本経済新聞』、2020年9月6日。
③ 「サプライチェーン対策のための国内投資促進事業費補助金」、https://www.meti.go.jp/covid-19/supplychain/index.html。

2021年，美国要求日本建立重建半导体产业链供应链。① 日本政府自身也认为半导体供应链存在三大问题，即"地缘政治风险"，64%半导体依赖进口，主要来源是中国；"国内产业落后"，制程停留在40纳米；"产业向美国集中"，日本仍有优势的半导体材料等产业可能因美国的扶植政策离日向美。②

在此背景下，2021年起，日本政府异常重视更新半导体产业链。岸田首相表示实现增长战略"四大支柱"的最重要要素是半导体。③ 2021年3月经产省开始希望在半导体生产的全流程吸引海外厂商在日本设厂。随后，日本政府决定设立基金用于扩大在国内生产半导体和蓄电池，且为此修改了法律。《增长战略实行计划》和经产省《半导体、数字产业战略》都明确对于国家战略上需要的项目，要让支援力度"超过普通的产业政策""特事特办"，且支援范畴不仅限于新建半导体工厂，还包括国内既有工厂的设备更新、在供应链中的制造装置和材料领域培养日本的"咽喉技术"等。④

这种"特事特办"很快获得了成效。2021年10月，在政府的促成下，台积电和索尼确定在熊本建设新工厂，日本政府将最多补助总投资8000亿日元中的50%。工厂于2024年投产，生产车用、产业用的半导体。随后，日本政府迅速在2021年补充预算中编列6170亿日元注入前述产业扶植基金。需要注意的是，在这一决策中，政治因素占相当大比重。台积电在日本设厂的成本可能是在中国台湾设厂的2—3倍；作为

---

① 「半導体供給網へ税・予算、自民が議連、4分野中心に、米の中国対抗策に協力」、『日本経済新聞』、2021年5月22日。
② 「半導体・デジタル産業戦略（概要）」、第3頁、https：//www. meti. go. jp/press/2021/06/20210604008/20210603008－3. pdf。
③ 「半導体に投資1.4兆円超、首相、官民で国内製造支援」、『日本経済新聞』、2021年12月16日。
④ 「成長戦略実行計画」、第17頁、https：//www. cas. go. jp/jp/seisaku/seicho/pdf/ap2021. pdf；「半導体・デジタル産業戦略について（要点）」、https：//www. meti. go. jp/press/2021/06/20210604008/20210603008－2. pdf。

合作方，索尼高管承认因成本过高，生产过程也可能需要国家补贴。①

围绕日美均认为存在"供应中断风险"的稀土，日本政府也开始行动。日本目前所使用稀土约 6 成进口自中国。2021 年 4 月，日本出台《材料革新力强化战略》，提出减少对"特定国家"的资源依存。今后，日本增加从澳大利亚和印度进口稀土，还打算支持国内企业获取海外矿权。② 为此，日本政府修改了规定，提高了国家支持开发稀土矿权的出资比例。经产省还直接邀请国内厂商从事稀土分离与精炼。③

在《经济安全保障推进法》中，上述针对个别领域的举措被制度化。半导体、医药品、电池、稀土将被悉数认定为"特定重要物资"，研发和生产均将受到政府扶持，并在危机时接受政府管控。

4. 鼓励研究军民两用技术

2022 年，日本政府显著加大了对高科技，尤其是军民两用技术的研发扶持力度。2014—2018 年，日本曾创立革命性研发推进项目"ImPACT 计划"，对初创技术进行研发支持，其中部分项目为军民两用。在与美国达成联合研发高科技的共识后，日本政府计划于 2022 年创立新基金，用于支持研发利于经济安全的技术，涵盖半导体、电池、人工智能、量子等领域。在前首相安倍晋三的推动下，基金预算自 1000 亿增至 5000 亿日元。④ 这一基金是前述"ImPACT 计划"的升级版。从参与管理的政府部门包括国家安保局、防卫省、经产省和初步纳入规划的

---

① 「TSMCの熊本新工場、半導体、日本へ安定供給、投資額 1 兆円、ソニー工場近辺に（NIKKEIAsia）」,『日本経済新聞』,2021 年 10 月 19 日;「経産省がTSMC 工場誘致に固執も、10 年前の技術へ巨額補助金の不思議＝服部毅」,https：//weekly-economist.mainichi.jp/articles/20220201/se1/00m/020/024000c。

② 「廃プラの再利用、35 年までに100％、政府、新戦略で素材開発促す、火力発電向け減らす」,『日本経済新聞』,2021 年 2 月 23 日。

③ 「重要物資、国産化急ぐ、レアアース、分離・精製 100％ 中国依存、半導体は巨額補助со価格ゆがむ恐れ（経済安全保障の論点）」,『日本経済新聞』,2022 年 1 月 6 日。

④ 「歳出拡大、動いた安倍氏ら、参院選見据え、首相に直談判、与党内、抑え役は不在」,『日本経済新聞』,2021 年 11 月 20 日。

项目看，基金仍将支持军民两用技术研发。① 此外，文部科学省还将利用"大学基金"的收益补助大学研究。对于促进研究成果转化，2021年后，日本政府助力量子技术与医药研发领域，主要在企业购买设备减税、政府降低企业研发风险方面出台了新政策。

5. 调研供应链优劣势

日本政府对本国和对手国的关键技术优势进行了调研。国家安保局经济班曾调查日本在人工智能和量子领域的企业状况。② 由此，日本政府明确了所谓"技术泄露"的危险领域，拟定了需要防护的大学名单。③

6. 与美国等协调战略和政策

在经济安全方面，日本主要的协调对象是美国，其次则是四边机制其他成员。

在宏观战略、中观政策、微观战术层面，日美均有密切合作。宏观战略层面，如前所述，美国的对华政策变化是此轮日本重视经济安全的起源。日本将把经济安全写入拟于2022年底出台的《国家安全保障战略》，在战略修改过程中，日美将进行密切协商。日美首脑就建立竞争力与韧性伙伴关系达成了一致，双方将就人工智能、量子科学、信息通信（第五代移动通信技术和第六代移动通信技术）方面展开研发合作。中观政策层面，在出口管制、强化供应链等领域，日美政策方向性高度一致。日本同意与美国及盟国新建出口管制机制，并主动要求和美国新建部级经济"2+2"对话机制讨论相关事宜，这是对美国对瓦森纳机制不满的回应。④ 日本政策圈人士对美国希望在哪些技术领域遏制他

---

① 「先端技術育成　官民協議会　経済安保　研究者に守秘義務」、『読売新聞』、2022年1月13日；「政府、経済安保へ技術育成基金、AIや量子、1000億円規模」、『日本経済新聞』、2021年10月17日。
② 「国家安保局に『経済班』発足、経済・外交・安保一体で、まず新型コロナ対策急務」、『日本経済新聞』、2020年4月2日。
③ 「経済安保政策を追う（中）狙われる先端技術―ロボやバイオ買収阻止、大学経由の流出に危うさ」、『日本経済新聞』、2020年6月4日。
④ 「先端技術、輸出規制迅速に、日米欧で協議枠組み、半導体・AI、軍事転用防ぐ」、『日本経済新聞』、2021年6月2日。

国、美国如何看待地缘政治带来的供应链风险等问题非常在意,① 希望就供应链与美国合作。② 其对特定重要物资的认定基本和拜登重视的领域相同。微观战术层面,日本响应美方具体要求。如 2018 年末起按照美国要求排除部分国外产品;2020 年美国要求日本企业参加所谓 "绿色网络计划",日本四大运营商均参加;2021 年日美首脑会谈后加大对台积电在日建厂的支持力度。

四边机制中,日美近期扮演了引领者角色。拜登执政后,美国更为重视让四边机制从统一认识的 "务虚" 发展到联合行动的 "落实"。印太协调官坎贝尔表示四边是以经济安全为主轴的合作机制。③ 2021 年,日美首脑会谈的议题往往是四边机制的预演。四边机制的首脑声明紧随日美,先后表明在尖端技术领域,即通信、半导体、稀土等领域开展合作,建立战略物资供应链。

---

① 「バイデン政権の対中外交を読む—元内閣官房副長官補兼原信克氏、『競争』と『忍耐』の共存関係に（政界 Zoom）」、『日本経済新聞』、2021 年 2 月 5 日;「日米共同声明を聞く（7）日本国際問題研究所理事長佐々江賢一郎氏——軍事力強化、国民の理解を（終）」、『日本経済新聞』、2021 年 5 月 8 日。

② 「供給網『米と緊密に連携』、官房長官」、『日本経済新聞』、2021 年 4 月 7 日。

③ 「クアッド、日本で来年、米高官『日米豪印の協力深化』」、『日本経済新聞』、2021 年 11 月 20 日。

第三章 产业政策与产业链

产业政策是日本宏观经济政策中的重要组成部分，从供给层面入手干预市场资源分配，促进供给与需求平衡。在不同历史时期，日本产业政策的作用对象、主要目的、方法手段均不尽相同。在日本产业政策的实施下，日本产业链逐渐形成，并在两次石油危机后开始全球化布局，提升产业链效率。新形势背景下，日本试图重构产业链，提升产业链稳定性。

一、战后日本产业政策与产业链的形成

日本具有较长时间的产业政策历史，不同时间段的支撑理论会随之调整。20世纪50—70年代，日本产业政策先后经过了"产业合理化政策"与"产业结构政策"两个时期，政策目标与手段均有明显不同。日本产业政策有效改善了产业结构，提升了产业链技术水平，形成了"下包制"产业组织体系，为增强产业国际竞争力奠定了良好基础。

（一）产业政策的概念

与欧美等发达国家不同，作为后发展国家的日本为迅速实现经济复兴，实施了独具特色的产业政策，受到世界瞩目。战后日本产业政策的实施具有历史渊源，随着时代的发展日本产业政策的概念不断扩展，其支撑理论也在不断变化。

1. 产业政策的起源

德国历史学派经济学家李斯特认为，对于后进国家而言，需要实行

保护主义政策,以扶植本国生产力的发展。日本在明治维新时就提出"富国强兵、殖产兴业、文明开化"的口号,由国家政权干预经济活动,自上而下地推动工业化。充分发挥国家政权的作用,扶植私人企业发展,大力推进资本积累,保护本国工业,促使日本在 20 世纪初期就实现了产业资本长足发展。1927 年日本商工省商工审议会将"产业合理化"概念引入日本,自 1929 年起推行"产业合理化运动",试图从国民经济全局的角度出发,对工业综合发展实施计划与控制,优化组织,加强劳资合作,降低成本,以获得竞争优势。[1]

在战争期间,为满足动员资源的需要,实施统制经济,日本经济陷入政府的全面控制之下。战后初期,日本经济遭受严重破坏,急需重新构建经济秩序。战争期间,日本共有 300 万军人和平民死于战火,国家财富损失率达到 25%,直接和间接经济损失达到 643 亿日元。[2] 为摆脱经济落后状态,实现赶超欧美国家目标,日本并没有选择放任市场自由发展,进而通过国际市场上的优胜劣汰形成产业竞争优势,而是选择国家干预的方式,吸收欧美发达国家产业发展中的经验教训,积极实施供给管理,充分利用本国有限资源,优化资源分配,推动直接形成有效供给,缩短形成有效供给的时间与过程。这成为战后日本产业政策的起点。

2. 产业政策的概念

已经有很多学者分析给出了日本产业政策的概念,但至今仍未有明确定论。例如:(1)产业政策实施目的角度。小宫隆太郎等认为,产业政策是政府为改变产业间的资源分配和各种产业中私营企业的某种经营活动而采取的政策。产业政策是促进某种产业的生产、投资、研究开发、现代化,而抑制其他产业的同种类活动的政策。[3](2)产业政策对

---

[1] [美]查默斯·约翰逊著,金毅等译:《通产省与日本奇迹》,吉林出版集团有限责任公司 2010 年版,第 119 页。

[2] 中村隆英、『日本経済:その成長と構造』、東京大学出版会 1993 年版、第 142 頁。

[3] [日]小宫隆太郎等编,黄晓勇等译:《日本的产业政策》,国际文化出版公司 1988 年版,第 3 页。

象角度。桥本寿朗指出，产业政策是指政府针对特定产业给予某种激励，使其得以起步或加快发展速度。[①]（3）产业政策实施主体角度。贝冢启明认为，产业政策就是日本通商产业省所实施的政策。[②]

但是，随着日本经济的发展，其产业政策的内涵逐渐丰富，上述界定已不足以概括日本产业政策的全貌。既有定义认为，产业政策主要是支援特定产业发展，并未包含产业调整、企业经营业务转换、技术创新支持等内容。随着日本经济走向成熟，特定产业发展已经不再是产业政策的主要对象，特定企业发展成为20世纪80年代中期以后产业政策的主要政策对象，当前气候变化、经济安全、社会分配等非传统意义上的产业问题，也被纳入了产业政策的实施对象中。虽然通商产业省是管辖日本产业的主要部门，但是农林水产省、国土交通省、总务省等日本政府的其他部门也对其分管产业实施产业政策。

为此，本书从狭义和广义两个角度，界定日本产业政策。从狭义的角度看，日本的产业政策是一种选择性产业政策，即针对特定产业，给予扶植和保护，配合财政金融等资源倾斜，缩短产业结构演进过程，实现经济发展目标。例如，战后初期实施的"倾斜生产方式"以及"重化学工业化"政策等。

从广义的角度看，日本的产业政策可以理解为，为解决经济发展中所面临的各种社会经济课题，日本政府所实施的一切关于产业的政策总和。其中，社会经济课题包括：新兴产业发展、改善资源要素配置、提升技术水平、应对气候变化、保障经济安全、减小社会贫富差距等。实施这些政策的日本政府部门包括但不局限于，经济产业省、农林水产省、财务省、国土交通省、总务省等。例如，20世纪七八十年代的产业调整政策、20世纪90年代的产业政策、21世纪初期完善市场经济制度的"结构改革"，以及近期的"经济产业政策新机轴"。

3. 支撑产业政策的经济理论

战后日本具有较长时间的产业政策实践历史，支持其政策实施的主

---

① 橋本寿朗，『戦後日本経済の成長構造』，有斐閣2001年版，第182頁。
② 貝塚啓明，『経済政策の課題』，東京大学出版会1973年版，第167頁。

要经济理论也在不断调整与变化中。

第一，新古典自由主义经济学"市场失败"理论。虽然完全竞争的市场结构是资源配置的最佳方式，但是在现实世界中存在市场势力、不完全信息、外部性、公共物品、价格黏性等问题，导致市场机制不能够充分发挥作用，资源配置效率无法达到最优，并导致垄断、负外部性、收入分配不平衡、公共产品供给不足等问题产生。这时就需要政府介入干预，纠正"市场失灵"。两角良彦认为，实施产业政策的主要目的在于促进经济实现稳定与均衡增长，产业政策的作用在于弥补市场机制的不足，降低因市场竞争不充分产生的社会性摩擦，促进实现自由竞争体制下资源的最优配置。①

第二，发展经济学的"国家推动发展论"与"市场增进论"。国家推动发展论认为，政府可以通过监督管理市场"有意扭曲价格"，并系统地干预生产激励机制，以达到追赶发达国家的目标。在仅依靠比较优势难以发展的工业部门，可以在政府的干预下实现建立与发展。② 但实际上，过度的政府干预则会导致企业缺乏适应市场变化的能力。为此，青木昌彦进一步提出"市场增进论"，认为政府与市场的关系不是相互替代的，而是相互弥补的，政府的职能在于促进民间部门的协调，从而克服市场的缺陷。③

第三，幼稚产业保护论。汉密尔顿提出，一国处于发展初期的产业往往不具备规模经济，因而需要采取关税等措施，对其给予保护，直至这些产业具备国际竞争能力。④ 小岛清基于"动态比较优势"理论，认为需要依据一国要素禀赋动态变化和国民经济发展方向，选择应予保护的幼稚产业，所保护的幼稚产业应有利于潜在资源利用和国民经济结构

---

① 両角良彦、『産業政策の理論』、日本経済新聞出版社 1966 年版、第 1—18 頁。

② [美] 世界银行编，财政部世界银行业务司译：《东亚奇迹》，中国财政经济出版社 1995 年版，第 59 页。

③ [美] 青木昌彦等编，张春霖等译：《政府在东亚经济发展中的作用》，中国经济出版社 1998 年版，第 2—41 页。

④ Paul Bairoch, "Economics and World History: Myths and Paradoxes," Chicago: University of Chicago Press, 1995, p. 33.

调整。战后日本采用关税保护措施,限制外国汽车、电子机械、精密机械等产品进口,促进幼稚产业发展。

第四,"政府失败"理论。泡沫经济崩溃后,日本经济增长陷入长期低迷,日本开始反思此前实施的产业政策,采取"结构改革","政府失败"理论受到重视。"政府失败"理论认为,由于公共政策失误、行政效率低、寻租活动等问题的存在,政府部门的公共开支规模过大,而个人对于公共物品的需求却很难得到满足,政府行为并不总是有效的。[①] 基于此,自20世纪90年代后日本政府致力于调整日本经济制度,完善市场竞争环境,减少政府对经济的直接干预。

第五,"企业家型政府"理论。应对当前气候变化、大国博弈、社会贫富差距等问题时,仅依靠"自由市场"理论是不充分的,政府必须在应对这些问题中发挥主导作用。"企业家型政府"理论认为,在财富创造的过程中,政府不仅仅是管理者,更是关键的参与者,且更愿意承担企业所不愿意承担的风险,在创造和塑造市场中发挥关键作用。如果继续将政府定位为辅助者和管理者,则会使得政府投资远离创新,进而挫伤经济增长潜力,加剧不平等。[②] 政府应主导战略性创新方向,具备"企业家功能",推动"使命驱动型创新"活动。

(二) 产业政策的形成与发展

最初日本产业政策以"产业合理化"政策为主,并形成了基本的产业政策体系,随着20世纪60年代初日本经济自由化进程开始,日本致力于重新打造产业体制,以有效应对国际竞争,转为实施"产业结构"政策。

1. 产业合理化政策

为了解决抑制战后生产恢复的瓶颈问题,日本于1947年开始实施

---

① [美] 兰迪·西蒙斯著,张媛译:《政府为什么会失败》,新华出版社2017年版,第43—53页。

② [英] 玛丽安娜·马祖卡托著,李磊等译:《创新型政府》,中信出版集团2019年版,第5—6页。

由著名经济学家有泽广巳提出的"倾斜生产方式"。将有限的资源分配给煤炭、钢铁等重点行业，增产的钢铁投入于煤炭生产，进而又将增产的煤炭投入钢铁业，借此形成良性循环，并通过"复兴金融公库"实施倾斜性贷款。①

战后较早登场的日本产业政策是产业合理化政策，接续20世纪20年代后期以来的产业政策传统，1949年日本成立了"产业合理化审议会"，在1951年提出了《关于我国产业合理化的方针政策》的政策报告，在1952年通过了《企业合理化促进法》。产业合理化政策是日本政府制定的微观方面的经济政策，旨在改善企业经营的政策措施，并对企业的经营细节实施干预。② 产业合理化政策主要包括以下内容。

（1）制订合理化计划。首先确定重点发展行业，并依据政府设想，制订相应计划，推进实现合理化。例如，钢铁业合理化五年计划、煤炭业合理化计划、硫酸铵五年计划、机械工业合理化计划、电子工业振兴基本计划等。③（2）完善"租税特别措施"制度。1951年修订的《租税特别措施法》，对日本经济发展所急需的机械和船舶实施"三年内折旧额增加50%的特别折旧制度"。1952年基于《企业合理化促进法》，对亟需实现机械设备现代化的重点产业的设备投资实施"初年度50%特别折旧制度"，并对于实验研究机械设备实施"三年内折旧90%"。增加设备的折旧比例，可以激励企业开展设备投资，同时很好地反映政府的政策意图，是一种重要的产业政策手段。此外，日本还建立了重要物资免税制度、重要机械进口免税制度、出口所得特别扣除制度等，鼓励发展重点、新兴产业，振兴出口。（3）设立政府性融资机构给予融

---

① ［日］日本《通商产业省通商产业政策史》编纂委员会等著，中国《日本通商产业政策史》编译委员会译：《日本通商产业政策史第1卷》，中国青年出版社1993年版，第156页。

② ［美］查默斯·约翰逊著，金毅等译：《通产省与日本奇迹》，吉林出版集团有限责任公司2010年版，第29页。

③ 杨栋梁：《国家权力与经济发展》，天津人民出版社1998年版，第147页。

资支持。① 为促进出口，1950 年设立"日本出口银行"（后改称"日本进出口银行"）。1951 年设立"日本开发银行"，向重点发展产业提供低于市场利率的贷款资金，以解决企业发展面临的融资难、融资贵问题，满足重点产业发展资金需求。（4）建立外汇配额和外资引进制度。根据 1949 年制定的《外汇法》，企业在进口商品时需要从通商产业省获得外汇配额，通产省将外汇配额也视作一种产业政策的手段。在外汇配额制度下，禁止某一品种进口后则该品种仅能由国内企业所提供，而在受保护期间企业如能实现产业合理化，增强国际竞争力，则能够提升经济增长的潜力。在机械产业领域，通产省鼓励企业进口有助于提升国内机械生产技术的高质量机械，而禁止进口能以国产机械替代的机械品种，以推动日本机械产业发展。② 在引进外资方面，日本依据 1950 年的《外资法》做出合资企业外资比例不得高于 50% 的严格规定，鼓励引进有助于推动日本经济发展的外国资本，而限制影响日本国民经济发展的资本进入。（5）修改《禁止垄断法》，加强企业间协调。1947 年日本制定严格的《禁止垄断法》，禁止企业间的"共同行为"，以防止产业支配力量过度集中，促进公平且自由的竞争。日本政府认为日本不具备开放竞争的基础条件，需要将中小企业组织起来，共同抵御风险，以改善市场秩序。日本在 1953 年修改了《禁止垄断法》，允许企业实施"共同行为"，认可"萧条卡特尔"与"合理化卡特尔"的存在。例如，《机械工业临时振兴法》鼓励中小企业间的"共同行为"，以消除因批量增多导致的生产费用增加，提升生产专业化水平。③

2. 产业结构政策

20 世纪 60 年代至 70 年代初期不仅是日本实现经济高速增长的时

---

① 岡崎哲二、石井晋、『戦後日本の産業政策－役割と制度の基礎』、通産研究レビュー 1994 年 11 月号、第 1—16 頁。
② [日] 日本《通商产业省通商产业政策史》编纂委员会等著，中国《日本通商产业政策史》编译委员会译：《日本通商产业政策史第 6 卷》，中国青年出版社 1993 年版，第 170—171 页。
③ 田正：《日本中小企业非研发创新政策支持体系研究——以"机振法"产业政策体系为例》，《现代日本经济》2021 年第 5 期，第 54—67 页。

期，也是日本逐步摆脱统制经济影响，走向开放经济的关键时期，日本产业政策随之出现转变与调整。这一时期面临的主要问题不再是战后重建经济基础，而是维持经济持续高速增长的同时，如何有效应对贸易与资本自由化的双重挑战。1960年日本公布"贸易与外汇自由化计划大纲"，逐步取消进出口贸易限制措施，至1964年商品贸易自由化比率已经超过90%。1964年日本加入经济合作与发展组织并成为国际货币基金组织第八条款国后，逐步推动货币自由兑换以及取消外国对日投资的限制。[①] 在面对外部环境变化时，日本并没有选择放弃政府对市场的干预，构建完全自由的市场经济体制，而是加强产业政策实施，持续推动日本经济结构高级化，加大"重化学工业"在经济结构中的比重，构筑"新产业体制"，增强产业国际竞争力。

受此影响，日本的产业政策出现了从"产业合理化"政策向"产业结构"政策的演变。1963年日本通商产业省产业结构调查会的"产业结构调查会答询"指出，"产业结构"政策的意义在于明确产业结构高度化的基本方向，并为此采取必要的政策手段以及建立相应机制。[②] 此外，在产业链领域，日本政府主张构建"新产业体制"。1962年的"关于新产业体制"报告指出，日本企业存在生产与经营规模过小、在产品价格和设备投资等领域存在"过度竞争"、市场变动幅度过大等问题，因此需要扩大企业生产经营规模、完善企业间市场竞争秩序、理顺政府与市场的关系。[③] 20世纪60年代，日本政府曾试图通过设立《特定产业振兴临时措施法》（简称《特振法》）的方式，将构建"新产业秩序"的目标与方式固定下来，但因产业界的强烈反对，最终没有实

---

① ［日］小宫隆太郎等编，黄晓勇等译：《日本的产业政策》，国际文化出版公司1988年版，第54页。

② ［日］日本《通商产业省通商产业政策史》编纂委员会等著，中国《日本通商产业政策史》编译委员会译：《日本通商产业政策史第17卷》，中国青年出版社1993年版，第386页。

③ ［日］日本《通商产业省通商产业政策史》编纂委员会等著，中国《日本通商产业政策史》编译委员会译：《日本通商产业政策史第17卷》，中国青年出版社1993年版，第396页。

现。然而，其政策理念依然影响了后续产业政策的实施。

这一时期日本产业政策的主要措施包括以下内容。（1）着重发展重化学产业。基于"所得弹性系数标准"和"生产率增长率标准"，将机械、金属及其制品、化学品等行业认定为重点发展行业，从税制和金融方面给予优惠措施。在税收制度方面，提升试验设备特别折旧力度、创设针对中小企业的加速折旧制度、降低法人税税率、创设中小企业呆账抵押金特例制度等。① 在金融方面，政府性金融机构日本开发银行的贷款重点转向了机械工业、石油化学、电子工业等产业，对这些产业的贷款占总贷款额的比重从1957年的10%提升到1962年的20%。② （2）促进企业合并，确立专业化和集团化的生产体制。在钢铁领域，1967年日本经济调查协议会发布"产业的重新调整"报告，指出必须在强有力的政府行政诱导下，促使钢铁产业认识到集中化的必要性。1968年八幡制铁和富士制铁公司发布"合并意向书"，并在1970年正式合并成为"新日本制铁公司"，成为居于世界前列的大型钢铁公司。③ 在汽车产业方面，日本提出年产量达100万辆、形成2—3个汽车专业生产集团的目标。在日本政府的推动下，最终形成了由日野、大发和丰田组成的丰田汽车以及由日产、王子、富士组成的日产汽车两大垄断性汽车集团。④ （3）以"官民协调"方式，推动产业政策的有效实施。"官民协调"方式是指，政府和企业通过平等协商的方式，合作设定具体发展目标，企业为实现目标而开展经营努力，政府则为企业提供税收、金融等方面的优惠措施，确保企业能够实现既定发展目标。"官民协调"方式

---

① ［日］日本《通商产业省通商产业政策史》编纂委员会等著，中国《日本通商产业政策史》编译委员会译：《日本通商产业政策史第8卷》，中国青年出版社1993年版，第76—78页。
② 日本政策投資銀行編、「日本開発銀行史」、日本政策投資銀行2002年版、第128頁。
③ ［日］日本《通商产业省通商产业政策史》编纂委员会等著，中国《日本通商产业政策史》编译委员会译：《日本通商产业政策史第10卷》，中国青年出版社1993年版，第143—150页。
④ ［日］日本《通商产业省通商产业政策史》编纂委员会等著，中国《日本通商产业政策史》编译委员会译：《日本通商产业政策史第10卷》，中国青年出版社1993年版，第269页。

既不是完全交由企业自主调整生产经营，也不是完全由政府给企业下达生产的行政命令，而是政府与企业合作实现发展目标。基于此，20 世纪 60 年代日本政府设立了一系列"产业协调恳谈会"，创造政府与产业界沟通的平台，探讨产业发展中遇到的问题，并对企业设备投资活动予以指导。例如，1964 年设立"化学纤维工业协调恳谈会"和"石油化学恳谈会"，1965 年设立"造纸业设备投资问题恳谈会"等。[1]

（三）日本国内产业链的构建

产业链是一个中观概念，具有"价值链"和"供应链"双重内涵，可延伸至产业结构和产业组织分析领域。日本的产业政策通过介入产业间资源分配，优化了产业结构，提升了产业链技术水平，借助促进"下包制"产业组织体系的形成，为日本产业国际竞争力提供了来源，有效提升了日本产业链的效率。

1. 产业链的概念

西方的产业经济学，主要关注的是如何使用竞争政策有效调节企业、市场与政府的资源配置问题，并不注重研究产业链问题。为更好分析产业政策及其与日本产业链问题之间的关系，本书首先明确产业链的概念。本书认为产业链是指，在一国经济系统中各产业部门依据一定的技术经济关系而客观形成的链条式关联关系，其具有两方面内涵。

一是价值链领域内涵。产业链涵盖了产品或服务从生产到销售的全部过程，如原材料生产与销售、产品设计、技术开发、中间品制造、产品流通、最终产品销售、消费与循环回收等。企业在每项生产活动中均创造价值，而其总和就构成了企业所处的"价值链"。通过综合价值链，可开展产业关联的技术分析，进而开展产业结构分析。作为概念上处于中观位置的产业链，可以通过研究产业间的技术关联关系，向上链接到宏观层面的产业结构分析。

二是供应链领域内涵。产业链的概念还包括企业间交易关系的意

---

[1] 有岡恭助、『投資調整に関するメモ』、公正取引1966年1月、第17—21頁。

蕴。通过有效整合产品生产过程中供应商、制造商、分销商的活动，建设一个整体的功能性网链结构，最终成为一个无缝链接的"供应链"。从企业组织形态看，可以开展市场竞争力、市场结构和企业行为等产业组织分析。产业链概念，则可借助产业组织经济学与企业管理理论，向下链接到微观层面的企业间关系分析。[1]

由此可见，产业链概念与产业经济学中的产业结构和产业组织具有密切的联系关系。基于此，本书从产业结构高级化和"下包制"产业组织形成两个角度，探索战后至20世纪70年代初期日本产业政策对产业链构建的作用。

2. 产业结构高级化

战后日本政府认为如果按照静态比较优势参与国际分工，则会使日本产业发展所获得的收益远小于欧美等发达国家。日本政府主张"动态比较优势"理论，认为比较优势是可以通过专业化学习、技术创新、经验积累而形成的。为此，日本政府在战后通过实施"产业合理化"政策，从微观企业层面淘汰落后技术，积极进行设备投资，开展技术研发，并通过税收、金融等政策措施给予企业政策支持。通过实施"产业结构"政策，鼓励企业合并，扩大生产经营规模，加强企业间技术合作，增强政府与企业沟通，引导向着政府设定的"重化学工业化"目标发展，积极引导日本产业链现代化升级转型，从而改变了日本产业间的技术联系，重塑了产业间资源分配结构，助推日本在经济高速增长时期实现了产业结构高级化，提升了日本产业链的技术水平。

从结果上看，在经济高速增长时期，日本的产业结构出现了从纺织等轻工业为主，向以重工业为主的结构性变化。如表3-1所示，自20世纪50年代至20世纪70年代，日本的产业结构出现显著变化。食品、纺织、造纸、陶瓷等轻工业占比从1955年的58%下降到1970年的34.7%，而化工、石油、钢铁、机械等重工业所占比重则从42%提升

---

[1] 刘志彪、姚志勇：《中国产业经济学的发展与创新：以产业链分析为主线》，《南京财经大学学报》2021年第5期，第1—10页。

到65.3%。经过20余年左右的快速发展，日本的产业结构在产业政策的推动下实现了重工业化，有效提升了日本产业链现代化。

表3-1　日本制造业产值构成比重变化　　（单位:%）

产业部门	1955年	1960年	1965年	1970年
食品	19.04	18.6	16.91	12.34
纺织	25.91	12.2	10.59	7.87
木制品	5.37	4.11	4.61	4.36
造纸	4.21	5.49	6.18	5.74
化工	8.22	9.66	10.37	9.03
石油制品	1.59	2.5	3.04	3.04
煤炭	1.32	0.8	0.73	0.83
陶瓷	2.81	2.72	3.02	3.42
钢铁	13.29	14.4	12.34	14.48
金属制品	5.65	5.27	6.29	7.32
普通机械	4.21	9.14	8.13	10.68
电子机械	2.88	7.27	7.01	9.79
运输机械	4.26	7.39	9.32	9.78
精密机械	1.23	1.12	1.47	1.41

资料来源：[日] 中央大学经济研究所编，盛继勤译：《战后日本经济》，中国社会科学出版社1985年版，第6页。

此外，日本重点扶植的重工业也获得了快速发展。其一，钢铁产业。1945—1965年，日本政府共制订了三次针对钢铁产业的"合理化计划"，设定年度钢产量目标，推动实现炼钢设备现代化。钢铁业计划投资额从1951—1955年的1282亿日元，增加至1961—1965年的8592亿日元。日本钢铁生产能力也得到迅速提高，粗钢生产量从1955年的940万吨，迅速增加至1973年的1.19亿吨。[①] 日本钢铁产业积极引进国外先进生产技术，提升生产技术水平。甲种生产技术引进件数从

---

① 産業学会编，『戦後日本産業史』，東洋経済新報社1995年版、第62页。

1950—1957 年的 42 件增加至 1966—1973 年的 136 件。

其二，汽车产业。战后日本政府将汽车产业认定为重点发展产业，确立了限制外国对日本投资以保护日本国内汽车企业发展、推动国内汽车企业引进国外先进技术、政府提供资金支持三项原则性措施。日本政府严格限制外国汽车进口，为汽车企业提供特别折旧、低息贷款、免除设备进口关税等税收优惠措施。此后日本汽车产业迅速发展，设备投资从 1955 年的 40 亿日元增加至 1971 年的 2948 亿日元，增加了 62 倍。在日本政府的推动下，经过高速增长的日本汽车产业形成了丰田和日产两大生产集团，确立了大规模生产体制，提升了生产效率，增强了国际竞争力。日本汽车产量从 1946 年的 1.4 万台，增加至 1960 年的 48 万台，而后进一步增长到 1974 年的 655 万台。[①]

其三，化学产业。化学产业除化肥业外，还包含合成树脂与合成纤维等产业。化学产业是日本政府确立的重点发展产业之一，在日本政府的扶植之下，战后日本化学产业获得了快速发展。在化肥产业方面，日本政府分别制订了第一次硫酸铵工业合理化计划（1953—1957 年）、第二次硫酸铵工业合理化计划（1958—1963 年）、硫酸铵工业体制改善计划（1961—1967 年），为化学产业发展设定产量目标，推动生产设备现代化，降低企业生产成本。日本硫酸铵产量从 1950 年的 150 万吨增加到 1970 年的 241 万吨。[②] 在合成树脂与合成纤维产业方面，日本政府先后制定"合成树脂增产育成对策"（1954 年）、"合成纤维育成对策"（1953 年）等政策措施，推动资源使用合理化、降低生产成本。日本聚乙烯生产能力从 1959 年的 2.1 万吨，增加到了 1970 年的 130.5 万吨。[③]

---

① 産業学会编、『戦後日本産業史』、東洋経済新報社 1995 年版、第 249—273 页。
② ［日］日本《通商产业省通商产业政策史》编纂委员会等著，中国《日本通商产业政策史》编译委员会译：《日本通商产业政策史第 16 卷》，中国青年出版社 1993 年版，第 152 页。
③ ［日］日本《通商产业省通商产业政策史》编纂委员会等著，中国《日本通商产业政策史》编译委员会译：《日本通商产业政策史第 16 卷》，中国青年出版社 1993 年版，第 154 页。

3. "下包制"产业组织体系的形成

以各个寡头企业为中心，包括众多关联企业和下包企业在内的"下包制"产业组织体系被认为是日本产业链在产业组织上的重要特征。"下包制"产业组织体系被认为能够提升企业间生产效率。这是因为这种分工方式降低了企业间交易成本，下包企业开展专用设备投资降低了生产成本并改善了生产技术，在长期交易关系之下，下包企业的从业员工技能也得到了稳定提升。[①] 20 世纪 50 年代至 70 年代的日本产业政策不仅注重通过产业合理化政策介入产业间资源分配，调整产业间技术关联，进而影响日本产业结构，提升产业链水平，而且注重推动中小企业发展，促进企业开展共同行动、共同研发等，推动中小企业与大企业之间构成"下包制"生产体系，形成高效的零部件生产集群，进而提升了产业链的整体效率水平。

日本在经济高速增长初期就认识到推动中小企业发展在提升产业链现代化水平中的重要作用，并较早地针对开展零部件生产业务的中小企业实施了相应的产业政策。其中最具有代表性的就是 1956 年的《机械工业临时振兴法》（简称《机振法》）和 1957 年的《电子工业临时振兴法》（简称《电振法》）。这些法律措施经过不断地修改完善，形成《机振法》产业政策体系，实施时间从 1956 年一直持续到 1985 年。《机振法》产业政策体系的主要措施包括：（1）针对机械零部件、电子零部件等产业制订"合理化基本计划"，内容涉及产品性能提升、生产费用降低、设备投资数额提升、生产技术提升等，引导中小企业改善生产技术与效率，为增强日本产业链竞争力水平奠定良好基础；（2）通产大臣可以针对特定企业实施"共同行为"政策，促进特定企业在生产品种、原材料采购、生产设备使用等方面开展一致行动，鼓励中小企业之间的协作，促进技术转移与共同研发行为，加强企业之间的联系与合作，改善中小企业的经营管理与生产水平；（3）通过日本开发银行为

---

① 港徹雄、『日本のものづくり競争力の変遷』、日本経済新聞出版社 2011 年版、第 2 頁。

企业实施"合理化基本计划"提供融资贷款。在《机振法》框架下，日本开发银行在1951—1961年为294家中小企业提供了112亿日元贷款，在1966—1970年贷款额进一步提升到317亿日元。[1]

从结果上看，日本产业政策有效促进了日本机床、汽车零部件与电子零部件产业的发展。在机床产业方面，日本产业政策促进了机床产业的设备投资和技术水平提升，推动机床企业之间的合作并共同提升技术水平，促进企业集团形成。在日本政府的推动下，在1965—1966年间形成了东京集团、第一集团、中央集团等10家大型机床企业集团。日本的机床产量也从1955年的1.8万台增加到1970年的25.6万台。[2] 在汽车零部件方面，推动中小企业提升技术水平，形成了一批具有独立自主技术的中小企业，推动中小企业之间开展合作共同改善生产技术，推动大企业和中小企业开展合作，推动形成汽车产业集团。例如，在日本政府推动下，形成了电子设备、零部件加工、外装、内装等10个汽车零部件企业团体，专门为日产公司提供汽车零部件。[3] 在电子零部件产业方面，积极促进电子零部件企业开展设备投资，推动企业引进国外先进生产技术，促进企业合作，推进电子零部件产业体系的形成。例如，日本在1971年推动形成富士通与日立、日本电气与东芝和三菱与冲电器三大电子零部件研究开发集团，以推动日本电子零部件企业的研发合作。

此外，日本的产业政策也推动了"下包制"产业组织体系的形成。截至1981年，日本的一般机械、电子机械、运输机械产业中，作为下包企业的中小企业比率均达到最高峰，分别为84.2%、85.3%、

---

[1] ［日］日本《通商产业省通商产业政策史》编纂委员会等著，中国《日本通商产业政策史》编译委员会译：《日本通商产业政策史第10卷》，中国青年出版社1993年版，第161页。

[2] ［日］日本《通商产业省通商产业政策史》编纂委员会等著，中国《日本通商产业政策史》编译委员会译：《日本通商产业政策史第16卷》，中国青年出版社1993年版，第138页。

[3] 山崎修嗣、『日本の自動車サプライヤーシステム』、法律文化社2014年版、第63页。

87.7%。这说明，在日本政府的产业政策作用下，到 20 世纪 80 年代初，日本一般机械、电子机械、运输机械的中小企业其绝大多数都在承担大企业的下包生产活动，并成为某一企业集团的成员，日本的大企业与中小企业形成了紧密的交易关系，日本的"下包制"产业组织体系的形成，有效提升了日本产业链的现代化水平。[1]

二、产业政策调整与产业链的国际发展

在日本完成工业化后，国内总需求不足问题凸显，日美贸易摩擦日趋激烈，泡沫经济崩溃，日本经济陷入长期低迷，而全球一体化进程则加速推进。20 世纪 70 年代至 21 世纪初，日本先后实施"产业调整政策"与"产业再生政策"，加快过剩设备处置，激发企业创新活力。为应对日益加剧的日美贸易摩擦，日本开始在美国、东亚地区建设生产基地。在全球一体化进程中，日本在全球范围内完善产业链布局，进一步提升产业链效率。

（一）国内外形势的变化

自高速增长时期结束后，日本经济发展面临的国内和国际形势发生显著变化。经济发展从稳定增长向长期低迷转变，国内总需求严重不足。日美贸易摩擦的不断升级以及全球经济一体化的进展对日本产业政策和产业链发展产生深刻影响。

1. 日本国内经济形势变化

首先，进入稳定增长时期后，日本的产业结构面临再次调整的压力。在1971年尼克松政府金融政策冲击和1973年第一次石油危机的双重冲击下，日本国内出现恶性通货膨胀，资本收益率下降，私人消费增长停滞。至此，日本经济高速增长时期结束，进入稳定增长时期。日本

---

[1] 田正：《日本中小企业非研发创新政策支持体系研究——以"机振法"产业政策体系为例》，《现代日本经济》2021 年第 5 期，第 54—67 页。

实际国内生产总值增长率从 1955—1973 年间的平均 8.8% 下降至 1973—1980 年间的 3.9%。① 此前产业政策的实施使日本经济的供给能力得到迅速提升，困扰日本经济增长的主要问题不再是总供给不足，而是总需求不足。由于石油危机导致能源与原材料进口价格的抬升，钢铁、制铝、纤维、造船等产业的生产成本不断提高，企业收益空间持续下降，出现"结构性萧条"问题，生产设备过剩日益显现，产业结构需要再次升级调整。

其次，自泡沫经济崩溃后，日本经济陷入长期低迷，结构性矛盾凸显。20 世纪 80 年代中后期，日本出现严重的"泡沫经济"，股票和房地产市场异常火爆。在 1985—1989 年间日经指数涨幅超过 3 倍，全国商用土地价格上涨幅度也超过 67%。20 世纪 90 年代初，日本泡沫经济破裂，经济陷入长期低迷之中。日本实际国内生产总值增速从 1970—1990 年的 4.4% 下降到 1990—2012 年的 0.9%。② 泡沫经济崩溃后，在宏观经济层面暴露出高失业率、消费低迷、通货紧缩等问题，在产业层面则出现雇佣人员过剩、设备投资过剩、债务负担过剩等问题。在通货紧缩的背景下，企业将资金收益优先用于偿还企业债务，而减少设备投资和人员雇佣，导致经济增速放缓陷入恶性循环。在 20 世纪 90 年代后，日本产业面临的资本收益下降、资源配置效率下滑、人口老龄化、研发投资收益下降等结构性问题日益突出。③

2. 日本面临的国际经济形势变化

首先，日美贸易摩擦日趋激烈。自第一次石油危机后，总需求不足成为日本经济面临的最主要问题，日本经济增长对外需的依赖程度不断提升。净出口因素占国内生产总值增长率的比重从 1976 年的 20.8% 提升到 1983 年的 46.8%。日本对美贸易顺差不断增加，从 1970 年的 3.8

---

① 村田治，『2010 失われた十年の原因は何か：GDP キャップと潜在成長率の観点か』、経済学論究 2010 年 10 月，第 33—56 頁。
② 深尾京司編，『日本経済の歴史第 6 巻』、岩波書店 2018 年版、第 17 頁。
③ 田正、武鹏：《供给侧结构性改革的路径：日本的经验与启示》，《日本学刊》2019 年 3 期，第 111—135 页。

亿美元扩大至1985年的394.8亿美元，引发日美两国之间更加激烈的贸易摩擦。日美贸易摩擦的领域从20世纪五六十年代的纺织品、钢铁制品，扩大至七八十年代的电视机、汽车、半导体等加工组装和高科技产品，日美贸易摩擦全面升级。20世纪90年代日美两国达成《日美结构协议》后，日美贸易摩擦逐渐平息。

其次，全球经济一体化进程突飞猛进。一方面，全球经济一体化步伐持续加快，生产者与投资者的行为日趋国际化，世界贸易和跨国投资快速发展，各国市场相互融合，各国的生产要素按照利用效率最大化的原则在全球范围内优化配置。战后日本积极参与多边主义贸易合作框架，1955年加入《关税和贸易总协定》，1995年则成为世界贸易组织创始成员国。另一方面，区域经济一体化的态势迅速发展。20世纪90年代以来，全球范围内自由贸易协定和经济伙伴关系协定的签署数量迅速增加，欧洲、北美区域一体化程度不断加深。21世纪以来，日本开始调整对外经济政策，积极参与区域经济一体化合作，制定自由贸易协定战略，以维护其政治经济利益。[①]

（二）产业政策的调整

随着日本经济出现总需求不足问题，国内设备过剩问题凸显，日本产业政策调整以产业调整政策为主，推动结构性萧条产业处置过剩设备，加快新兴产业和技术自主研发。在日本经济长期低迷的背景下，日本转向实施产业再生政策，处置僵尸企业与不良债权，激发企业创新活力，提升产业竞争力。

1. 产业调整政策

20世纪七八十年代，面对国内外政治经济形势变化，日本产业政策出现从产业结构政策向产业调整政策的转换。产业调整政策的主要内容如下。

首先，调整结构性萧条产业，加快过剩设备处置。为促进结构性萧

---

① 浦田秀太郎编、『日本のFTA戦略』、日本经济新闻出版社2002年版、第95頁。

条产业处置过剩设备,维持生产经营活动稳定,克服经济萧条带来的挑战,日本政府在1978年制定《特定萧条产业安定临时措施法》(简称《特安法》)。在1983年《特安法》到期后,日本制定《特定产业结构改善临时措施法》(简称《产构法》),将结构性萧条产业的认定范围扩大至化学、造纸、金属合金等。1987年日本颁布《产业结构转换圆滑化临时措施法》(简称《圆滑化法》),继续推动企业开展过剩设备处置措施。

推动结构性萧条产业处置过剩设备的具体方法主要包括：(1)制订过剩设备处置计划。日本政府要求结构性萧条产业制订过剩设备处置计划,明确设备处置目标、数量、时间等信息,并通过审批等方式指导行业处置过剩设备。《特安法》规定,结构性萧条产业需要制订"安定基本计划",内容包括：需要处置的设备数量、种类、禁止新增设备投资等。(2)采取"共同行动"政策。共同行动政策是指,按照政府的政策要求,企业采取一致行动,共同开展设备投资处置行为,以达成处置计划。《特安法》指出,当企业自身无法完成"安定基本计划"时,主管大臣可以采取"共同行动"政策,要求行业中的企业在处置过剩设备问题上采取一致措施。(3)提供融资支持。日本政府和民间金融机构共同出资设立"特定萧条产业信用基金",为结构性萧条产业处置过剩设备提供融资支持。[①] 产业调整政策的实施,有效推动了日本过剩设备的处置。在《特安法》实施后的第四年,造船、合成纤维、炼铝等结构性萧条产业的处置比例分别达到104.7%、98.2%、96.7%。[②]

其次,促进知识密集型产业发展,促进产业结构转型升级。随着钢铁、化学等高耗能产业国际竞争力的下降,日本迫切需要推动产业结构进一步升级转换,形成新的主导产业。通产省的《70年代通商产业政策展望》指出,日本要实现产业结构从重工业为主向知识密集型产业为主的转换,着重发展电子计算机、航空、汽车、机器人、半导体等研究

[①] 田正、江飞涛：《日本产业活性化政策分析——日本结构性改革政策的变化及其对中国的启示》,《经济社会体制比较》2021年第3期,第170—179页。

[②] 岡崎哲二、『通商産業政策史第3巻』、経済産業研究所2012年版、第38—39頁。

密集型产业，以及通讯机械、机床、电子机械等高端加工组装行业。[1] 20 世纪 80 年代，日本进一步提出"技术立国"口号，在加强自主研究开发能力的同时，要促进原材料、加工组装、生活用品、能源、流通等产业领域的"知识集约化"发展，推动先进工程与信息技术在全产业领域应用。[2]

为促进产业结构转型，日本政府采取的措施包括：（1）着重促进电子与机械产业发展。日本在《机振法》和《电振法》的基础上，于 1971 年设立《特定电子工业和特定机械工业振兴临时措施法》（简称《机电法》），通过制订计划、实施共同行动政策、提供融资支持等方法，促进电子与机械产业体系发展，特别注重培育零部件供应商的发展，以确立生产体系优势。1978 年后制定《特定机械情报产业临时措施法》（简称《机情法》），作为延续措施，持续实施到 1985 年。[3]（2）实施产业技术政策。在"大型工业开发制度"框架下，鼓励企业合作，推动尖端技术研究和对特定科学技术的突破。例如，1976 年日本政府协调富士通、东芝、日立等公司共同参与"超大规模集成电路研究计划"致力于半导体技术研发，最终获得 1000 余项专利，取得丰硕成果。1981 年日本政府推出"下世纪产业基础技术研究开发制度"，推动新材料、生物、电子元器件等领域的技术开发。[4]（3）完善市场经济制度。在完成工业化后，日本政府认识到遍布于日本各产业中的"卡特尔"组织限制了市场竞争，不利于公平竞争的开展以及国际经贸摩擦的应对。日本在 1977 年第三次修改《禁止垄断法》，引入企业分割与原价公开制度、价格现状恢复命令及课征金纳付命令制度、股份持有限制制度等，以抑制"卡特尔"组织的形成。[5] 20 世纪 80 年代后，日本开始推动规制改革措

---

[1] 産業構造審議会編、『70 年代の通商産業政策』、大蔵省印刷局 1971 年版、第 32 頁。
[2] 通商産業省編、『80 年代の通産政策ビジョン』、通商産業調査会 1980 年版、第 121—130 頁。
[3] 田正：《日本中小企业非研发创新政策支持体系研究——以"机振法"产业政策体系为例》，《现代日本经济》2021 年第 5 期，第 54—67 页。
[4] 岡崎哲二、『通商産業政策史第 3 巻』、経済産業研究所 2012 年版、第 98 頁。
[5] 吴小丁：《反垄断与经济发展》，商务印书馆 2006 年版，第 100 页。

施，实施日本电信电话公司和日本铁路公司的民营化。日本在20世纪七八十年代再次实现了产业结构转型升级，顺利实现了日本产业结构从"重厚长大"向"轻薄短小"的转变。

2. 产业再生政策

20世纪90年代后，日本不再实施针对特定产业的传统意义上的产业政策，而是针对泡沫经济崩溃后企业经营不善的现实，转而实施调整企业经营业务、促进创新体系形成的"产业再生政策"。

首先，20世纪90年代至21世纪初期实施产业再生政策，加强企业经营业务调整，消除泡沫经济崩溃所带来的不良债权等影响。为消除宏观经济内外价格差、改善微观层面企业经营状况，日本政府在1995年设立《事业革新法》，促进企业拓展新业务，推动企业发展升级转型。20世纪90年代中期开始，日本僵尸企业数量不断攀升，金融部门不良债权数量攀升，一系列金融机构相继破产，引发日本金融系统震荡。为推动僵尸企业有序退出市场、化解日本金融体系中的不良债权问题，日本在1999年制定《产业活力再生特别措施法》（简称《产活法》），并经历2003年、2007年、2009年和2011年的4次修改。产业再生政策的重点逐渐从消除不良债务权与僵尸企业，转向促进企业开展创新性经营活动。

产业再生政策的主要措施包括：（1）推动企业制订业务调整计划，促进企业业务调整重组。《产活法》规定企业需要制订"事业再构筑计划"等业务调整计划[①]，通过选择与集中的方式，帮助企业将经营资源集中于核心业务上，盘活企业经营资源，提升生产效率。在企业制订业务调整计划后，日本政府采用以下手段推进企业的经营业务调整。一是拆分公司所属业务部门，成立独立子公司，以便企业开展多样化经营，提升生产效率。二是通过引入外部资金，增加企业资本金，以做大做强企业核心业务，加快新产品研究开发。例如，丸红公司通过制订"事业

---

① 2003年《产活法》修正后，增设"经营资源再活用计划""共同事业再编计划""事业革新设备导入计划"等企业业务调整计划。

再构筑计划",增资 755 亿日元,强化主营业务,促使人均附加值提升 21.4%。三是将企业经营业务拆分,与其他企业的业务合并,成立新公司,以提升企业经营效率。(2)促进企业制订创新计划,引导企业开展创新活动。在《事业革新法》框架下,企业需要制订包括业务调整目标、调整内容、实施时间、所需资金等内容的"事业革新计划",并给予企业相应的税收和融资支持,促进企业业务升级转换。在《产活法》中创设"技术活动事业革新计划""资源生产率革新计划"等,用于鼓励企业开展创新性经营活动。例如,夏普显示器公司通过"资源生产率革新计划",引入创新性生产设备,促使工厂生产率提升 44.6%。(3)给予企业融资、税收等领域的配套支持。日本政策投资银行与中小企业基盘整备机构为企业业务调整提供融资支持。在税收上,开展公司登记税减免、创新设备投资特别折旧、亏损金结转扣除、企业资产计提亏损等措施。从实施结果看,产业再生政策从微观层面引导僵尸企业退出市场,提升企业经营效率,并降低了日本的不良债权。[①]

其次,促进产业新陈代谢,提升产业竞争力。经过 21 世纪初期的调整,日本的不良债权问题基本得到解决,提升资源使用效率、增强企业技术创新能力成为日本产业再生政策的新重点。2013 年日本政府制定《产业竞争力强化法》,推动规制和企业经营业务改革,促进产业新陈代谢,提升日本经济生产率。2018 年日本政府修改《产业竞争力强化法》,加强风险投资供给,推进企业经营业务重组,以适应第四次产业革命技术快速发展的需要。2021 年日本政府再次修订《产业竞争力强化法》,促进企业经营方式数字化变革,推动初创企业发展,以应对新冠肺炎疫情冲击、经济社会数字化转型等新挑战。[②]

《产业竞争力强化法》的主要措施包括:(1)推进规制改革。设立以企业为单位的"消除灰色地带制度""沙盒监管制度"和"新事业特

[①] 田正、江飞涛:《日本产业活性化政策分析——日本结构性改革政策的变化及其对中国的启示》,《经济社会体制比较》2021 年第 3 期,第 170—179 页。

[②] 「産業競争力強化法の変遷」、経済産業省、https://www.meti.go.jp/policy/economy/kyosoryoku_kyoka/index.html。

例制度"，明确规制适用范围，对第四次产业革命领域企业活动采取沙盒监管措施，创设规制特例措施，以消除既有规制障碍，促进企业业务创新。（2）推动产业新陈代谢。一是促进企业经营业务重组。推动企业制订"事业再编计划"，促进企业经营业务整合重组，并给予税收和融资领域的政策支持。二是强化产业竞争力。促进企业制订"事业适应计划"，明确新产品与新服务的具体生产与导入方式，创设数字化转型投资税制、面向碳中和投资促进税制等，加速企业数字化与绿色转型进程。三是推动企业经营业务再生。建立"事业纠纷解决制度"，推动企业制订"事业再生计划"，由中立的专家调解债权方与债务方矛盾，消除企业过剩负债。（3）推动开放式创新。对于开展革新性业务企业，由"产业革新机构"为其提供15年左右的中长期风险资金，并派遣经营管理与技术人才参与经营活动，全面促进企业开展高附加值经营活动。[1] 从结果上看，日本经济的资源使用效率得到提升，日本全要素生产率增速从1995—2000年的0.19%提升到2010—2015年的0.37%。

（三）产业链的国际发展

在20世纪七八十年代产业调整政策的推动下，日本在完善国内产业链的同时，致力于在东亚地区构建基于"雁行模式"的产业链。21世纪初期，日本积极参与全球化，在全球范围内构建产业链，提升产业链效率。

1. 产业调整政策背景下的产业链发展

20世纪七八十年代的日本产业政策提升了产业结构，同时，在日美贸易摩擦激化背景下，日本产业链开始向外迁移。

首先，日本国内产业结构的再次升级转型。在20世纪七八十年代，日本的纤维、化学、钢铁、造船等产业逐渐丧失比较优势。日本产业政策在推动企业处置过剩设备的同时，也在积极推动产业结构向知识密集

---

[1] 「産業競争力強化法等の一部を改正する等の法律」の一部が施行されました、経済産業省，https://www.meti.go.jp/press/2021/06/20210616004/20210616004.html。

化转型，形成汽车、电子机械、一般机械等新主导产业。这些措施从微观层面促进了资本、劳动等生产要素资源从失去比较优势的产业中转移出来，投入到电子、半导体、汽车、机器人等能够形成新比较优势的产业。产业政策通过改变产业间的资源配置，推动生产要素向更高生产率产业部门积聚，改变产业间技术联系，提升产业链现代化水平。在产业组织方面，20世纪七八十年代的日本产业政策并未放弃提升供应链水平的努力，相继出台《机电法》和《机情法》，持续培育日本机械和电子产业零部件供应商的生产制造和技术研发水平，助推日本机械和电子产业发展，确立生产体系优势。在产业技术水平方面，鼓励开展自主研发，组织企业开展共同技术研发，提升了企业技术水平，有助于日本国内产业链的构建与发展。

从结果上看，20世纪七八十年代的日本产业政策，助推了日本产业结构的升级，具体表现为制造业内部主导产业的交替更换。机械产业代替钢铁、化学等成为日本新的主导产业。钢铁、化学工业在制造业附加价值中的比重从16.3%和11%下降至1990年的13.8%和9.5%，而机械产业则从31.3%提升到40.6%。其中，电子机械、一般机械、汽车产业在制造业附加价值中的比重从1960年的9.18%、10.3%、10.2%提升至1990年的19.6%、10.8%、12.4%。[1]

其次，在日美贸易摩擦背景下，日本开始推动产业链发展的国际化。一方面，为降低日美贸易摩擦影响，日本开始在美国构建产业链，实施"贸易摩擦规避型"直接投资。增加对美直接投资，不仅可以直接利用原材料，增加当地劳动力就业，而且可以实现产品直接在美国市场销售，减少日本对美国的直接出口，并规避美国设置的贸易壁垒，缓和日美贸易摩擦。日本自20世纪60年代开展资本自由化措施，由原来的限制对外直接投资调整为促进对外直接投资，将一部分产业链调整至海外，以缓解贸易摩擦。1980年，日本修改《外汇法》，原则上允许企

---

[1] 「工業統計表」、経済産業省、https://www.meti.go.jp/statistics/tyo/kougyo/archives/index.html。

业可以自由实施对外投资活动，从而助推日本企业对美直接投资活动。1985年《广场协议》签署后，日元汇率大幅升值，进一步降低了对美直接投资成本，推动日本企业向美国转移生产。

在日美汽车贸易摩擦加剧背景下，日本汽车厂商纷纷赴美投资设厂。本田和日产公司分别于1978年和1980年在美投资建厂。日本丰田公司于1984年与美国通用公司合资在加利福尼亚州建设汽车工厂，年产量达25万台。[①] 在20世纪七八十年代，日本对美直接投资迅速增加，从1979年的13.4亿美元，增加到1986年的101.6亿美元，到1989年达到325.4亿美元，创下历史新高。对美直接投资在日本对外直接投资中的比重也从1979年的26.9%，增加到1989年的48.1%。[②]

另一方面，20世纪七八十年代，在两次石油危机的冲击下，日本国内需求下降，纤维、钢铁、化学、造船等产业市场趋于饱和，日本试图扩大东亚经济交流合作，寻求新的投资增长点。基于"雁行模式"理论，作为"领头雁"的日本致力于发展具有比较优势的加工组装产业，而将不具备比较优势的纤维、纺织等劳动密集型产业以及钢铁、化学、造船等资本密集型行业，顺序传递给"亚洲四小龙"[③]与东盟，从而形成以日本为"领头雁"，亚洲各国为侧翼紧随其后、多层追赶的东亚经济体系。日本通过出口贸易、对外直接投资、技术转移等方式，构筑以日本为核心的国际分工体系，推动日本在东亚地区构建产业链。

从20世纪70年代初期起，日本的以纤维为代表的劳动密集型产业开始向"亚洲四小龙"转移，为其带来资本与技术。20世纪70年代中期后，以钢铁、化学、造船为代表的日本资本密集型产业也开始向"亚洲四小龙"转移，促进了"亚洲四小龙"的重工业发展，而此时"亚洲四小龙"的劳动密集型产业发展出现瓶颈，开始将劳动密集型产业向东盟国家转移。日本也将失去比较优势的劳动密集型产业转移至东南

---

① 徐梅：《日美贸易摩擦再探讨》，中国税务出版社2016年版，第73—74页。
② 「日本の国・地域別対外直接投資」、日本貿易振興機構、https：//www.jetro.go.jp/world/japan/stats/fdi.html。
③ 亚洲四小龙为韩国、中国台湾、中国香港、新加坡。

亚，以利用当地的廉价劳动力和丰富原材料。日本对"亚洲四小龙"和东盟四国①的出口额从 1980 年的 189.1 亿美元与 91.6 亿美元，增加到 1990 年的 557.4 亿美元和 222.4 亿美元。② 同一时期，日本对"亚洲四小龙"和东盟四国的直接投资也从 3.8 亿美元和 7.8 亿美元增加到 33.5 亿美元和 32.4 亿美元。③

2. 全球化背景下日本产业链的发展

20 世纪 90 年代至 21 世纪初期，在全球经济一体化背景下，日本企业开展全球范围内的经营活动，日本产业链国际化深入发展。

首先，20 世纪 90 年代，日本产业链在东亚地区纵深发展。20 世纪 90 年代后，全球一体化进程加快，东亚地区国家工业化进程明显加速，推动国际分工从 20 世纪七八十年代的"垂直化"向 20 世纪 90 年代后的"水平化"发展，日本与东亚国家间国际分工体越来越表现为产业链内部不同工序上的产业内分工。日本不断向东亚地区国家转移不具备竞争优势的装配制造等低附加价值环节工序，转而加强发展具有高知识密集度的零部件及原材料生产等高附加值生产工序，推动制造业向着产业链上端攀升。泡沫经济崩溃后，大量日本企业经营情况恶化，日本采取产业再生政策，调整企业经营业务，推动企业分割和处置失去比较优势的经营业务，进一步促使失去比较优势的日本制造业业务向东亚国家转移，加强在东亚地区的产业链建设。

20 世纪 90 年代后，东亚在日本对外出口和对外投资中所占比重持续升高。日本对东亚地区的出口占出口总额比重从 1990 年的 31% 提升到 1996 年的 44%，而对美国、欧盟出口所占比重则从 1990 年的 32% 和 20% 下降至 27% 和 16%。④ 日本对东亚地区直接投资占日本对外直接投资比重从 1990 年的 12.2% 提升至 1996 年的 23.6%，而美国和欧

---

① 东盟四国包括：马来西亚、泰国、菲律宾、印度尼西亚。
② 「貿易統計」、日本貿易振興機構、https://www.jetro.go.jp/world/statistics/。
③ 「日本の国・地域別対外直接投資」、日本貿易振興機構、https://www.jetro.go.jp/world/japan/stats/fdi.html。
④ 篠崎彰彦等編、『日本経済のグローバル化』、東洋経済新報社、第 87 頁。

盟所占比重则从 1990 年的 45.9% 和 23.5% 下降到 1996 年的 45.8% 和 15%。从行业上看，在 20 世纪 90 年代，日本电子机械和汽车产业积极在东亚地区推动产业链建设。以日立、东芝、三菱等为代表的 9 家大型日本电子机械公司 1991—1995 年在东亚地区共设立 93 家生产基地，远高于同时期北美的 16 家和欧洲的 8 家。以丰台、本田、日产为代表的 11 家大型日本汽车企业在 1991—1995 年在东亚地区设立生产基地 23 家，高于同时期北美的 6 家和欧洲的 3 家。①

其次，21 世纪初期，日本调整对外经贸政策，制定自由贸易协定战略，加强贸易与投资环境的规则构建，以推动产业链高效发展。21 世纪信息技术出现快速发展，降低了跨国企业信息沟通成本，有利于生产技术的国际性扩散，为全球化的深度发展提供了有利条件。为促使日本经济摆脱长期低迷状态，日本积极实施国内改革，以提升劳动、资本等生产资源的利用效率，并进一步推动对外开放，消除阻碍国际间生产要素流动的限制，从而提高全要素生产率增速。2001 年世界贸易组织多哈回合谈判陷入僵局后，日本加快推动自由贸易协定缔结速度，先后与新加坡、墨西哥、智利等签订自由贸易协议，并积极参与东亚区域经济合作，以实现更高水平的对外开放。21 世纪初期，日本已基本完成了对泡沫经济崩溃所造成的不良债权的清理，其产业政策更着重于促进企业开展新产品和服务的拓展，鼓励企业开展创新活动，以更好利用全球生产资源，提高产业链效率，提升日本产业国际竞争力。

从结果上看，21 世纪初期日本通过全球化投资，在全球范围内完善产业链布局，并不断获得收益。从 2001 年至 2015 年，日本对北美、欧洲和亚洲地区的直接投资金额分别从 76.3 亿美元、182.8 亿美元、77.9 亿美元，增加到 514.5 亿美元、360.8 亿美元和 350.5 亿美元。日本的对外直接投资净收益也从 2001 年的 1.76 万亿日元增加到 2015 年的 8.1 万亿日元。②

---

① 篠崎彰彦等编、『日本経済のグローバル化』、東洋経済新報社、第 99 頁。
② 「財政金融統計月報」、財務総合政策研究所、https://www.mof.go.jp/pri/publication/zaikin_geppo/hyou08.htm。

三、新形势下的产业政策与产业链重构

在新形势下，日本产业发展面临数字化、绿色转型、疫情冲击、产业链稳定等新挑战。日本政府的产业政策再次转变，以气候变化、经济安全、社会分配等国际经济社会发展问题为主要政策对象，实施绿色增长战略，加强经济安全政策，促进中小企业发展与劳动雇佣制度完善。在产业链方面，更加注重产业链安全问题，通过产业链重构政策，完善产业链布局，提升产业链韧性。

（一）新形势的背景变化

目前，全球正处于百年变局之中，大国间竞争博弈不断加强，科技创新与产业发展成为大国竞争的焦点问题，进而对当下日本产业发展形成了如下挑战。

第一，数字化转型进程缓慢。当前，新一轮科技革命和产业革命正在迅速发生，互联网、大数据、人工智能等数字科技与新材料、生物、宇宙等领域技术交叉协作，不断产生新技术，推动产业结构发展持续转型升级。促进数字化转型对经济的长期发展具有重要意义。但是，当前日本的数字化水平差强人意。虽然日本早在2001年就推出了《高速信息通信网络社会形成基本法》（又称"IT基本法"），以促进数字经济发展，但是数字技术在日本产业中的应用水平并不高。2021年日本《信息通信白书》统计显示，日本企业数字技术导入水平落后于美国。人工智能、物联网、数据分析、云计算等技术在日本企业中的导入率分别为24.3%、27.9%、42%、54.2%，而美国则为35.1%、34.9%、62.7%、60.5%。此外，日本企业数字化转型还面临着信息技术人才不足问题的掣肘。2021年有53%的日本企业表示，技术人才不足是企业数字化转型困难的最主要原因。日本政府预计，到2030年，日本将面临45万人的信息技术人才

缺口。①

　　第二，经济绿色转型的调整。应对全球气候变化，已经成为全球共识，世界各国政府纷纷提出削减温室气体排放目标。2020年日本政府宣布，要在2050年实现碳中和，并在2021年进一步提出在2030年实现温室气体排放下降46%的目标。日本经济面临绿色转型的严峻压力。一方面，日本制造业需要加强碳减排力度。日本钢铁产业需要进一步推动电炉炼钢以及二氧化碳回收与储藏技术研发，日本汽车产业则需要加大电动汽车普及力度，以降低碳排放。另一方面，在能源领域，日本需要减少对化石燃料的依赖，推动可再生能源与核能发展。2020年，日本对于煤炭、石油、天然气等化石燃料的依赖程度高达85.5%，可再生能源所占比例仅为8.2%。② 此外，日本可再生能源价格偏高，不利于日本提升可再生能源使用比例。根据经济产业省的测算结果显示，一般家庭每月的"可再生能源补助金"负担从2012年的57日元，增加至2020年的774日元。

　　第三，新冠肺炎疫情的冲击。新冠肺炎疫情的突发，不仅为世界经济发展带来了前所未有的冲击，也严重冲击了日本经济发展。在宏观经济层面，新冠肺炎疫情在日本蔓延以后，日本的实际国内生产总值出现下滑，2020年日本实际国内生产总值增速为-4.8%，创2009年以来新低，2021年日本实际国内生产总值小幅回升至1.7%。③ 在产业层面，新冠肺炎疫情导致国际大宗商品和原材料价格持续攀升，造成日本制造业企业的生产成本增加，压缩企业利润空间，不利于日本制造业企业发展。2022年1月，日本生产者物价指数同比增长高达8.6%。④ 此外，受疫情因素影响，人员的国际流动和外出活动大幅减少，对于旅游、餐

---

① 「令和3年版情報通信白書」、総務省、https://www.soumu.go.jp/johotsusintokei/whitepaper/ja/r03/index.html。
② 「2020 日本が抱えているエネルギー問題」、資源エネルギー庁、https://www.enecho.meti.go.jp/about/special/johoteikyo/energyissue2020_1.html。
③ 「国民経済計算」、内閣府、https://www.esri.cao.go.jp/jp/sna/menu.html。
④ 「企業物価指数」、日本銀行、https://www.boj.or.jp/statistics/pi/cgpi_release/index.htm/。

饮、文化娱乐等服务业需求急剧下降，日本服务业发展深受打击。新冠肺炎疫情所带来的不确定性，不仅对日本国民经济社会的稳定运行造成极大负面影响，而且也对日本制造业和服务业等产业的发展形成持续不断的干扰。

第四，维护产业链稳定的需求。在国际政治经济形势日趋复杂的背景下，日本产业链的脆弱性问题不断凸显。在全球化背景下，日本在半导体、稀土、电池、医药品等领域对于海外的依赖程度持续提升，而海外生产的突然停止会导致关键零部件与原材料的供给中断，从而影响到日本全产业链及最终产品的供给。在疫情冲击下，因汽车零部件和医疗用品供给中断，导致日本国内汽车厂商出现停产现象，以及医疗用品供给不足的问题。这些因素使得日本认识到需要加强对于国民经济生活具有重要影响的重要物资的供应，降低海外供应链集中风险，提升产业链韧性。2021年日本《通商白皮书》指出，要准确把握日本供应链现状，降低重要物资供应地的集中度，加强国际合作，构筑有韧性的供应链。[1]

（二）新形势下产业政策的变化

在新形势下，世界各国政府均认识到实施产业政策的必要性，并推出一系列相应的产业政策。日本政府也开始重新重视产业政策的实施，以应对新形势变化带来的挑战。

1. 新形势下日本产业政策的主要思路

2021年6月，日本经济产业省发布《经济产业政策新机轴》报告，给出了在新形势下日本产业政策的主要思路，指出日本需要构建宏观经济政策与产业政策相协调、官民一体的产业政策新框架。

在产业政策的实施对象与范围上，相较以往的以特定产业为调整对象的产业结构政策和以特定企业为政策实施对象的产业再生政策，新形

---

[1] 「通商白書2021」、経済産業省、https://www.meti.go.jp/report/whitepaper/index_tuhaku.html。

势下日本产业政策涉及的范围更加广阔，调整的对象主要为影响日本国民经济社会发展的重要课题，如气候变化、经济安全、社会分配等。新形势下日本产业政策的主要思路包括以下几个方面。

其一，产业发展与气候变化相协调。近年来，人类社会活动的持续增加，对于环境的负担持续加重，世界各国纷纷制订碳减排计划、设定碳中和目标，日本政府也提出了 2050 年碳中和目标，应对气候变化挑战。虽然推动碳中和目标实现，对于日本产业发展与能源稳定供给形成严峻压力，但日本政府认为这也为日本产业的创新发展提供了新空间。为完成碳减排与碳中和要求，日本各产业需要大幅度调整既有的经营管理模式，并通过积极的投资行为，在气候变化领域实现突破性创新，进而能够提供新的产品与服务，为产业发展提供获利新途径，最终形成"产业发展与气候变化相协调"的良性循环。日本政府在这一过程中，通过实施产业政策，发挥给予企业正确引导、完善创新环境、提供财政金融政策支持等作用。

其二，产业发展与经济安全相协调。在国际政治经济形势复杂变化的背景下，日本愈发认识到统筹产业发展与经济安全的重要性。一方面，需要提升"战略自主性"与"战略不可或缺性"，即通过强化经济社会基础，做到在任何情况下都不过度依赖其他国家，维持国民经济社会的正常有序运作，并持续强化日本具有优势的战略领域，确保日本在国际产业结构中的独特地位。这就需要日本加强实施产业政策，在防止关键技术流出的同时，加强关键技术培育，提升日本的国际竞争力。另一方面，提升产业链稳定性，即通过构建灵活且富有弹性的产业链，强化产业链韧性，确保战略性物资供应稳定，减小因关键零部件与原材料供给中断对国民经济社会稳定运行造成的影响。

其三，产业发展与社会分配相协调。疫情冲击不仅使得日本中小企业的经营情况恶化，而且也导致社会的贫富差距更加扩大。岸田文雄上台后，就提出了"没有分配，就没有增长"的口号，认为缩小社会贫富差距，构建更为合理的社会分配制度，将会提振居民消费意愿，扩大产品的消费市场，推升消费者物价水平，改善企业经营情况，进而形成

"增长与分配"的良性循环。日本政府认为，需要持续推动劳动和雇佣制度改革，缩小非正式雇佣员工待遇与正式雇佣员工待遇差距，推动企业加大对人力资源的投资，增强对已雇佣员工的培训，提升劳动生产率，实现更合理的收入分配安排，促进中小企业发展，改善社会贫富差距扩大问题，提振消费，进而促进产业发展。

2. 新形势下日本产业政策的主要措施

新形势下，日本重视产业政策的实施，以气候变化、经济安全、社会分配为主线，开展了如下措施。

第一，实施绿色增长战略。2020年12月，日本政府提出了《面向2050年碳中和的绿色增长战略》，以促进经济绿色转型。一方面，给出了14个重点产业领域发展计划。日本政府将海上风电、氢能源、燃料氨、核电、蓄电池、半导体、船舶、物流、航空、住宅等产业指定为重点发展产业，为每个产业制订具体的"绿色实施计划"，明确每个产业的发展目标，指出产业发展方向，分析业务发展空间，并给出每个产业发展的具体方案措施。另一方面，完善绿色产业发展的基础环境。设立总额达2万亿日元的"绿色创新基金"，重点支持海上风电、下一代太阳能电池、氢能、碳回收等领域的技术开发。建立碳中和投资促进税收制度，基于企业税收优惠措施，鼓励企业开展环境领域设备投资。支持绿色金融发展，完善绿色债券发行机制，推动企业完善气候领域信息披露制度，吸引金融机构的环境社会治理投资。[①]

第二，加强经济安全政策。一是实施半导体数字产业战略，强化半导体产业发展基础。2021年6月，日本经济产业省提出"半导体数字产业战略"，以强化日本半导体生产基础，并维持日本在半导体领域的技术优势。加强与海外半导体代工厂合作，在日本国内建设高端半导体生产基地，加强官产学合作，持续维护和提升日本半导体制造设备和半

---

① 「2050年カーボンニュートラルに伴うグリーン成長戦略を策定しました」、経済産業省、https://www.meti.go.jp/press/2020/12/20201225012/20201225012.html。

导体原材料领域技术优势。① 二是持续加强技术安全维护与尖端技术开发。2022 年，日本推动设立《经济安全保障推进法》，以应对日益增长的经济安全风险。对敏感技术发明建立专利申请非公开制度，将不公开核能与武器等敏感技术专利申请，同时对放弃专利申请的企业给予补偿，以加强对关键技术的保护。此外，为促进尖端技术研发，日本政府加大对尖端技术的研发投入，制定尖端技术培育的基本方针，设立官民合作的协议会，重点发展宇宙、海洋、量子、生物、人工智能等领域技术。②

第三，促进中小企业发展与完善劳动雇佣保障。一方面，加强对中小企业的支援措施，消除制约发展因素，扩大企业生产规模，提高中小企业生产率。向中小企业提供融资支持，改善中小企业经营状况。实施信息技术导入金制度，推动"生产率革命促进事业"，推动中小企业数字化转型。推动"中小企业制订事业再构筑计划"，构建第三方事业继承支持体系，促进中小企业业务整合重组。另一方面，完善劳动雇佣制度，加强人力资源投资。持续推动劳动方式变革，解除对兼职和副业的限制，普及职业型正式员工制度，促使员工能够以更为灵活的方式完成工作，降低正式雇佣与非正式雇佣之间的收入差距。推动企业引入远程办公系统，加强职业再教育，提升劳动者素质，扩大职业选择范围，加强对学生的数字信息教育等。③

（三）日本产业链重构

在新形势下，日本持续推动产业链重构政策，试图构建灵活且富有弹性的产业链，确保战略物资供应。日本在产业链布局目的上出现从重视效率向重视安全的演变趋势。

---

① 「半導体・デジタル産業戦略について」、経済産業省、https：//www. meti. go. jp/press/2021/06/20210604008/20210603008－2. pdf。
② 「経済安全保障推進会議」、内閣府、https：//www. cas. go. jp/jp/seisaku/keizai_anzen_hosyo/index. html。
③ 「成長戦略実行計画」、内閣府、https：//www. cas. go. jp/jp/seisaku/seicho/pdf/ap2021. pdf。

首先，日本推动产业链重构的目的在于，提升产业链的安全性。为了维持产品和零部件供应稳定，需要推动对国家依赖程度较高的特定产品和零部件回归日本国内生产，并强化与东南亚地区国家的合作，在东亚地区内实现生产的多元化，以提升供应链稳定性。由此可见，日本政府出于对供应链安全的战略性考量，对供应链的结构和关系实施调整；通过调整全球供应链体系和结构，提升其供应链的安全性。[①] 为此，日本政府实施了以下两方面措施。

第一，促进战略性物资生产企业回归日本本土。自2020年至2022年，日本政府共开展三批促进产业链搬迁回日本的相关措施，预算金额分别为2200亿日元、2108亿日元、600亿日元。在政策措施的方法上，具有如下特点：一是政策的实施对象为特定企业，具有明确的战略意图，涉及的产业领域包括半导体、汽车、机械零部件、海上风电、航空、医疗用品等。二是补助金使用方向明确，且针对不同类型企业设定不同的资助金额。从政策具体资助科目上看，补助金主要用于支持日本企业在日本国内开展设备投资，如建筑物取得费、设备费、系统导入费等。对各类资助计划设定了补助金取得上限，并根据企业财务负担能力的不同，对大企业和中小企业给予不同的补助比例，大企业为50%以下，而中小企业则为67%以下。三是企业需要提交具体的申请资料，经过政府的审批后，方可获得相应资助。企业提交的资料需要包括：实施的必要性、产业链调整实施计划、生产的集中程度、调整产业链后的产业波及效应、投资的产业诱发效应等。[②]

政策的实施效果如表3-2所示。日本政府对申请企业实施严格筛选。第一批共有90个企业申请，有57个企业获批，采用率为74%；第二批共有1670个企业申请，但仅采用146个企业，采用率为8.7%。此外，从行业分布上看，以医疗用品企业为主，所涉及的企业生产领域主

[①] 田正：《疫情冲击背景下日本产业链重构政策及影响》，《日本问题研究》2021年第5期，第38—39页。

[②] 「サプライチェーン対策のための国内投資促進事業費補助金概要説明資料（3次公募）」、経済産業省、https://www.meti.go.jp/covid-19/supplychain/pdf/summary03.pdf。

要包括口罩、防护器材、医疗器械、防疫用品等。此外,关键零部件生产企业占比持续升高,汽车及机械零部件企业占比从第一批的12%提升到23%,而半导体企业占比则从5%提升到10%。另外,从回迁企业类型上看,以中小企业为主。第一批获批企业中中小企业占比70%,第二批占比60%。①

表3-2 促进制造业企业产业链回流国内措施结果　　（单位：个）

行业类别	第一批	第二批
医疗健康	44	90
汽车及机械零部件	7	34
半导体	3	14
化工原材料	3	8
项目总计	57	146

资料来源:「サプライチェーン対策のための国内投資促進事業費補助金の採択事業が決定されました」、経済産業省、https://www.meti.go.jp/press/2020/11/20201120005/20201120005.html。

注:因第三批申请结果还未公布,故统计第一和第二批的实施结果。

第二,推动日本企业在东南亚地区实现生产多元化。自2020年至2022年,日本政府共采取了五次生产多元化支持措施,其中第一、第三、第四、第五次的预算金额分别为235亿日元、235亿日元、116.7亿日元和116.7亿日元。这4次政策的目的在于,推动日本企业在东南亚地区完善产业链布局,实现产品生产、零部件及原材料供应的多元化,提升产业链韧性。第二次政策目的则在于,为企业提供研究开发资金补助,测试使用新原材料、新零部件对于生产的影响,以及实验物联网、人工智能、区块链等第四次产业革命技术在应对供应链断裂事件中的作用。为推动日本企业在东南亚地区的生产,日本政府为日本企业提供建设费、设备购入费、设备改造费等方面的补助金,在设置补助金上

---

① 「サプライチェーン対策のための国内投資促進事業2次公募（令和3年3月公募）採択事業」、経済産業省、https://www.mizuho-ir.co.jp/topics/supplychain/std02/03.html。

限的同时,对大企业的补助比率为50%,对中小企业则为67%。为促进日本企业在东南亚地区的产品开发和新技术实验,日本政府给予企业劳务费、事业费、委托研究费等方面的补助。为获得日本政府的资助,日本企业需要提交"事业计划书",内容包括:事业计划的必要性、企业申请的基础条件、事业计划的具体措施、产品销售网络信息等。[①]

从政策的实施结果看,日本推动东南亚地区实现生产多元化政策的重点逐渐从注重推进医疗健康产业供应稳定,转向了注重维持关键零部件供应稳定,汽车及机械零部件所占比例从第一批的30%提升到了第四批的54.5%。第二批申请与其他批次不同,注重在东南亚地区积极开展产品替代技术实验,以及尝试稳定产业链的新技术。例如,日本大真空公司,将用于第五代移动通信技术通信的水晶振子生产转移至印度尼西亚。日本的大崎医药公司,在印度尼西亚展开应用人工智能技术的医药用品供应链管理实验。从产业链调整分布的国家来看,越南和泰国是日本企业产业链调整的重点对象国,日本企业着重在这两个国家开展生产和研发工作,同时对菲律宾、马来西亚、印度尼西亚等国的关注程度也在不断提高。

表3-3 推动日企在东南亚生产多元化的实施结果　　（单位：个）

行业	第一批	第二批	第三批	第四批
医疗健康	17	6	7	4
汽车及机械零部件	9	13	18	6
半导体	2	1	1	1
化工原材料	2	1	4	0
总计	30	21	30	11
国家	第一批	第二批	第三批	第四批
菲律宾	3	0	3	2
越南	14	6	14	1

---

① 海外サプライチェーン多元化支援事業概要説明資料、https://www.jetro.go.jp/services/supplychain/info-5.html。

续表

国家	第一批	第二批	第三批	第四批
马来西亚	4	1	1	3
泰国	6	7	5	3
老挝	1	0	0	0
印度尼西亚	1	3	5	2
缅甸	1	0	1	0
印度	0	2	0	0
柬埔寨	0	1	1	0
新加坡	0	1	0	0
总计	30	21	30	11

资料来源：「海外サプライチェーン多元化等支援事業」、日本貿易振興機構、https://www.jetro.go.jp/services/supplychain/。

注：因第五批结果尚未公布，故统计第一至第四次政策实施结果。

（四）日本产业政策的特点

综合分析战后日本产业政策的发展过程，其具有如下特点。第一，产业政策是一种宏观经济供给管理政策。国家宏观经济管理目标是实现总需求与总供给的平衡，而财政政策与货币政策等需求管理政策通过抑制或刺激需求对经济周期产生反作用，进而实现合理就业水平下的供需平衡，其时间跨度是短周期的。而供给管理则是通过改变资源配置效率、增加资源供给数量、提升技术水平以扩大供给数量、改善供给质量，进而从供给层面实现供需平衡。产业政策是日本宏观经济管理的重要组成部分，通过国家对市场机制的干预，影响生产资源的供应，以及产业间资源配置，加强科技研发投资力度，引导产业发展方向与国家经济发展目标相统一，从而减少无效供给，增加有效供给，改善供给与需求间的错配，保证社会供应符合经济发展需要。由此可见，产业政策属于宏观经济供给管理的范畴。

第二，日本产业政策的对象发生了从特定产业向特定企业的演变。

不论是"产业结构政策"还是"产业调整政策",其政策的主要对象均为特定产业。"产业结构政策"通过将资源向重点发展产业倾斜,并为幼稚产业提供保护措施,以尽快提升产业结构。"产业调整政策"则以结构性萧条产业为主要调整对象,促进产业内部协作,积极应对和解决产能过剩问题,推动生产资源向高附加值、知识密集型产业流动。但是,自20世纪90年代以后,日本产业政策的政策对象不再是特定产业,而是调整为特定企业,不论是《产活法》《产业竞争力强化法》,抑或是近期的产业链重构政策,均以特定企业为主要的政策对象。企业可根据自身情况,基于自主意愿,向政府提出申请,经过政府审批后,即可获得相应的资助措施。

第三,在政策实施方法上,制订计划、给予财政金融支持措施、行政指导等均为日本产业政策的主要手段,而共同行动政策作为一种政策手段的重要性则不断下降。日本政府不仅制订产业发展计划,展示产业发展前景,也推动特定产业或特定企业制订计划,只有产业或企业计划符合政府标准后,才能获得相应的支持与鼓励政策优惠措施。为促进特定产业或企业的发展,日本政府通常借助日本开发银行等政策性金融机构为产业与企业发展提供信贷资金,并设立"产业再生机构"等帮助企业解决债务过剩等问题。在政府干预经济的手段上,日本政府并不直接介入私人企业的经营活动中,而是通过"行政指导"的方式,指导企业经营活动向政府制订的目标方向发展。此外,在泡沫经济崩溃之前,"共同行为"被经常用于调整企业间的经营活动,促进企业共同开展某一特定行动,以推动既定目标的实现,但是随着"共同行为"政策所引发的市场竞争不公平性问题日趋严重,日本政府已不采用此种方法作为产业政策的手段,而是更加注重建设公平竞争的市场环境。

第四章 供应链安全及政策

历经日美贸易摩擦、亚洲金融危机、泡沫经济破裂，日本经济高度全球化，对全球供应链风险非常敏感。日本近年来跟随美国"重建"供应链，基本形成以日美同盟为主轴、"强内韧外"的供应链安全政策雏形，实质是违背市场规律的经济问题意识形态化和阵营化。其供应链离不开中国，最终还要回归开放的全球化。

一、动向

安倍时期，日本积极参与贸易协定谈判，赢得供应链规则制定的区位优势。后安倍时代，日本进一步提升围绕供应链安全的"战略自主性"和"战略不可或缺性",[1] 试图打造"强内韧外"的供应链体系。

（一）再度重视供应链安全问题

20世纪七八十年代的两次石油危机以及愈演愈烈的日美贸易摩擦，使日本开始重视供应链安全。伴随产业大规模外迁至中国，日本开始注意到海外供应链集中带来的安全隐患，21世纪初期就提出"中国+1"战略，以规避制造业基地集中的风险。2011年东日本大地震造成零部件短缺，日本政府进一步重视供应链安全问题，致力于避免自然灾害造成的供应链断裂。

---

[1] 「『経済安全保障戦略策定』に向けて（提言）」、自由民主党、https://www.jimin.jp/news/policy/201021.html。

2020年新冠肺炎疫情暴发后，日本政府借势将供应链安全上升为经济安全保障的核心，推出"2200亿日元补贴日企转移供应链"政策，其《2021年经济财政运营改革基本方针》指出，"供应链脆弱性已严重影响国民生活，需从强化经济安全保障视角出发，着力构建日本国内产业体系，提升重要物资的生产与供给能力"。[1] 在征求经产界意见基础上，岸田内阁于2022年5月正式推出《经济安全保障推进法》，将维护供应链安全作为该法核心。日本政府认为，有必要确保重要物资供应稳定，降低对所谓"特定国家"依赖，防止外国行为影响到日企生产活动。[2] 该法标志着"维护供应链稳定、通过'强内韧外'方式获得供应链优势"正式成为岸田经济政策的重要目标。

（二）致力于培育国内的供应链竞争力

首先是强化关键零部件国内生产。日本政府设立"国内投资促进事业补助金"制度，推动战略性物资生产企业回归本土。针对供应链中断风险较大的半导体、汽车和机械零部件、海上风电等领域，给予企业在建筑物建设、设备投资、系统建设方面最高100亿日元补助金。截至2022年6月，日本已开展三轮"国内投资促进事业补助金"，预算分别为2200亿日元、2108亿日元、600亿日元。[3] 针对供应链安全影响最大的半导体，日本政府于2021年推出"半导体数字产业战略"，以强化尖端半导体制造技术开发，完善国内半导体生产基地建设。基于此，同年设立了针对微芯片、功率半导体生产企业的"产业技术实用化开发事业补助金"制度，给予新生产设备或去碳化设备最高150亿日元补助

---

[1] 「経済財政運営と改革の基本方針 2021」、内閣府、https://www5.cao.go.jp/keizai-shimon/kaigi/cabinet/2021/decision0618.html。
[2] 「経済施策を一体的に講ずることによる安全保障の確保の推進に関する法律案」、内閣官房、https://www.cas.go.jp/jp/houan/208.html。
[3] 「サプライチェーン対策のための国内投資促進事業費補助金」、経済産業省、https://www.meti.go.jp/covid-19/supplychain/index.html。

金。① 受此激励，日本部分关键零部件厂商开始增加国内生产。例如，全球第二大闪存制造商铠侠 2022 年 3 月宣布，在日本国内新建芯片工厂（Fab2）以提高 3D NAND 闪存产量。②

其次是加快新兴数字技术研发。据《经济安全保障推进法》，日本计划推出"特定重要技术研究开发基本方针"，为量子通信、人工智能、第六代移动通信技术等新兴数字技术研发提供信息与资金支持，并设立"协议会"推动信息收集共享。加强新兴数字技术运用，推动企业共享资源，提升供应链的可视化程度：一方面促进制造过程数字化，积极引入先进机器人、3D 打印、物联网等；另一方面推动供应链数字化转型，在供应链管理中引入人工智能等新一代信息技术，即时掌握企业生产流程，及时根据顾客反馈调整生产内容。③ 丰田开发的"营救"供应链信息系统，管理着从丰田起，覆盖 10 级供应商的库存数据，供应链受损的反馈时间从 2011 年的 21 天下降至目前的 0.5 天。④

（三）构建多元化海外供应链体系

近年来，日美在印太领域的经济合作日趋频繁，日本陆续将东南亚、南亚等作为海外供应链支点，至 2022 年 5 月与美国启动"印太经济框架"，初步形成了"以日美同盟为主轴，以高新技术为核心，聚焦印太"的海外供应链战略。

首先是日美双边供应链合作不断加深。2022 年 1 月，美、日、印、澳四方协调会上，日美共同呼吁"规划全球行动计划中的供应链蓝图"。5 月，日本经济产业大臣萩生田光一访美，就发挥"美国半导体

---

① 「令和3年度補正『産業技術実用化開発事業費補助金（サプライチェーン上不可欠性の高い半導体の生産設備の脱炭素化・刷新事業費補助金）』に係る補助事業者募集要領」、経済産業省、https://www.meti.go.jp/information/publicoffer/kobo/2021/downloadfiles/k211221001_01.pdf。
② 《日企在日本增加核心零部件生产》，日经中文网，https://cn.nikkei.com/industry/itelectric-appliance/48509-2022-05-10-10-05-47.html。
③ 「通商白書 2021 年」、経済産業省、https://www.meti.go.jp/report/tsuhaku2021/index.html。
④ 《丰田是这样顶住半导体不足影响的》，日经中文网，https://cn.nikkei.com/industry/icar/44468-2021-04-21-05-00-30.html?start=1。

设计，日本半导体原材料和制造设备"优势共同建设地区半导体供应链达成一致，计划共同加强人才培养、研发 2 纳米以下尖端半导体、制定出口管制合作计划等。① 5 月下旬，拜登访日并正式启动"印太经济框架"，提出"有韧性的经济"（即供应链韧性）这一目标，日本积极回应并参与"构建针对半导体等战略物资"的库存与产能信息共享机制。②

其次是推动印太供应链多边合作。2021 年 3 月，日、美、澳、印发表《关键技术供应链共同原则声明》，提出"确保产品设计安全、建立高透明度供应网、评估供应商是否诚信"。③ 2022 年 5 月，日本公布了《印太地区供应链韧性计划》的 8 个批准项目——印度 6 个、澳大利亚 2 个，这些项目将于 2023 年 3 月实施，帮助日企实现供应链可视化、物流升级、生产基地多样化等。④ 同期，岸田出访东南亚并发表声明，倡导"亚洲未来投资计划"以提升区域供应链韧性。⑤ 同年 7 月 19 日，日本参加了美国主导的"2022 年供应链部长级论坛"，论坛声明了"国际伙伴关系"基础上的"透明、多样、安全、可持续"四原则，剑指印太供应链。

最后是视东盟为稳定供应链关键支点。2020 年 7 月，东盟—日本经济部长会通过了《东盟与日本经济复苏行动计划》，密切经贸合作关系，加强信息互换，增强企业供应链韧性。至 2021 年，日本对东盟直接投资达 8.9 万亿日元，同比增长 28.3%，⑥ 贸易总额达 24.8 万亿日

---

① 「日米、最先端半導体で技術協力 2ナノなど開発・量産」，『日本経済新聞』，https://www.nikkei.com/article/DGXZQOUA284KK0Y2A420C2000000/。
② 「インド太平洋経済枠組み（IPEF）とは」，『日本経済新聞』，https://www.nikkei.com/article/DGXZQOUA197RT0Z10C22A5000000/。
③ 「重要技術サプライチェーンに関する原則の共通声明」，財務省，https://www.mofa.go.jp/mofaj/files/100347897.pdf。
④ 「インド太平洋地域サプライチェーン強靭化事業」，経済産業省，https://www.meti.go.jp/policy/external_economy/trade/indopacific/supplychain/index.html。
⑤ 「アジア未来投資イニシアティブを発表しました」，経済産業省，https://www.meti.go.jp/press/2021/01/20220110001/20220110001.html。
⑥ 「対外・対内直接投資の推移」，財務省，https://www.mof.go.jp/policy/international_policy/reference/balance_of_payments/bpfdi.htm。

元，同比增长 21.3%。① 2020—2022 年，日本共实施 5 轮主要针对东盟的"海外供应链多元化支援"事业，对从事半导体、汽车零部件、航空飞机零部件、高性能材料、高性能燃料涡轮机、蓄电池、医疗用品的上百家日企给予 1 亿—15 亿日元补助金，泰国与越南是日企供应链调整的主要对象国。②

（四）推动日企完善抗风险能力体系

首先是制订提升供应链韧性的"业务可持续计划"（BCP）③。"业务可持续计划"涵盖供应链风险识别、业务影响度分析、业务可持续战略等，摸清已掌握的重要战略物资与关键技术情况，以及供应链上游原材料与零部件供货商的信息。④ 例如，三菱商事集团专设危机管理室作为风险处理司令塔，旗下 1700 余家子公司已制订"业务可持续计划"，重点监督 80 余家重点公司的"业务可持续计划"制订和实施，以掌握集团供应链风险点并调整应对方案。⑤ 通过制订"业务可持续计划"，部分日企发现了供应链安全隐患，采取了缩短供应链长度、将生产地放在消费地附近、构建多个供给途径等措施。

其次是建设高效安全的物流保障体系。日本物流系统协会提出"物流概念 2030 倡议"，借助信息技术手段开发"同行业一体化"物流平台，以实现物流流程的模块化和相互渗透。风险发生时，可以最快速度调整供应链，转换运输线和生产线，增强抵御供应链风险能力。⑥ 例

---

① 「貿易統計」，財務省，https：//www.customs.go.jp/toukei/info/。
② 「海外サプライチェーン多元化等支援事業」，日本貿易振興機構，https：//www.jetro.go.jp/services/supplychain/。
③ "业务可持续计划"（Business Continutiy Plan）指：为缩短供应链恢复所需时间、降低企业损失，在风险事件发生前制订的，包括从业人员安全确认、财产损失情况查询、业务经营活动恢复等内容的计划。
④ 樋口智一、菊池朋之，「サプライチェーン上の経済安全保障リスクとリスクマネジメント」，『海外投融資』2022 年第 1 期，第 26—29 頁。
⑤ KPMGコンサルティング，『BCP4.0 次代のレジリエンス経営』，日本経済新聞出版社 2021 年版，第 62—63 頁。
⑥ 「ロジスティクスコンセプト2030」、公益社団法人日本ロジスティクスシステム協会，http：//www.logistics.or.jp/2030/ロジスティクスコンセプト2030.pdf。

如，日立物流2021年建设的"新一代物流中心"，引入人工智能、机器人、无人搬运车，实现了共同物流服务。① 此外，随着供应链安全需求提升，部分日企开始自建物流部门。例如，日本从事医药产品批发的东邦控股，2021年设立"共创物流"公司负责内部物流。②

再次是重视物资储备和商业保险。提出"战略性冗余"概念，增加供给容易中断、难实现替代的零部件与原材料的储备，确保抗风险能力。③ 在政府引导下，日企物资储备呈增加态势。例如，日本半导体供应商2021年末的车载半导体库存同比上涨9%，达524亿组④；石油企业自主开发权益量从2016年的66万桶/天提升到2022年的100万桶/天⑤；农业经营者2021年大米库存同比增10.1%，达283公斤⑥。此外，对"业务中断保险"⑦ 在保障供应链安全上的作用日趋重视。日本损害保险协会调查显示，日本中小企业2021年二季度参保额同比上涨14.8%。⑧

---

① 「スマートロジスティクスのテクノロジー」、日立物流、https://www.hitachi-transportsystem.com/jp/solution/smartlogistics/index.html。

② 「コロナ禍で物流子会社M&Aが増加へ」、カーゴニュース、http://cargo-news.co.jp/cargo-news-main/3220。

③ 「サプライチェーンを巡る今日の議論と経済産業省事業の御紹介」、経済産業省通商政策局、https://www.kanto.meti.go.jp/seisaku/kaigai_tenkai/data/webinar3_supplychain1.pdf。

④ 「車載半導体在庫2四半期連続増」、『日本経済新聞』、https://www.nikkei.com/article/DGXZQOUC177ZQ0X10C22A2000000/。

⑤ 「独立行政法人石油天然ガス・金属鉱物資源機構 第4期中期計画」、石油天然ガス・金属鉱物資源機構、https://www.jogmec.go.jp/disclosure/content/300353497.pdf。

⑥ 「生産者の米穀在庫等調査結果」、農林水産省、https://www.maff.go.jp/j/tokei/kouhyou/kome_zaiko/index.html。

⑦ "业务中断保险"指：风险事件造成业务中止时，补偿企业因业务中断所产生的利益损失，并提供业务可持续费用等短期资金，为企业在中长期内恢复生产经营提供帮助，包括一般性业务中断保险、连带业务中断保险、不伴随财产损失的业务中断保险、网络攻击业务中断保险四种类型。

⑧ 「保険種目別データ」、日本損害保険協会、https://www.sonpo.or.jp/report/statistics/syumoku/index.html。

二、动因

受百年变局和世纪疫情叠加影响，国际形势中不稳定、不确定、不安全因素日益突出，[①]供应链成为大国博弈焦点。加之产业竞争力下滑，日本追随美国"重建"供应链。

（一）日本的全球化生产受到挑战

20 世纪 80 年代后全球化蓬勃发展，日本从贸易立国转向投资立国，积极布局全球供应链以降低成本，形成"生产""投资""消费"三头在外的外向型供应链体系，海外生产比率从 2001 年的 24.6% 升至 2018 年的 38.6%。[②] 伴随信息通信技术进步，日企将供应链不同流程分散至不同国家，并追求极致"零库存"，导致产品的零部件可能来自数十个国家，供应链脆弱性显著提升。现有追求经济效率最大化的全球化生产，无法有效应对持续增加的各类风险。例如，丰田"准时制"库存管理方式多次因供应链断裂造成生产停滞，2022 年 4 月再次受疫情影响下调 10% 产量。[③]

全球化生产风险最为典型的是半导体和原油，其中 49.3% 的日企将半导体视为企业经营的主要负面因素，而 79.8% 的日企将原油视为主要负面因素。[④] 由于半导体缺货，2022 年 5 月，日立不得不停止部分型号洗衣机的生产和销售，三菱电机也推迟了新产品发布。[⑤] 由于原油

[①]《【每日一习话】维护全球产业链供应链安全稳定》，央广网，2022 年 5 月 24 日，http://news.cnr.cn/dj/sz/20220524/t20220524_525835323.shtml。
[②]「2021 年度わが国製造業企業の海外事業展開に関する調査報告」、国際協力銀行、https://www.jbic.go.jp/ja/information/press/press-2021/1224-015678.html。
[③]《丰田宣布 5 月全球减产 1 成》，日经中文网，https://cn.nikkei.com/industry/icar/48294-2022-04-19-10-36-17.html。
[④]「我が国ものづくり産業の課題と対応の方向性に関する調査」、三菱 UFJ リサーチ＆コンサルティング、https://www.meti.go.jp/meti_lib/report/2020FY/000066.pdf。
[⑤]「家電の品薄長期化日立やシャープ、半導体不足など響く」、『日本経済新聞』、https://www.nikkei.com/article/DGXZQOUC1028P0Q2A510C2000000/。

涨价，2021年财年，日本原油进口额暴增256.2%至7801.7亿日元，[①]单月贸易额从顺差变为高达8427亿日元的逆差。[②] 受此影响，三井集团所属普瑞曼聚合物公司——以聚乙烯为主要生产资料，计划压缩10%国内产能，并在2023年关停部分生产设备。[③]

新冠肺炎疫情构成最直接的冲击，迫使人员与货物移动受限、零部件与原材料供应受阻，生产无法正常运行。2020年疫情暴发初期，丰田国内工厂就因零部件短缺而将产能下调40%。[④] 2022年4月，日本静冈经济研究所调研了790家企业，七成受访企业表示生产经营受疫情影响，近3/4大企业明确将调整全球供应链布局。[⑤] 受疫情影响，2021年二季度至2022年一季度，日本制造业的营业额增速从20.1%降至9%，净利润增速从159.4%降至18.4%。[⑥]

伴随全球变暖，极端气候现象愈发频繁，气候变化的影响也非常显著。2011年3月泰国特大洪水，众多日企聚集的工业园进水，丰田、本田等在泰国的整车工厂相继停产；[⑦] 2018年7月西日本暴雨，马自达总部所在的府中町受洪水袭击，无法将零部件运至工厂，生产停止；[⑧] 2019年10月，台风"海贝思"纵贯东日本地区，小型建筑机械厂商竹内制作所生产停止、销售停滞，当年利润下降20%；[⑨] 2021年8月日本

---

① 「貿易統計」、財務省、https：//www.customs.go.jp/toukei/info/。
② 「令和4年4月分貿易統計」、財務省、https：//www.customs.go.jp/toukei/latest/index.htm。
③ 「汎用樹脂16%上昇、最高値更新　円安加速でナフサ高転嫁」、『日本経済新聞』、https：//www.nikkei.com/article/DGXZQOUC16BE30W2A510C2000000/。
④ 「トヨタ自動車が国内全工場で減産生産阻む欠品の壁」、日経ビジネス、https：//business.nikkei.com/atcl/NBD/19/depth/00587/。
⑤ 「『コロナで供給網に影響』7割　製造では操業停止も」、『日本経済新聞』、https：//www.nikkei.com/article/DGKKZO59753400W2A400C2L61000/。
⑥ 「法人企業統計調査」、財務省、https：//www.mof.go.jp/pri/reference/ssc/index.htm。
⑦ 《泰国洪水袭击日资企业》，日经中文网，https：//cn.nikkei.com/industry/icar/220-20111012.html。
⑧ 「西日本で大雨被害、ダイハツなど工場休止　サプライチェーンに影響も」、『日刊工業新聞』、https：//www.nikkan.co.jp/articles/view/480387。
⑨ 「竹内製作所の純利益32%減の61億円、今期新型コロナ響く」、『日本経済新聞』、https：//www.nikkei.com/article/DGXMZO57872660Z00C20A4DTA000/。

九州等地持续暴雨,引发泥石流等严重自然灾害,三井物产所属三池冶炼公司的冶炼设备浸水,生产被迫中止,影响到汽车钢板的生产。[1] 此外,气候异常导致的农作物减产,或进一步引发零部件和原材料产地的社会动荡,最终也将传导至供应链。[2]

（二）美国战略调整加剧日本的供应链风险

美国依据供应链位端优势,通过一系列操作和鼓吹,成功把供应链安全转变为全球性的制度安排问题,使其成为遏制新兴市场国家的政治手段。[3] 自特朗普开启"贸易战"到拜登"重建美国",美国先后推出《出口管制改革法》（2018年）、《过渡时期国家安全战略指南》（2021年）、《建立供应链韧性、振兴美国制造、促进广泛增长》（2021年）、《2022年振兴美国制造业以及确保关键供应链的安全》（2022年）、《改善供应链数据新举措》（2022年）等一系列加强供应链管制的措施。着力塑造部分产业供应链内循环,确保其他国家不能把供应链当作武器对付美国;[4] 要求第三国厂商涉及美国管辖范围的出口产品,也要遵守美国出口管制;[5] 在"印太经济框架"等双多边领域推动数字基础设施韧性和安全性。日本处于中美竞争前沿,且在贸易问题上受制于美国,美国战略调整显著增加了日企采购、销售等环节的不确定性。

由于供应链高度集中,美国加快推动美中"脱钩"已造成全球供应链紊乱,其他国家不得不采取相应措施。日本对目前局势的焦虑感显著增加,近年来官方文件反复强调"美中竞争下的国际政治风险"。一

---

[1] 「九州大雨、『浸水、胸まで』住民悲鳴」、『日本経済新聞』、https://www.nikkei.com/article/DGXZQOUE140KJ0U1A810C2000000/。

[2] 宮本雄二、伊集院敦、「東アジア最新リスク分析『新冷戦』下の経済安全保障」、日本経済新聞出版、2022年、第178頁。

[3] 刘云:《全球供应链安全问题的理论及现实研究》,《亚太安全与海洋研究》2022年第4期,第34—35页。

[4] "FACT SHEET: Securing a Made in America Supply Chain for Critical Minerals," https://www.whitehouse.gov/briefing-room/statements-releases/2022/02/22/fact-sheet-securing-a-made-in-america-supply-chain-for-critical-minerals/.

[5] 村山祐三、『米中の経済安全保障戦略』、芙蓉書房2021年版、第118—127頁。

方面，要考虑日美同盟关系采取追随措施，甚至通过参与国际规则调整在大国竞争中"火中取栗"。另一方面，要避免日企在经济竞争中遭受损失，主动采取措施应对国际贸易规则改变、出口手续变复杂。① 日本官方称，参与美国贸易规则重塑、与美积极讨论经济安全保障，就是要确保日本产品被美欧市场接受，免于受到限制和打击。② 受美国影响，日本开始更多从地缘政治风险的角度看待世界，政治经济已现保守化倾向，在供应链问题上从重视资源配置效率转变为重视维护经济安全，要"与'有志国家'加强合作"。由于战略物资供给的不稳定性增加，日企基于现实考虑把地缘政治风险纳入经营考量。

俄乌冲突带来的全球供应链震荡，根源也在美国。一方面，北约东扩与俄乌冲突之间存在因果关系；另一方面，美西方对俄制裁也是能源价格上涨、通货膨胀加剧的原因。③ 两国冲突加速了贸易格局重塑，也进一步损害全球供应链稳定性，对日本影响也很大。日本经济新闻主导的"日本企业社长100人调查"显示，近九成受访者认为俄乌冲突将导致经营恶化，近四成表示将导致2022年收益下降。主要影响：一是能源。俄罗斯是日本第二大煤炭供应国、第五大原油与天然气供应国，伊藤忠、丸红、三菱商事等深度参与了俄罗斯远东油气输送的"萨哈林"项目。日本参与对俄制裁，将引发一系列长期性的能源供应调整。二是半导体材料。乌克兰氖气产量占世界的70%、俄乌两国氪产量占世界的80%、俄罗斯钯产量占世界的40%，伴随冲突长期化，日本半导体产能将被迫收缩。例如，日立正探讨将乌克兰的生产基地外移；日产只能靠库存钯维持生产，后续有断货可能。④

---

① 「フェアな競争で優位守れ」、『日本経済新聞』、https://www.nikkei.com/article/DGKKZO79460890R20C22A1EA4000/。
② 「日米経済版『2プラス2』閣僚級格上げ、日本が提案」、『日本経済新聞』、https://www.nikkei.com/article/DGKKZO79849230U2A200C2EA1000/。
③ 胡继平：《东北亚合作：形势及挑战》，https://mp.weixin.qq.com/s/iaSe5wfdSBV75Qe_udVjFQ。
④ 「希少資源に調達危機 ロシア・ウクライナ産7割依存も」、『日本経済新聞』、https://www.nikkei.com/article/DGKKZO58768540U2A300C2MM8000/。

（三）产业竞争力下降是深层次原因

长达半个世纪的美国对日经济打压后，日本出现产业外移"空心化"、市场萎缩"老龄化"、创新不足"落后化"，国内生产总值全球占比由 1995 年顶峰时的 17.8% 一路下滑至 2021 年的 5.2%。经济"二流化"的焦虑导致日本保护主义再抬头，积极配合美国"遏华"。

半导体和电子信息业整体衰落是日本产业竞争力下降的标志。20 世纪 70 年代日本高科技产业迅猛发展，80 年代中期半导体在全球市场占据压倒性优势，1988 年达到全球市场份额的 50.3%。① 与之相伴，美国以"国防安全"为由打响对日"半导体战"，采取限制进口、阻碍技术引进和研发等恶劣手段，致使日本半导体产业没落，近 10 年全球市场份额维持在 10% 左右，2030 年有可能变"零"。② 受此影响，再加上僵化的封闭式研发与生产，日本电子信息产业也呈现衰落景象，出货额从 2000 年的 59.5 万亿日元降至 2020 年的 39.2 万亿日元，产业附加值从 20.2 万亿日元降至 13.2 万亿日元。③

表 4-1　日本对中国产品的进口依赖度　（单位：百亿日元）

产品类别	2019 年 自华进口额	依赖度	2020 年 自华进口额	依赖度	2021 年 自华进口额	依赖度
电话	144.8	85.5%	133.6	83.3%	175.7	88.6%
计算机	164.1	74.2%	189.0	78.5%	185.5	77.6%

---

① 「半導体戦略」、経済産業省、https：//www.meti.go.jp/press/2021/06/20210604008/20210604008.html。

② 「半導体戦略」、経済産業省、https：//www.meti.go.jp/press/2021/06/20210604008/20210604008.html。

③ 「工業統計調査」、経済産業省、https：//www.meti.go.jp/statistics/tyo/kougyo/index.html。

续表

产品类别	2019年 自华进口额	依赖度	2020年 自华进口额	依赖度	2021年 自华进口额	依赖度
计算机零部件	36.2	69.1%	26.9	65.2%	29.1	63.7%
音响	72.9	53.3%	75.6	59.2%	80.3	58.3%
重电机械	36.1	54.4%	32.7	54.1%	42.8	57.3%
药品	4.4	41.5%	4.5	43.5%	4.4	43.3%
汽车零部件	32.9	36.9%	25.4	37.7%	32.3	39.2%

数据来源：财务省、「貿易統計」，https：//www. customs. go. jp/toukei/info/。

注：依赖度 = 自华进口额/自世界进口额。

产业外移符合日企利益，却降低了政府对供应链的掌控度。例如，日本电子信息产业外移至中国，对中国产品的依赖日益加深。新冠肺炎疫情暴发后这一趋势仍在加强，2021年日本在电话、计算机、计算机零部件等方面对中国产品的进口依赖度分别为88.6%、77.6%、63.7%。① 医药品、重电机械、汽车零部件等也存在类似情况。按日本官方统计，5000种进口品类中的1133种"依赖从中国进口"，占比23%，超过对美国的18.1%和对德国的8.5%。② 由此，日本政府认为自身供应链对单一大国——中国依赖度过高，需构建更具韧性的供应链体系，实现经济与安全再平衡。③

虽然全球化水平很高，但日本产业政策的"逻辑底色"仍是保护主义。明治维新中倡导"殖产兴业"，禁止外国人从事商业、投资矿山等；二战后采取"幼稚产业保护"，增收高额关税、设置进口许可、提供各类补贴；时至今日，仍是发达国家中对进口和投资保护最多的国

---

① 「貿易統計」、财务省，https：//www. customs. go. jp/toukei/info/。
② 「世界経済の潮流（2021年）」、内阁府，https：//www5. cao. go. jp/j - j/sekai_chouryuu/sh21 -01/sh21. html。
③ 「経済安全保障法制に関する提言」、内阁府，https：//www. cas. go. jp/jp/seisaku/keizai_ anzen_ hosyohousei/dai4/teigen. pdf。

家。日本政府喜欢"培育"产业，面对当前错综复杂的国际局势，保护主义披上经济安全"外衣"再次浮出水面。其认为：不确定性风险加大，产业政策覆盖面也应拓展至气候变化、经济安全保障、全球资源配置、供应链安全等涉及产业竞争力的方方面面。① 进而构建自主可控的生产体系，确保国际分工中的"战略不可或缺性"。

三、评估

日本跟随美国"重建"供应链，实质是经济领域的意识形态化和阵营化，最大可能是降低经济效率，最终还要回归基于产业竞争力比较优势的全球化。

（一）中短期内供应链调整与动荡并存

供应链是一个复杂系统，具有动态性和不确定性的特点。世界尚未从 2008 年美国次贷危机中走出，美西方的危机应对政策又成为新危机的根源，经济扭曲显著推高国际政治经济风险。深度嵌入全球化的日本，不仅要面对合规、交付等传统商业风险，更要面对竞争力下降、大国博弈、非传统安全风险叠加等挑战。供应链政策不得不从"生产效率与成本管控"经济学视角转向"权力与更广泛安全"政治学视角，② 突出安全偏好，"强内韧外"。

强化供应链是日本当前的一项国策。一是加强国内供应链建设。官方称，只有国内产业体系完善，才能确保战略性物资供应，进而构建可信赖的全球供应链体系。③ 2018 年以来，日本海外生产比率持续下降，

---

① 「経済産業政策の新機軸」、経済産業省、https：//www.meti.go.jp/shingikai/sanko-shin/sokai/pdf/028_02_00.pdf。
② 刘云：《全球供应链安全问题的理论及现实研究》，《亚太安全与海洋研究》2022 年第 4 期，第 30—31 页。
③ 「令和 3 年版通商白書」、経済産業省、https：//www.meti.go.jp/report/tsuhaku2021/index.html。

至 2021 年落至 33.8%，化学、机械、汽车等重点行业均大幅下降。① 2020 年以来，日本更是加大了国内半导体基地建设投入，相关预算已从 2021 年的 347 亿日元迅速增至 2022 年的 2617 亿日元。② 受政策影响，日企国内库存显著增加，2022 年 5 月工矿业库存率达 121.5%，③ 企业生产经营压力攀升。二是推动关键供应链和供应链关键节点"近岸化、联盟化"。驱动日本供应链开放布局的因素弱化，保守主义因素强化。为确保战略物资供应稳定，避免过度依赖"地缘政治风险国家"，日本积极配合美国在"可信任的友好国家"建设供应链，推动"友岸外包"战略，供应链政策随美起舞，借势谋利。日企在北美、东盟开展业务的比率持续提升，两个地区的子公司占比从 2018 年的 12.5% 和 28.4% 升至 2020 年的 12.6% 和 28.8%。④

忽视市场因素强行"重建"供应链，必然是一个动荡的过程。全球化背景下，供应链深化发展及其带来的经济相互依赖加深，曾一度被认为是实现世界和平的重要推动力。⑤ 日本以邻为壑的"安全经济逻辑"，不仅不会带来其幻想的"供应链安全"，反而会因"经济问题武器化"而恶化亚洲地缘政治形势，干扰亚洲已有的《区域全面经济伙伴关系协定》等合作框架，增加企业成本，降低经济效率，加剧供应链脆弱性，弱化乃至反噬世界和平。日本经济界对此有较为清醒认识，因此质疑声不断。

---

① 「2021 年度わが国製造業企業の海外事業展開に関する調査報告」、国際協力銀行、https：//www.jbic.go.jp/ja/information/press/press–2021/1224–015678.html。
② 「令和 4 年度経済産業省関連予算案等の概要」、経済産業省、https：//www.meti.go.jp/main/yosan/yosan_fy2022/index.html。
③ 「鉱工業指数」、経済産業省、https：//www.meti.go.jp/statistics/tyo/iip/result/b2015_202205sj.html。
④ 「第 51 回海外事業活動基本調査」、経済産業省、https：//www.meti.go.jp/statistics/tyo/kaigaizi/index.html。
⑤ 「グローバル化と経済安全保障（7）外国からの投資管理の課題」、『日本経済新聞』、https：//www.nikkei.com/article/DGXZQOCD212T70R20C22A4000000/。

（二）供应链发展最终仍要回归全球化

虽然中短期美西方呈现"逆全球化"的供应链逻辑，但全球化并不会停滞。人类历史上历次大繁荣都是开放的产物，全球化最终将历经阵痛再深化。日本政府鼓吹经济安全，企业界"很无奈"。

供应链调整并不能解决日本经济的结构性困境。按日本央行的测算，日本潜在增长率一路下滑至"脚底"，1990年左右还是4%，1995年迅速跌至1%，2010年后进一步落至0%—0.5%。"安倍经济学"未改变这一趋势，岸田"新资本主义"也有待观察。这是因为，日本经济面临一系列长期的结构性问题，如人口老龄化、全要素生产率增速低迷、投资收益很低、政府债务水平过高等，必须依托开放的国际市场才能克服。2021年商品及服务出口对经济增长的贡献度达1.8%，而国内消费贡献度仅为0.6%。①

自由贸易才是日本真正的国家利益所在。供应链安全政策与自由贸易国策冲突，不仅降低经济效率，还会增加企业和社会负担。② 一是增加企业生产经营成本。最直接的，日企既要符合政策要求，又要绕开"脱钩"政策，只能在"备用生产线""库存""安全专人专岗"等上增加投入。调研显示，日企总支出增加5%左右。③ 深层次的，全球化生产布局优势被浪费。丰田等已形成精益化的全球供应链运作管理模式，是其最重要的国际竞争力来源。若被迫调整，将是极其痛苦的过程。二是增加社会负担。例如，疫情暴发后日本政府向兴和、伊藤忠和松冈采购了90亿日元口罩。由于生产线从中国迁至缅甸，口罩不合格

---

① 「国内総生産（支出側）及び各需要項目」、内閣府、https：//www.esri.cao.go.jp/jp/sna/data/data_list/sokuhou/files/2021/qe214/gdemenuja.html。
② 「経済安全保障推進法成立へ 企業活動への過剰関与のリスクも」、NRI、https：//www.nri.com/jp/knowledge/blog/lst/2022/fis/kiuchi/0511。
③ 「日本の主要100社が答えた「経済安全保障」の本音」、API、https：//apinitiative.org/2021/12/24/30738/。

率居高不下，造成资源的浪费。①

（三）提高产业竞争力是供应链安全的根本

归根到底，供应链安不安全要看产业体系完不完善、竞争力强不强。日本政府认为，新一轮科技革命带来的自动化、智能化水平提升，能显著增强"企业变革力"，提高生产效率和生产稳定性，进而降低供应链风险。② 借助第五代移动通信技术、人工智能、量子等新一代信息通信技术实现供应链整体可视化，能够及时准确把握供应链的动态与风险点，确保最优库存规划、物流运输顺畅、生产平稳进行，缩短供应链中断时的恢复时间。③ 此外，日本还重视补齐供应链短板，如推动国内半导体产业向上下游延伸。

数字化转型不仅是供应链问题，更是国家创新能力问题。日本政府专设数字厅，推出"实现数字社会改革基本方针""数字管理实行计划""信息技术导入补贴"等；推动第五代移动通信技术、物联网、人工智能、大数据等在企业供应链维护、交易、物流中的应用；④ 为中小企业提供"制造业补贴"进行供应链技术改革。⑤ 这些措施正逐步发力，作用逐渐显现。促进新一代信息技术在企业供应链体系中的应用，实现供应链可视化，建设关键零部件与原材料库存管理体系，推动企业间数据信息共享，将成为构建未来产业竞争力的重要抓手。

官民配合是提高产业竞争力的重要方法。日本政府把企业纳入到规

---

① 「布製マスク（ガーゼマスク）の対応について」、興和株式会社、https://www.kowa.co.jp/news/2020/press200423.pdf。
② 「2021年版ものづくり白書」、経済産業省、https://www.meti.go.jp/report/whitepaper/mono/2021/index.html。
③ 「試練続く小売企業、今検討すべき5つの技術戦略」、『日本経済新聞』、https://www.nikkei.com/article/DGXZQOUC27BC80X20C22A4000000/。
④ 「デジタル・ガバメント実行計画」、デジタル・ガバメント閣僚会議、https://www.kantei.go.jp/jp/singi/it2/egov/。
⑤ 「ものづくり・商業・サービス生産性向上促進補助金公募要領」、全国中小企業団体中央会、https://portal.monodukuri-hojo.jp/common/bunsho/ippan/11th/reiwakoubo_20220513.pdf。

则制定中，积极征求企业意见，奠定了良好的制度基础。2022年6月，经产省成立"数字化时代全球供应链高度化研究会"，通过官民合作方式共同推动供应链数字化转型，共同制定数据流通规则、共享标准等。① 业务可持续计划等不仅是抗风险措施，还与企业竞争力紧密相关。截至2022年5月，共有2378家日本中小企业制订了事业继续计划，有效提升了中小企业防范供应链中断风险的能力。② 政府主导下的事业继续计划体系构建，有助于中小企业关注更广泛的供应链风险，提升国际竞争力。

四、小结

中日所在的东亚地区是世界三大经济圈之一，两国供应链深度融合。日本强化供应链安全的做法正在破坏地区"价值纽带"，损害了东亚的全球竞争力。中日关系稳定不仅"和则两利"，对地区稳定和世界和平也具有重要意义。③ 如何跳出"以邻为壑"思维深化经贸合作，进而实现双边关系稳定，是摆在时代面前的重要课题。

即使是最困难的时期，中日经贸往来也未中断。经过几十年发展，两国经济关系密切，年贸易额超3100亿美元，中国连续14年是日本最大贸易伙伴，④ 也是日本半导体相关产品和化工原材料的重要购买国。在华供应链已成为日企全球供应链的重要组成部分。中国作为东亚经济圈的核心，日本供应链很难与中国"脱钩"，反而要在研发、市场等环节强化对中国的倚重。中国市场对日企而言"魅力巨大"，47%的日企

---

① 「デジタル時代のグローバルサプライチェーン高度化研究会（第1回）を開催しました」、経済産業省、https：//www.meti.go.jp/press/2022/06/20220602003/20220602003.html。
② 阿部裕樹、『中小企業と小規模事業者のBCP導入マニュアル』、中央経済社2020年版、第36頁。
③ 胡继平：《稳定中日关系需要克服诸多挑战》，https：//mp.weixin.qq.com/s/Jrz0rhkl-F7CJb5Gpq4ILnw。
④ 《中国同日本的关系》，中华人民共和国外交部，https：//www.fmprc.gov.cn/web/gjhdq_676201/gj_676203/yz_676205/1206_676836/sbgx_676840/。

认为中国是未来 3 年最有潜力开展海外业务的国家，高于美国（32.8%）、印度（38.0%）。[1]

即便受新冠肺炎疫情冲击，两国贸易和投资仍在深化。2021 年，双边贸易同比增幅达到 17.1% 的历史新高，其中"机电、音响设备及其零件""化学工业及其相关产品""贱金属及其制品"等主要贸易品均出现显著增长，分别为 68.1%、87%、88.9%。同年，中国实际使用日资金额同比增长 16%，达 39.1 亿美元。[2] 大型工业机器人制造商发那科与安川电机均决定增加对华投资，以满足中国市场日益增长的需求。松下采取中国本地化生产经营策略，2021 财年在华家电业务增幅高达 119%。[3] 部分从中国转出的日本工厂，也是基于成本和市场考虑而非安全因素，且并未脱离以中国为核心的供应链体系。

日本经济发展离不开中国。两国都在地区供应链体系中扮演着重要角色，于新能源、公共卫生、健康养老、第三方基础设施等领域合作空间广阔，进一步深度融合符合双方和地区的共同利益。用所谓"价值观""安全观"干涉市场行为，将经济问题政治化、复杂化，最终可能养痈成患，长远危害地区稳定。

---

[1] 「2021 年度わが国製造業企業の海外事業展開に関する調査報告」、国際協力銀行、https://www.jbic.go.jp/ja/information/press/press-2021/1224-015678.html。

[2] 《吸收外商直接投资月报》，中华人民共和国商务部，http://data.mofcom.gov.cn/lywz/inmr.shtml。

[3] 「2021 年度決算概要」、パナソニックホールディングス株式会社、https://holdings.panasonic/jp/corporate/investors/pdf/2021_full/financial_results_j.pdf。

第五章 对外经济与区域合作

二战后日本对外经济与区域合作经历了一系列转变，主要是受国际环境变化和日本自身实力转变的影响。近年，特别是自安倍第二次上台执政以来，日本的对外经济与区域合作出现了较大进展。本章在梳理日本对外经济与区域合作历史的基础上，重点分析安倍第二次执政以来日本整体战略的变化和态势，以美国、欧盟、东盟和中国为代表，分别分析日本对不同国家和地区的经济政策，从而对日本整体对外经济与区域合作战略作出判断。

一、日本的对外经济战略

二战后日本的对外经济战略可以划分为不同阶段，整体脉络上，从贸易保护到融入世界贸易体系，再到主张自由贸易，希望充当"自由贸易旗手"，新时期的政策变化体现了日本对外经济战略重点的演变。

（一）二战后的战略变迁

二战后，日本对外贸易和投资政策的变迁一方面受到美国对日经济政策的影响，另一方面随着日本自身经济实力变化而不断调整。战后初期，日本的对外贸易长期依赖美国，贸易保护较为明显，直到20世纪80年代后半期，日本与亚洲各国之间贸易额占比才逐渐上升。20世纪50年代，日本对外直接投资主要是以确保资源能源供应而进行的资源开发型投资。20世纪60年代以后，由于一些发展中国家普遍推行进口替代的工业化发展战略，日本不得不通过扩大直接投资来发展和巩固其海外市场。20 世纪 60 年代初，为了重建经济，日本形成了初级阶段战略贸易政策构想，确立了贸易立国基本发展战略，力图通过优惠政策扶植具有规模经济效应的出口产品，并实现经济重化工业化。具体内容包括：第一，日本政府推行了以结构性保护关税和严格限制外资为主要内容的战略进口贸易政策，有效提高了日本的化学、钢铁、有色金属及机械等部门的实际保护率；第二，日本政府推行了一系列战略政策，主要包括出口优惠金融制度、出口振兴税收制度和出口保险制度，积极协助日本重化工业企业开拓国际市场；第三，日本政府促进产业政策和战略贸易政策的有效配合，取得了良好政策效果。从 20 世纪 60 年代起到 70 年代中期，日本政府推行了以提高本国重化工业国际竞争力为主要目标的贸易保护政策。

20 世纪 70 年代，随着日本国际竞争能力的增强及国际收支顺差结构的形成，日本以贸易自由化和资本自由化为契机，实施了通过海外直接投资来扩大海外市场的战略。此外，面对 20 世纪 70 年代的两次石油危机冲击，日本采取了把消耗大量资源、能源、破坏环境的产业转移到海外的方针。至 20 世纪 70 年代中期，日本政府推行的贸易政策取得了显著成效，日本通过引进并消化世界先进技术，迅速提高日本工业整体技术水平；在贸易政策和产业政策的有力配合下，提高了日本产业结构的层次，实现了日本经济的重化工业化；日本产业国际竞争力得到极大提高，促进了日本出口贸易的迅速发展，成为世界第一出口大国；日本经济在整个 20 世纪 60 年代实现了高达两位数的年增长率，并于 70 年代中期一跃成为世界第二经济大国。[1]

从 20 世纪 70 年代后半期到 80 年代前半期，整个世界经济处于停滞状态，各国对外投资的增长比较缓慢。然而，日本的对外贸易自 20 世纪 60 年代起呈现出"持续扩大的巨额贸易顺差"。由于日本与美欧各国之间的贸易摩擦日益尖锐，特别是日本的电机、汽车等产品对美、

---

[1] 「対外経済政策の現状と今後の方向性（資料）」、経済産業省、https://www.meti.go.jp/shingikai/sankoshin/tsusho_boeki/pdf/006_02_00.pdf。

欧国家出口受阻，迫使日本的电机、汽车等大企业选择以"直接投资替代贸易战略"回避贸易摩擦，日本的贸易立国战略被迫向技术立国和扩大内需的战略转变。面对这种状况，曾经作为日本经济战略支撑点的日本贸易保护政策也开始向贸易自由化方向调整。首先，日本政府提出以"美日共霸"为基础的国际分工战略构想，即"环太平洋经济圈构想"。为了实现上述目标，20世纪80年代，日本对相关地区进行了大规模的海外投资。日本政府国际分工战略构想的提出和日本企业海外投资活动，无论在理论上还是实践上都具有深远影响，对增强日本进口能力、改善贸易收支严重失衡、减少贸易摩擦提供了可能性。其次，20世纪80年代以来，日本积极促进与其他国家的政策协调，加强多边贸易和发展全球经济，这反映了日本转移发展战略的趋势，表明未来日本经济增长将更多地依赖技术进步和扩大内需，而不是一味地追求出口。最后，20世纪80年代，日美贸易摩擦加剧，迫使日本进一步通过扩大海外直接投资、发展当地化生产来缓和贸易摩擦。1985年秋，日元大幅度升值，日本加速调整产业结构，通过扩大海外生产来增强国际竞争力。20世纪80年代以来，日本贸易政策同样进行了重大变革，为改革日本市场准入条件、减少贸易壁垒做了铺垫。

进入20世纪90年代，随着国内外经济环境的变化，日本政府努力追求提高全球市场占有率，并将形成"国际生产流通网络"作为对外投资的最终目标，希望使全球市场占有率有一个大的飞跃。以制造业为例，1990年日本制造业的对外投资中，为确保当地市场占有率而进行的投资占投资总额的38%左右，位居首位，而基于建立一个"国际生产流通网络"所进行的投资几乎为零；但到1993年，前者虽仍保持第一位，但比重已降至30%以下，为建立"国际生产流通网络"这一构想而进行的投资升至第二位，比重已接近20%。

随着国内外经济环境的变化，特别是自由贸易协定在全球范围内迅猛发展，以通商产业省1999年发表的《通商白皮书》为标志，日本开启了多边主义、区域主义和双边主义协同并进的区域合作新阶段。小泉执政时期以及"后小泉时代"，无论是自民党还是民主党，日本历届政府都推出了自己的自由贸易协定和经济伙伴关系协定政策主张。2002年出台的《日本的FTA战略》，是首份集中阐述日本自由贸易政策的官方文件，提出了三大战略原则——综合性、灵活性以及选择性。2004年制定的《关于今后推进经济伙伴关系协定的基本方针》，是日本政府制定的第一份全面的经济伙伴关系协定战略。2006年发表的《全球化战略》为加速经济伙伴关系协定谈判制订了详细的进度表，并设定了具体的数值目标。2008年的《通商白皮书》将主题确定为"面向创造新市场的通商国家日本的挑战"，认为在国际金融危机的背景下，日本要追求新的发展战略，在创造新市场中发挥主导作用，为此需要加紧推进经济伙伴关系协定建设。2010年的《关于全面经济合作的基本方针》表示，要在积极推进亚太双边经济伙伴关系协定、自由贸易协定以及亚太经济合作组织等各个领域的建设中扮演"主导性角色"，引领亚太地区形成"21世纪型的贸易和投资规则"。2011年的《日本再生战略》，面对东日本大地震后的严峻局势，经济伙伴关系协定政策被置于"强化国与国之间纽带"的语境下。之后的野田佳彦政府虽然没有提出新的经济伙伴关系协定理念，但表态日本将加入《跨太平洋伙伴关系协定》谈判，推动日本的区域合作战略谋划进入新阶段。[①]

（二）安倍第二次执政以来的新态势

安倍晋三再度执政后，很快便于2013年3月15日发表声明称日本将参加《跨太平洋伙伴关系协定》谈判，并于同年7月23日正式加入谈判，积极推动日本的区域合作战略大步向前。从2013年开始，安倍政府每年都会公布《日本振兴战略》（2017年起更名为《未来投资战略》）。2013年的《日本振兴战略》提出了三大行动计划，其中"国际拓展战略"对日本积极推进经济国际化做了规划。之后的各份战略报告均为日本政府对"安倍经济学"的自我评估和后续补充，基本延续了

---

① 「我が国の経済連携協定（EPA）の取組」、外務省、https：//www.Mofa.Go.jp/mofaj/files/000490260.Pdf。

2013 年版的内容,只是依据政策推行的实际情况进行了更新和调整,并与时俱进地提出了"第四次产业革命"和"超智能社会"(Social 5.0)等新概念。需要注意的是,2016 年《跨太平洋伙伴关系协定》谈判结束后,日本在经济伙伴关系协定战略上的论调骤然提升,当年的《日本振兴战略》提出,日本要成为贸易和投资的"国际核心据点"、新的广域经济秩序中的"核心"以及全面、平衡、高水平的世界规则中的"牵引者"。① 2017 年特朗普上台后宣布退出《跨太平洋伙伴关系协定》,对安倍政府的对外经济政策构成一定冲击。在反复对美国解释重返《跨太平洋伙伴关系协定》的重要意义无果后,日本调整战略,开始集结美国以外的其他十国重新进行谈判,力推《全面与进步跨太平洋伙伴关系协定》成型。面对贸易保护主义等逆全球化浪潮,安倍政府在 2017 年和 2018 年的《未来投资战略》中连续提出了"自由贸易的旗手"等身份设定,将"牵引自由公正的贸易投资规则"视为日本"阻止保护主义蔓延的使命"。② 除了这一系列战略报告,安倍政府的各种官方文件,包括安倍首相本人和阁僚的演讲等,都透露着日本积极拓展区域合作网络、确立主导权的意愿。比如,2015 年日本经济产业省围绕日本中长期结构性政策的讨论,提出了关于规则、革新和人口的三大领域、九条建议,其中"进一步深化经济伙伴关系"位列第一条:一方面,在东亚地区要在现有贸易投资的基础上向金融自由化、自然人流动自由化、国内制度协调等更深的一体化迈进;另一方面,需要积极参与以美、欧、日三极为核心的高标准经济规则制定,并在规则形成中成为连接发达国家和新兴经济体的主导角色。2016 年 5 月,日本政府各省厅又联合发布了《关于促进投资关联协定的行动计划》,提出到 2020 年,力争与 100 个国家和地区签署或生效投资协定以及包含投资章节的经济伙伴关系协定/自由贸易协定。2017 年 11 月 25 日公布的《与 TPP

---

① 「日本再興戦略 – JAPAN is BACK」、日本首相官邸ホームページ、2013 年 6 月 14 日、http://www.kantei.go.jp/jp/singi/keizaisaisei/pdf/saikou_jpn.Pdf.

② 「未来投資戦略 2017 – Society5.0の実現に向けた改革」、日本首相官邸ホームページ、2017 年 6 月 9 日、http://www.kantei.go.jp/jp/singi/keizaisaisei/pdf/miraitousi2017.pdf.

等相关的综合政策大纲》中再次重申"国际核心据点"的目标,宣告《跨太平洋伙伴关系协定》揭开了"亚太新世纪"的大幕,要以《全面与进步跨太平洋伙伴关系协定》和日欧经济伙伴关系协定等为契机,将日本建设成新的出口大国,强化国内产业的竞争力并开创"农政新时代"。截至目前来看,日本政府制定的自由贸易目标并未完全达成,但指导意义巨大。

(三)抢占区域合作战略先机

2010年的《关于全面经济合作的基本方针》和2013年的《日本振兴战略》明确提出,日本要在与世界主要贸易国家构建高水平自由贸易协定的同时,在亚太地区构筑由日本主导的经贸规则,使自身成为新一轮全球贸易投资规则制定的重要参与者甚至引领者。为此,被誉为综合性、高水平、21世纪型自由贸易协定代表的《跨太平洋伙伴关系协定》无疑成了安倍政府大力推进自身区域经济合作战略的重要抓手。

在日本国内,围绕是否加入《跨太平洋伙伴关系协定》问题曾一直存在意见分歧,从相关效益测算结果来看,《跨太平洋伙伴关系协定》并不是最具经济性的区域合作机制,甚至有观点认为《跨太平洋伙伴关系协定》非但无助于振兴日本经济,反而会带来负增长。安倍政府却力排众议,反其道而行之,这是因为对日本而言,加入《跨太平洋伙伴关系协定》意味着实质上与美国缔结经济伙伴关系协定,有助于提升日本商品在美国市场上的竞争力,而且以《跨太平洋伙伴关系协定》为倒逼机制,有助于推动国内的经济结构改革。安倍曾表示,不应以单纯的经济利益来衡量《跨太平洋伙伴关系协定》对日本国家利益的重要性,而应以更为长远、更为战略的视角来综合评估《跨太平洋伙伴关系协定》对日本的重要意义。加入《跨太平洋伙伴关系协定》,在日美同盟框架内积极配合美国各项战略规划,以此争取在亚太地区的主动权、维持地缘政治优势,同时与美欧共同擘画世界经贸新秩序,进而在区域经济一体化过程中扮演规则制定的主导者角色。2013年7月23日,日本参加在马来西亚召开的《跨太平洋伙伴关系协定》第18轮谈判,由此正式加入了《跨太平洋伙伴关系协定》谈判。此后日本参加了多轮谈判议程，在双边会晤和多边谈判等场合与其他各国进行激烈交涉，最终于 2015 年 10 月 5 日达成基本协议。2016 年 2 月 4 日，美国、日本、澳大利亚、加拿大等 12 个国家在新西兰奥克兰正式签署《跨太平洋伙伴关系协定》协议，全球最大规模的跨区域自贸区的成立指日可待。但是，2017 年 1 月 20 日，美国时任总统特朗普上任当天即宣布美国退出《跨太平洋伙伴关系协定》，之后又签署了美国退出《跨太平洋伙伴关系协定》的行政令。美国的退出，对日本的《跨太平洋伙伴关系协定》战略造成了巨大打击，同时也意味着亚太地区出现了某种"战略真空"。日本选择走到前台，推动建立没有美国的《全面与进步跨太平洋伙伴关系协定》。日本与其他十国在 2017 年 11 月 11 日正式签署《全面与进步跨太平洋伙伴关系协定》，该协议在 2018 年 12 月 30 日正式生效。尽管《全面与进步跨太平洋伙伴关系协定》在全球经济总量中的占比仅为 13.5%，[1] 远不能与其前身《跨太平洋伙伴关系协定》甚至《区域全面经济伙伴关系协定》相提并论，但这是现阶段唯一一个跨亚太区域的自由贸易协定，而且还有其他域外国家表态要加入其中，未来的发展趋势和影响力不容小觑。当然，单凭《跨太平洋伙伴关系协定》或者《全面与进步跨太平洋伙伴关系协定》还不足以令日本发挥引领区域乃至全球经贸新规则的主导作用，为此日本还加快了《日欧经济伙伴关系协定》的谈判进程。

《日欧经济伙伴关系协定》谈判作为日欧战略性双轨谈判的一部分始于 2013 年 4 月，由于双方在农产品、汽车等领域存在较大分歧，所以初期谈判艰难曲折。但在《跨大西洋贸易与投资伙伴协议》和《跨太平洋伙伴关系协定》相继受挫后，日欧双方意欲树立作为维护自由贸易秩序旗手的形象，因而加快谈判步伐，最终在 2017 年 7 月 17 日签署协议，该协议在 2019 年 2 月正式生效。根据该协议，日本对自欧盟进

---

[1] 菅原淳一、「CPTPPが年末に発効 - 高度なルールの実現に加え、早期の拡大にも期待」、みずほ総合研究所ホームページ、2018 年 11 月 1 日、https：//www.mizuho‑ri.co.jp/publication/research/pdf/insight/pl181101a.Pdf。

口商品的约94%（工业品100%、农产品82%）分阶段免除关税，欧盟对自日本进口商品的约99%（工业品100%、农产品98%）分阶段免除关税。此外，《日欧经济伙伴关系协定》对诸多领域的合作也做了规定，被认为是"基于自由、公正规则的高质量协定，是引导21世纪经济秩序的典范"。日本面向亚太和欧盟的经济伙伴关系协定谈判告一段落，在地区乃至全球范围内树立了国际多边自由贸易体制"维护者"的形象，同时也在集中力量推进《中日韩自由贸易协定》和《区域全面经济伙伴关系协定》谈判。

2017年下半年，日本开始积极运筹恢复中日韩领导人会议。同年底，《区域全面经济伙伴关系协定》首次领导人会议举行，声明指示部长们和谈判团队要力争在2018年完成谈判。2018年5月9日，中断两年半的中日韩领导人会议重新启动，表示将合作加速推进高质量的《区域全面经济伙伴关系协定》及《中日韩自由贸易协定》的谈判进度，并促使其早日达成。11月12—14日，《区域全面经济伙伴关系协定》部长级会议和首脑会议相继在新加坡举行，尽管因关税领域等意见分歧而放弃了年底前达成实质性一致意见的初期目标，但会后共同声明的内容仍肯定了《区域全面经济伙伴关系协定》谈判在2018年所取得的实质性成果，并决心在2019年达成妥协。2018年12月6日，《中日韩自由贸易协定》第14轮谈判在北京举行，三方均认为"中日韩自贸区谈判提速基础已经具备，三方将在《区域全面经济伙伴关系协定》基础上探讨通过中日韩自贸区进一步提高贸易投资自由化水平"，与此同时决定"将从下一轮谈判起恢复工作组会议，就货物贸易、服务贸易、投资等议题展开实质性磋商"。2019年12月，中日韩领导人会议在成都举行，三国首脑就《中日韩自由贸易协定》和《区域全面经济伙伴关系协定》谈判达成共识。《区域全面经济伙伴关系协定》与《中日韩自由贸易协定》谈判成为牵动东亚乃至整个亚太地区经济一体化、贸易便利化的主要谈判议程，日本的态度也越发积极。

通过积极谋划、主动出击，日本的区域合作战略在亚太、欧盟以及东亚都取得重大突破。而且，在这些"巨型自由贸易协定"谈判中，核心议题已经不是关税壁垒，而是涉及各种国内规制的边境内议题，旨在增强规制的协调性或一体化。安倍政府掀起的这一波"建群热"，使日本一举占得区域合作的战略先机。当今的国际政治竞争已从直接的权力斗争转向了围绕规则和制度的竞争，而在经济全球化的时代，贸易为国家提供了一条通过发展经济而非军事征服来改变自身国际地位的途径，积极参与综合性、高标准的自由贸易协定成为发达国家在制定新一轮国际经贸规则中发挥主导性作用、获取规则收益的主要路径。这正是日本积极推行自由贸易协定战略、抢占区域合作先机的更深层意图。

二、对美经济战略

二战后，美国一直是日本最主要的经济合作和依赖对象，但双方合作也并非一帆风顺，在20世纪七八十年代经历了严重的日美经贸摩擦后，两国经济关系趋于稳定，但美国特朗普政府上台后，奉行"美国第一"的经济单边主义政策，在贸易问题上不时敲打日本，日美新一轮贸易摩擦加剧，安倍政府选择加强对美经济合作的妥协路线，快速达成日美贸易协定，并希望借此实现"以经促政"，甚至是"以经促军"的战略目标，菅义伟和岸田政府基本延续了安倍时期对美经济战略，即通过日美经济的深度融合，保持双边政治关系稳定发展的势头，提升日美安全合作的层级，扩大覆盖范围。

（一）持续加强对美合作

针对特朗普政府不断利用行政干预、威胁限制进口等政策举措对日本的威胁，安倍政府并没有流露出不满或对抗情绪，而是表现出明确的妥协立场，希望强化对美经济合作，平衡日美关系的潜在不确定因素。拜登政府上台后，日本更是进一步谋求双边经济的紧密合作。

第一，加强高层沟通，推进经济政策全面对接。安倍政府致力于加强与美国在宏观经济政策领域的沟通与协调，构建高级别双边经济政策沟通机制，且已经取得重要进展。两国于2017年4月在东京的首相官邸共同举行了首次经济对话，一举将双边经济政策的交流层级升高至副总理级。日本国内对此次对话评价积极，认为对话"志存高远"，共同促进双方经济的结构性改革。除了新建副总理级经济对话以外，两国政府间还提升或新建多个经济沟通机制，包括网络经济政策协调对话（司局级）、能源战略对话（司局级）等，参加的主要成员均来自两国政府相关职能部门，且多为制定政策的一线工作者，对各自国内经济情况与相关领域的政策法规等较为熟悉，这为双边经济政策沟通创造了务实、可信的客观条件。此外，日美之间还存在若干个邀请民间人士一同参加的、官民并举的经济对话机制。2022年1月21日，新当选的日本首相岸田文雄首次与美国总统拜登进行视频会晤，双方同意设立一个经济版"2+2"会议，即由日本外务大臣、经济产业大臣以及美国国务卿、商务部长组成的磋商框架，以加强在经济安全保障和气候变化问题上的合作。美国官员表示，该磋商框架将重点关注供应链、技术投资、标准制定和出口管制。

第二，鼓励日本企业追加对美投资，进一步夯实日美经济合作的基础。安倍政府鼓励并引导日本企业积极配合特朗普政府的"振兴美国"计划，加大对美投资，尤其是制造业和基础设施领域的大规模投资。日本企业掀起新一轮的对美投资热潮，带动了日本对美投资出现短期内的激增。在特朗普就任总统的半年时间，日本财产保险公司、软银集团、松下、丰田等超大型企业不约而同地表示追加对美投资，其中不乏金额为500亿美元的大手笔。受其影响，2016年日本对美投资总额达到521.94亿美元，较2015年（493.19亿美元）同比增加5.83%。2017年到2019年对美投资继续保持增长势头，年均同比增长3%以上。截至2019年年底，美国吸引的约4.46万亿美元投资中，来自日本的资本高达6193亿美元，远超其他国家，排在第一位。

第三，积极加强与美国在能源领域的务实合作，以此缓解日本能源安全的压力并维护经济系统的有序运转。日本着重落实三方面的战略部署：其一，日本从美国进口页岩油和页岩气，使其对美能源进口步入新阶段。日美能源合作半径借此再度扩大，日本进口能源的多元化布局也随之扩展。其二，拓展能源技术交流。日本竭力提升对美能源合作的覆盖面和战略层级，双方将"日美清洁能源政策对话会"更名为"日美能源政策对话会"，将电力系统、化石燃料，甚至是网络安全等议题纳入双边协商框架之内。其三，加强安全利用核能的共同研究。2011年日本发生福岛核事故后，核安全就成为日美能源合作的焦点之一。围绕着核能共同开发和安全利用等战略性议题，日美建立了不同层次的沟通与交流机制，共同发布了《日美核安全合作情况说明书》，提出为防止核恐怖事件的发生，将尽快就交换核安全领域秘密信息等重大议题达成共识。

第四，加强与美国在新兴经济领域的战略性合作。主要涉及三大方向：其一，北极航道。尽管日本不是北极圈国家，但其对北极航道的经济价值和战略意义却重视已久。为谋求在北极治理及开辟北极航道中的一席之地，日本将对美合作作为"北极外交"的优先方向之一。日本联合美国共同设立了"国际北极研究中心"，将其作为对外展示日本北极研究成果、显示存在感、收集北极研究信息、了解北极开发进展情况的重要平台。其二，资源勘探。随着新材料的大规模生产、制造，基础矿产资源的有限性成为无法回避的矛盾之一。以此为背景，日本加入了与美国在资源勘探领域的交流与合作。为了鼓励日本企业积极参与美国的铜、锌等金属资源矿藏的探寻工程，具有政府背景的独立行政法人日本石油天然气及金属矿物资源机构（JOGMEC）仅2016年度就出资135亿日元，或直接给予相关企业资金支持，或为相关企业实施债务担保，帮助日本企业在美国开展资源勘探业务。其三，科学技术。为加速推动日本科技发展，安倍政府持续维护并完善日美在科技领域的定期交流机制。"日美科学技术合作合同实务级委员会"于2016年7月在美国华盛顿举行了第15届年会，议题涉及科学外交、大数据、人工智能、医疗研究、可再生能源等前沿领域的科学研究。实际上，两国在上述领域均保持全球领先的技术实力及研发能力，而这种机制性的"互通有无"不仅有助于两国相互学习、取长补短，更有助于共同维护其在相关领域的技术竞争优势，使双方的科技合作始终保持在战略层面、处于领先水平。2021年1月，拜登政府刚上台，菅义伟政府便提议加强两国去碳化合作，此外，针对半导体和通信领域，双方成立半导体工作小组划分研发和生产等任务，意欲在半导体等领域建立"脱离"中国的供应链。日美还将共同推进"安全和开放的第五代移动通信技术网络"，力争在第六代移动通信技术领域实现对中国完全超越，并投入45亿美元用于加强两国在数字领域竞争力。

(二) 达成日美贸易协定

日美双方经过1年多谈判快速达成协定的情况较为罕见。《日美贸易协定》于2020年1月1日正式生效，日本对美国农产品及食品征收的关税将降至《跨太平洋伙伴关系协定》水平。美国产牛肉此前关税税率为38.5%，协定生效后降为26.6%，最终将于2033年降至9%。猪肉与牛肉相比易受价格竞争影响，日本引入了对高价与低价组合商品实施最低进口关税的制度。此前最低征税额约为每公斤23日元，协定生效后降至约每公斤10日元，2027年度将实施零关税。小麦由日本政府进行贸易管理，之前在进口价格之上追加被称为"加成"的进口差额后再出售给面粉公司，自协定生效开始，追加部分减少10%，最终将在2026年减少45%。日本对美出口方面，牛肉将享有有利条件。此前200吨以内每公斤征收约5日元的低关税额度扩大，实际取消了上限。对于汽车及相关零部件关税，美方虽未同意取消，但追加关税暂时得以避免。

贸易协定让美国受益明显。《全面与进步跨太平洋伙伴关系协定》和《日欧经济伙伴关系协定》生效后，美国农产品因未享关税优惠而在日本的竞争力受损、市场份额遭挤压。加之，美国对华农产品出口因贸易摩擦受阻，特朗普希望与日本尽快就农产品关税达成协议，以减少美国农户损失，缓解国内压力。美国国家公共广播电台称，达成协议让在贸易战中遭遇沉重打击的美国农民松了一口气。

日本让步较大。汽车及零部件是日本对美最主要出口品，占对美出口额约35%，美国保留关税令日本产业界极其失望。特朗普仅口头承诺暂时不加税，但其曾称"以后想加仍可加"。此外，日本承诺对价值约72亿美元农产品减撤关税，而美国仅对约4000万美元农产品减撤关税。日本共同社称，日本此番最大成果仅是避免新设大米免税进口额度，日本屈服于美国威吓，仅获最低成果。根据世界贸易组织规则，自贸协定原则应实施零关税，按惯例发达国家间的自由贸易协定关税减撤水平均在90%以上。日本此前签署的自由贸易协定均如此。但此番因美国保留对日汽车关税，日美协定自由化率不足65%，故日本提出在共同声明中写入"就减撤汽车关税继续协商"，以勉强达到世界贸易组织要求。但日本舆论普遍对美国在后续谈判中同意减撤关税表示悲观，日媒批评日本政府"等于承认美国保护主义行为"，"迄今建立起的自由贸易旗手地位或将崩塌"。

三、对欧盟经济战略

日本和欧盟被认为拥有所谓"政治上和意识形态上的共同价值观"，在国民感情上相互认同程度较高，在外交关系上也形成了牢固的战略合作关系。《日欧经济伙伴关系协定》谈判始于2013年4月，由于在技术标准协调和日本公共采购市场开放等领域存在矛盾，达成协议的时间一再被推迟。随着主导经济全球化两大推手美国和英国转向贸易保护，日本与欧盟意识到需要搁置争议、抢占高地，放弃了原来企求的高标准、高质量，转而争时间、抢速度，力图联手主导国际规则的制定。

（一）达成《日欧经济伙伴关系协定》

2017年7月6日，日欧就签署《日欧经济伙伴关系协定》达成初步意向，2019年1月欧洲议会以"474票支持、152票反对"批准此项协议于2020年生效。该协议覆盖超过6.3亿人口，就经济规模而言，是世界上规模最大的自由贸易协议，也可以说是世界上最大的自由贸易区，约占世界生产总值的30%。此项协定被称为是"自由贸易的捍卫者的胜利"，向世界表明全球两大经济体仍然相信自由贸易，反对单边主义和贸易保护主义。此协议将成为日本与欧盟 27 个经济体之间的所有商贸活动的规范。

日欧双方在协定生效后立即或分阶段取消大部分关税。日本出口到欧盟的产品，70% 是汽车及零部件、发动机和光学设备等工业产品。日本从欧盟进口商品的 40% 是汽车及零件、光学设备和发动机等工业产品，医药品和乳制品占比也较高。据估算，《日欧经济伙伴关系协定》将推动日本国内生产总值增长 1%，约 5 万亿日元，增加 29 万个就业岗位，推动欧盟国内生产总值增长 0.76%。这是一个零关税、零贸易壁垒、零政府补贴的自由贸易协定。日欧关税谈判以总体平衡的形式完成。欧盟最终撤销来自日本的包括农产品在内 99% 的商品的关税。日本最终撤销来自欧盟的 97% 的商品的关税，比例高于《跨太平洋伙伴关系协定》（95%）。日本向欧盟出口的工业产品中，协定生效时的无税产品比例将由 39% 上涨到 82%。日本从欧盟进口的工业产品中，协定生效时的无税产品比例将由 77% 上涨到 96%，最终日本和欧盟撤销关税比例达到 100%。日本最关注的是出口到欧盟的乘用车及零部件，原来的关税是 10%，这一关税将在协定生效的第 8 年即 2026 年撤销。日本将把在亚洲地区构筑的供给网扩大至欧洲地区。

（二）实现对欧目标

日欧双方互为彼此重要的贸易伙伴，日本认为经济伙伴关系协定的签署将推动经济全球化和区域经济一体化，发达国家之间将重新认识到缔结高度自由化水平贸易协定的巨大好处。

第一，增强日欧之间经济上的相互依赖。通过开放彼此市场，强弱联合、优势互补，为保持双方领先行业的国际竞争力，在国际贸易体制重构过程中增加主动性和话语权。

第二，增强日欧优势产业的竞争力。此前双方对彼此进口商品征收较高的关税，撤销关税后，将使日欧产品更具有竞争力。日本将扩大汽车和电子产品的出口，此项产品占日本出口产品的一半以上，如日本出口乘用车 10% 的关税被撤销，将提升日本车企在欧盟市场的竞争力；

一些新兴招牌出口产品,如日本清酒和绿茶,其生产商也将受益。欧盟也将获得进入日本农产品、加工食品和饮料市场的机会。

第三,日欧将携手制定贸易和产业政策相关规则。在经济伙伴关系协定中亦包含了制定规则方面的合作,如日欧主导制定汽车自动驾驶功能的国际标准等。如果主导制定出被国际社会认可的规则,日欧将在与中美谈判中占据主动,最后在其他多边贸易谈判中以此为蓝本,将掌握主动权。

第四,《日欧经济伙伴关系协定》谈判为未来日美进一步的贸易谈判提供了蓝本。20世纪80年代,日美爆发的贸易争端使日本在应对美国贸易摩擦方面有惨痛经历的同时也积累了丰富的经验。从1976年至1989年,美国根据"301条款",针对钢铁、电信、制药、半导体、卫星、超级计算机和木制品等日本制造业部门发起了20多项调查,迫使日本让步,如开放国内市场、减少对美国出口,以及改善有关知识产权保护和外国投资待遇的国内执法等,这使得日本经济结构从外需主导型向内需主导型转变,日本进口贸易中的最终产品比重大幅提升。同时为了消减日本大规模的贸易盈余,美国通过1985年签订的"广场协议"强制日元升值。为刺激国内消费以补偿升值的日元,日本通过降低利率来放松货币政策,此举助推了资产价格,导致泡沫经济。但日美贸易摩擦也为日本汽车制造商在全世界扩大生产创造了契机,日本汽车产业在美国提出的严苛条件下发展起来。美国退出《跨太平洋伙伴关系协定》后,更加重视在经济和军事两方面都有利于美国的双边谈判,将贸易和军事进行挂钩。日本仍希望与美国在多边自由贸易框架内进行谈判与合作,但为避免美国针对汽车产业加征关税,日本同意美国举行双边谈判的做法,并制定了"攻汽车、保农业"谈判策略,从谈判的过程看,目前已初步产生效果。日本汽车制造商计划增加在美国的生产,丰田、日产和本田等日本大型汽车制造商都在美国设立了工厂和技术研究中心,日本以这种方式规避美国对日本汽车加征关税。

日美之间虽然达成了第一阶段贸易协定,但未来仍将就关键领域继续谈判。与美国强调的全面自贸协定谈判不同,日本认为其所进行的贸易谈判协定不包括投资、服务等领域规则，是商品贸易协定。而美国则强调要在早期谈判的基础上，下调关税和削减贸易壁垒，与日本签署完全的自贸协定。同时美国希望在贸易协定中引入"汇率条款"，目的是抑制"日元贬值、美元升值"的状况发生，具有法律约束力的汇率条款一旦被写入贸易协定，当汇率急剧波动时，日本希望抛售日元进行干预的政策将会受到制约。美国指责日本"通过加大资金供应和诱导本币贬值在贸易中居于有利地位"，日本已经连续7次被美国列为汇率政策监控对象。日本海外经济增速放缓，经济前景不明朗，但仍希望承担起全球多边贸易体系倡导者和捍卫者的责任，时任首相安倍晋之于2018年9月联合国大会发言时公开提出"日本现在已肩负起向全世界输出贸易好处的使命"。

四、对东盟持续加大投入

2013年是日本与东盟双边关系建立40周年，也是安倍政府刚刚启动的1年，自此日本进一步加大对东盟经济投入，与东盟经济合作步伐明显加快。安倍重申日本加强与东盟关系的决心，强调要落实双方在《东盟—日本友好合作愿景声明》以及《东盟—日本纪念首脑会议联合声明》中所达成的一系列共识。

（一）持续推进双边合作

2015年6月22—24日，日本与东盟十国高级官员在柬埔寨首都金边举行会议。会议的主要目的就是要探索双方新的合作机遇，以便拟定日本—东盟未来5—10年的合作方向。在面临中国日益扩大的影响力的背景下，日本政府为该目标已采取了许多措施。

从各领域来看，双方达成的共识较多，基本可归纳为两大层面：一是维持与东盟的密切经济关系；二是开辟与东盟的新合作领域。在维持与东盟的密切经济关系方面，双方共同认为，经济是最主要的合作领域。为了延续双边的良好经济关系，日本将继续在《东盟—日本全面经济伙伴关系协定》框架内,加强双边商品贸易和外国直接投资。为此,日本政府将按照以往确定的目标来推进经济关系。具体来说,日本将继续维持2022年把双边货贸总价值和在东盟地区的外国直接投资流量提升两倍(以2012年为起点)的目标。从2003年到2013年的10年之间,日本与东盟的货贸总价值翻了两倍多,由1134亿美元增加到2408亿美元。除了中国和欧盟之外,日本是东盟的第三大贸易伙伴。同时,日本是东盟地区外国直接投资的第二大来源国。

近年来,日本与东盟的服贸谈判也在进行中,有了服贸和货贸的共识,双方贸易将更加自由化,这必定会促进东盟实现《区域全面经济伙伴关系协定》目标。整体来说,这些举措都有战略性意义。面对中国在东盟的强大竞争力,日本需要以这些实际的经济"优惠"来吸引东盟各国,进一步维持其在本地区的关联性、重要性和影响力。

(二)不断开辟新领域合作

在开辟新合作领域层面,日本政府以官方开发援助和其他新旧基金(如日本—东盟一体化基金2.0)来资助东盟的"软设施"建设。根据安倍倡导的"以民为本"的投资原则,日本政府在新领域投入更多的经费,包括人力、物力、知识和科技。为了协助东盟达到全民健康保险目标,日本政府将在5年内为8000名东盟公民提供培训以及医疗教育机会;2014年年底,250名东盟灾害管理和救护人员也顺利完成日方的赈灾培训。此外,东盟电影在东京国际电影节亮相;日本原子产业论坛(JAIF)赞助的东盟创意企业家大赛,让年轻人获得了宝贵平台来展示产品和服务。当然,这些只是日本在东盟的一部分项目而已。"硬设施"也是日本政府要投入的领域。与以往不同的是,所投入的资金必须用在《双边战略经济合作路线图》所确定的新领域或从未开发过的领域,例如中小企业、信息和通信技术、旅游和绿色环保。与维持密切经济关系一样,开辟新合作领域将使日本有机会扮演一个较为另类和引领潮流的角色。与以往的日本政府相比,东盟对日本的重要性在安倍政府时期显得更加突出,这也意味着日本已把东盟作为其"另一个后院"。

因此，日本在东盟事务中的积极参与必然是未来的新常态。①

2019年2月，日本政府签署与东盟的经济伙伴关系协定修改议定书。其中新加入了投资与服务自由化的内容，以前的日本与东盟经济伙伴关系协定以货物贸易为主。修改议定书写入了企业因入驻国制度变更遭受损失时可起诉该国的制度。

新冠肺炎疫情暴发以来，日本更是将东盟作为供应链稳定的关键一环加大战略投入。2020年7月，东盟—日本经济部长视频会议讨论了双方于2020年4月签署的《东盟与日本关于抗击新冠肺炎疫情推动经济复苏对策建议的联合声明》并对声明落到实处的具体措施提出意见与建议。会议通过了《东盟与日本经济复苏行动计划》，努力实现三大目标，即密切东盟与日本经贸合作关系、减轻疫情对经济的不利影响和增强经济复苏能力等。此外，双方支持彼此能力建设，促进生产经营，尤其是推动辅助产业发展，支持东盟数字贸易转型，以促进现有的贸易健康发展。双方同意促进东盟一站式服务机制、电子认证系统、东盟数字一体化框架和东盟数据管理框架等，同意增进信息互换，分享疫情背景下经济发展政策的经验，加强公私模式合作和增强企业供应链弹性等。

岸田政府上台后继承了日本对东盟的经济政策，宣布对东盟的投资计划将重点关注供应链、互联互通、数字创新和人力资源四个领域。日本认为像东盟这样一个重视自由贸易和多边主义的稳定且可预测的地区，对日本经济复苏很有价值。日本经济产业大臣萩生田光一强调，在新冠肺炎疫情发展不可预测的背景下，日本政府支持日本企业努力实现供应链多样化，以避免供应链中断的风险。日本的私营部门正在明确其对东盟的政策重点。萩生田光一大臣表示，日本已支出约3亿美元支持92家私营企业在东盟实现供应链多样化，并计划在2022年继续实施支持计划。日本还将通过选择东盟和其他亚洲国家在该领域的最佳100个项目来支持促进对数字供应链管理的投资。日本宣布在第一阶段提供约900万美元的支持。日本投资与出口保险公司（NEXI）和日本国际协

---

① 日本経済産業省、『通商白書2018』、勝美印刷2018年版、第277頁。

力银行（JBIC）已承诺帮助加强数字供应链。

五、对华经济战略

中日双边经济合作拥有深厚基础，但并非一帆风顺。2010年中国国内生产总值超过日本后，两国经济体量差距越来越大，日本将中国视为主要竞争对手，双方在经济上竞争与合作并存。

（一）中日经济关系紧密

贸易方面，中日贸易始于20世纪50年代，在中日邦交正常化的1972年之前，以民间贸易为主，规模很小，直到1978年中日贸易额还不足50亿美元。改革开放40多年来，中日贸易规模不断扩大，进入21世纪之后步入快车道，2002年突破1000亿美元大关，2006年超过2000亿美元，2011年超过3000亿美元。2012年由于领土争端等原因，中日关系急剧恶化，双边贸易随之出现连续5年的负增长。2017年随着中日关系改善，双边贸易终于摆脱了负增长，2018年继续保持正增长。据中国海关总署统计，2018年中日贸易总额为3276.6亿美元，同比增长8.1%。2021年，中日货物贸易总额达到3714亿美元，创历史新高。日本居欧盟、美国、东盟之后，成为中国第四大贸易伙伴，按国别计算日本继续保持中国第二大贸易伙伴的地位。[1]

投资方面，1979年日本开始对华直接投资，从而开启了中日全面经济合作的新阶段。在中国改革开放事业的强力推动下，日本对华直接投资发展迅速，实际到位金额从20世纪80年代初的每年数千万美元，到90年代的每年30亿美元左右，再到2012年的73.5亿美元，虽然有起有伏，但基本趋势是上升的。然而，2013年以来，受中日关系恶化等因素的影响，日本对华直接投资出现了连续4年的负增长。随着世界

---

[1] 张季风：《全球变局下的中日经济关系新趋势》，《东北亚论坛》2019年第4期，第3—16页。

经济复苏和中日关系的改善，2017年日本对华直接投资实现了5.2%的正增长，此后基本保持正增长。据中国商务部统计，2018年日本对华直接投资实际到位资金为38.1亿美元，同比增长16.5%。截至2020年底，日本对华直接累计投资从国别（地区）来看居第一位，依然是中国外资主要来源国。[①]

（二）日对华政策两面性突出

日本对中国的总体政策是一方面保持经济合作，另一方面推行自身战略施以制衡。这方面表现比较突出的是日本政府对待"一带一路"倡议的态度变化。2017年上半年起，日本对"一带一路"倡议开始表现出积极的态度，且随后愈加明显。

从参与范围和程度上看，日本对"一带一路"倡议并非全方位参与，而是有选择地参与。如前所述，日本政府对中日合作领域的汇总从性质上来说既是一种行政指导，也是一种行政规制，它在指导企业明确参与目标的同时也划定了参与的界限，比如日本政府提供融资支持的项目仅包括节能环保、产业结构优化、物流三类。从参与前提上看，日本官方对"一带一路"倡议的态度从流露出积极倾向开始，一直伴随着自设前提。比如安倍2017年6月演讲中对"一带一路"倡议提出的所谓"希望"，要求中国"采纳国际社会的共识"等；2017年12月4日，安倍在参加"日中CEO峰会"的致辞中再次就"一带一路"倡议表态，表示"一带一路"合作的前提是确保公平性和透明度，必须使太平洋、印度洋区域成为自由开放的地区等。2017年11月18日，时任日本外相河野太郎在神奈川县的演讲中对"一带一路"倡议也做了附带条件的积极评价，他认为，中国倡导的"一带一路"构想如果以开放的、大众化的形式开展，将对全球经济非常有利。

在参与理念和方式上，日本看重对接，强调融合。从2017年底开

[①] 张季风：《新时代的中日经济关系及其思考》，《东北亚学刊》2020年第1期，第19—26页。

始,日本在参与"一带一路"倡仪的宏观理念和方式上开始有了明确的想法,即重视其所谓的"印太战略"与"一带一路"倡仪的对接,强调在"印太战略"下与中方合作的融合路线。安倍在 2017 年 12 月 4 日的演讲中首次提出上述对接和融合路线,他认为,"在自由开放的'印太战略'下,也可以与倡导'一带一路'构想的中国大力合作"。

除了合作,日本同时也在推进自身战略。2017 年上半年安倍在访美游说特朗普时抛出了"印太战略"。① 日本是"印太战略"的最积极行动者,主要体现在内外两个层面。在国内安全政策上,日本政府基本决定在 2018 年春季修订的新一期《海洋基本计划》中写入"印太战略",重点放在确保日本海上通道安全、保护边境离岛。在双边安全关系上,除美国以外,日本还不断拉拢印度、澳大利亚、英国等国家加强双边安全合作。在推进"印太战略"的同时,日本政要还对从东南亚到巴基斯坦再到波罗的海国家进行了一系列旋风式访问,并宣布了多项投资计划。比如 2018 年 1 月,日本外务大臣河野太郎 15 年来首次访问斯里兰卡,河野在访问行程的最后前往斯里兰卡的大型港——科伦坡,并宣布计划建设一个天然气进口终端站。另外,日本还与印度加强了战略关系,联手推出一项 2000 亿美元的基建计划,甚至加大了本国军队在更广泛的印度洋区域的活动,两国还共同致力于在斯里兰卡、孟加拉国、缅甸和印度洋岛屿上建设当地急需的发电站、铁路和港口设施。甚至两国联手推动被称为"亚非增长走廊"的项目,该项目从安倍的计划发展而来,旨在深化非洲与南亚及东南亚地区的经济关系。

---

① 「インド太平洋消えた『戦略』——政府が『構想』に修正」、『日本経済新聞』、2018 年 11 月 13 日。

第六章 环境治理与气候政策

全球环境日益恶化的趋势仍未扭转，环境治理已经成为国际和各国的重要政治课题。从"公害大国"到今天的"环保大国"，日本的环境治理走过了一条曲折跌宕的道路，但取得了较好的成效，也为我们留下了很多经验和教训。从世界范围来看，在环境治理的过程中，每个国家都会面临协调环境保护与经济可持续发展的两难。然而，单纯强调经济发展与环境的因果关系而不重视政府、企业和民众等环境主体在环境治理中的作用和影响，便难以解决复杂的环境问题。日本曾是一个非常典型的"先污染，后治理"国家。战后，日本政府不断调整环境治理的指导思想、基本理念和政策，建构了一套较为稳定科学的治理体系，形成了"国家协调、地方为主、全民参与、市场激励"的治理模式。

一、日本环境治理的历史及治理体系的形成

（一）战前日本环境污染溯源与环境治理的雏形

日本环境污染的历史可追溯至以"赶英超美"为目标，大力推进"富国强兵、殖产兴业、文明开化"国策的明治时期。从明治时期到大正时期，随着西方先进工业技术设备的引进，日本缫丝、织物等传统固有产业迅速扩张，进入了以纺织业为先导的近代大机器工业生产时代。之后，在轻纺工业保持大发展的背景下，逐步向以造船、钢铁、机械等为核心的重工业时代转化。矿业、纺织业和钢铁业成为近代日本产业公害的主要来源，主要表现为大气污染、水质污染和噪声污染。

从明治初期开始，工业基础日益雄厚的日本发生了一系列由开采矿山引起的"矿害"。栃木县的足尾铜矿山、爱媛县的别子铜矿山、秋田县的小坂矿山和茨城县的日立矿山出现了严重而持久的矿毒和烟害污染，几乎摧毁了周边地区的农林水产业。以足尾铜矿山毒水事件为例，可以还原出当时日本环境治理最初的思路与模式。

自1879年开始，乱砍乱伐造成的山体滑坡和洪灾频繁冲刷足尾铜矿山上的毒矿石，导致渡良濑川及其支流中的鱼群大量消失，许多水旱田也濒临荒废，损失逐年增加。众议院议员田中正造连续数年在议会上呼吁采取防护措施救助受害居民。但是，在国家为矿业资本的野蛮扩张"保驾护航"的大背景下，抗议的声音和行动自然被归为"刁民闹事"，遭到矿山经营者和当地政府的政治打压。这些触目惊心的污染直到1896年终于引发大规模农民暴动。明治天皇为之震惊，农商务大臣榎本武扬引咎辞职。1897年3月，日本政府成立了专门的内阁委员会对足尾铜矿山进行调查，严令当地官员不得瞒报和扣押相关文件。调查最后将毒矿粉判断为造成毒害的主要原因。这个结果既不充分又不准确。4月，天皇向矿山经营者古河市兵卫发布了包含37条命令的命令书，要求矿山开采必须配备沉淀池、滤水池、滤烟室等改进设施以避免矿井水溢流并消除煤烟污染，否则会被永远禁业。这些设施大部分针对矿粉污染，就算配齐也无法有效治理毒矿。不过，在政府介入的仲裁会上，受害者们还是和足尾矿山冶炼所达成"和解"。11月，内阁单方面宣布调查工作圆满结束。足尾毒矿事件一直持续到明治后期都未能彻底解决。

这是日本不惜一切代价跻身世界先进工业大国的时代，无论对于天皇还是日本政府，足尾地区矿工和农民的痛苦从国家角度来看不值一提。遵循"产业是兴国之道"的发展逻辑，一心一意追求经济利益的明治政府，针对矿毒进行的调查、天皇的御笔亲书和矿山经营者毫无诚意的赔偿措施仅仅发挥了政治装饰品的功能，根本无法遏止矿害对自然环境和人民生命权益的严重损害。明治时期"四大矿山公害事件"也成为日本近代史上一个残酷的象征：日本所取得的工业进步是以牺牲自然环境和人民生命为代价的。

从大正时期到昭和时期，经过第一次世界大战带来的"战争景气"，制造业中的重化工业比重不断提高，环境污染问题从局部矿区迅速蔓延至城市。在东京、大阪等人口密集的大城市，不仅官营纺织厂、水泥厂和化工厂林立，中小规模的街道工场也随处可见。随着火力发电站的兴建和城市交通的发展，城市空气污染问题变得极其复杂且严峻。在当时被称为"烟雾之都"的大阪，1925 年一年降落的煤尘量就有 493 吨[1]，其受害程度远超真正的"雾都"伦敦。1888 年，大阪府率先颁布了《煤烟管理令》。1890 年，明治政府发布了要求涉事工厂停产的《矿业条例》，之后又出台了更为严格的《工场法》和《土地收容法》[2] 以图缓解产业公害。在保护自然环境方面，1898 年，日本制定了保护森林资源的《森林法》。1919 年，日本又推出《狩猎法》保护鸟类。1920 年，指导城市绿化、防止工厂过度扩张的《都市计划法》出台。1932 年，日本颁布《国立公园法》，建立了国家公园制度。战争爆发后，这些最初的环境治理方面的法律与政令陷入停滞状态。

（二）战后日本环境治理模式的转变与环境行政机构的成立

第二次世界大战后，以煤炭为主要能源的现代化工业复兴。抗美援朝战争带来的"特需景气"使日本成为了美军的后勤基地，军工企业的发展使工厂公害快速蔓延。东京都政府率先推出了三个公害治理条例，分别为《工厂公害防治条例》（1949 年）、《噪声防治条例》（1954 年）和《煤烟防治条例》（1955 年）。随后，神奈川县（1951 年）、大阪府（1954 年）和福冈县（1955 年）等都推出了防治公害的地方性条

---

[1] 傅喆、寺西俊一：《日本大气污染问题的演变及其教训——对固定污染发生源的历史省察》，《学术研究》2010 年第 6 期，第 105—114 页。

[2] 任勇：《日本环境管理与产业防治》，中国环境科学出版社 2000 年版，第 93 页。

例①。这些条例虽不属于法律也并不完善，却为战后日本环境治理的全国性立法奠定了基础。1955 年，日本重工业占工业生产额的比率为 44.7%，占出口额的比率为 33.7%。迈入高速经济成长期的日本，选择忽视环境保护换取重工业的飞跃发展和出口振兴。如同战前一样，工业结构的急速重工业化在为战后经济复兴做出巨大贡献的同时，也使日本付出了沉重的代价。尽管地方政府率先垂范，但缺乏将其贯彻执行的决心和行政能力。

在经济高速增长初期，工业布局等国土利用的变化导致污染源集中，日本接连出现了一系列严重的环境污染事件。1954 年，四日市二氧化硫污染出现了第一例哮喘病人。但 1955 年该市却成为日本最早进行沿海联合企业型开发的区域，各工厂陆续开工投产。1956 年甲基汞中毒造成的水俣病和 1957 年的铅锌矿废水引起的"痛痛病"不断蔓延到其他城市。1958 年，濑户内海因工业废水严重污染，东京都政府避重就轻的态度激怒了受害民众。800 名浦安市渔民冲进江户川造纸厂，与维稳警队发生了激烈冲突，伤亡惨重。同年，面对社会舆论的重压，日本内阁出台了《公共区域水质保护法》和《工厂排放废水限制法》。这两部全国性法律统称为《水质污染防治法》。

20 世纪 60 年代，稳定的政治环境与美国作为霸权国家对日本的"保护"使日本沉浸在国家经济腾飞的喜悦中。经济繁荣的背后，国内公害问题愈演愈烈。社会层面对水俣病和四日市哮喘的强烈反弹终于上升至国家政策层面。1962 年日本政府制定《煤烟限制法》，这是战后第一部针对大气污染防治对策的法律。该法虽然加强了地方政府治理大气污染的行政权力，但适用对象只有受煤烟污染最严重或煤烟设施最多的"对象地域"，在煤烟排放标准等方面也带有浓厚的"经济优先"色彩。同年，日本公布了"分散到地方、据点式布局模式"的"全国综合开发计划"。1963 年根据《新工业城市建设促进法》《工业发展特别地域

---

① 瞿晓华：《日本以社会治理推动环境治理的启示》，《社会治理》2016 年第 2 期，第 142—149 页。

发展促进法》，指定了 13 个新工业城市和 6 个工业开发特区。因此，污染发生源被集中布置在沿海工业地带内，成为产生严重污染的原因之一。

1963 年之前，日本的环境行政制度还未起步，处理公害纠纷和保护自然环境的各项工作分散在各省厅中。1963 年，日本内阁设置"公害对策推进联络协议会"（后更名为"公害对策本部"），以协调各省厅的环境治理工作，同时着手制定防治公害、保护环境的基本法律。坚持"经济发展是最大政治正确"的日本经济界为确保国家层面的立法精神不成为企业逐利的绊脚石，提出了著名的经济"调和论"，即"公害对策也不应无视产业振兴"。[1] 日本经团联还联合通产省、经济企划厅等部门向负责制定"公害对策基本法试行纲要"的厚生省同时施压。1967 年，经过多方博弈、多次修改和多环节审议，《环境污染控制基本法》和《公害对策基本法》正式出台。《公害对策基本法》中明确规定："国家有责任保护国民健康和保全生活环境，有责任制定防治公害的基本对策和综合措施，并确保其付诸实行。"但是，在经济界的大力"调和"下，只字不提至关重要的事前环境评价与预防机制；附加的"有必要协调经济健康发展"的条款也给产业界留足了政策空间。但这部法律仍然标志着战后日本环境治理工作的正式起步。

20 世纪 60 年代后半期至 1973 年第一次石油危机，日本已经实现了赶超西欧的目标，取得了令世界瞩目的经济成果。但《公害对策基本法》推出后，由大气污染、水质污染、噪声污染引起的恶性环保事件依旧频频发生。特别是随着石油的普及，空气中的主要污染物已从煤烟变为硫化物，汽车尾气也成为许多城市空气污染的主要原因。鉴于《煤烟限制法》推出后治理效果不佳，改善大气污染综合对策迫在眉睫。1968 年，日本政府制定了更为严格的《大气污染防治法》，废除了《煤烟限制法》。新法仍未能摆脱"经济调和论"的影响，仍然遵循"先污染，后治理"的旧有模式。这一时期正值"四大公害"（水俣病、第二水俣

---

[1] 宫本宪一、『戦後日本公害史論』、岩波書店 2014 年版、第 135 頁。

病、"痛痛病"和四日市哮喘)诉讼"斗争"期。

1968年，日本厚生省终于认定三井金属矿业株式会社是"痛痛病"的肇事者。此后，政府发表统一见解，明确水俣病和四日市哮喘均由产业公害造成。与地方城市和农村地区不同，随着市民运动兴起，大都市圈中"公害零容忍""废除经济调和条款"的势力逐步壮大，也能为地方议员赢得许多选票。这使得自治体政府倒逼中央政府，革新环境行政、推动修法成为可能。1969年，东京都公布《东京都公害防治条例》，废除了基本法中备受争议的"经济调和"条款，还赋予东京都知事以断水等强制手段惩治肇事企业的行政权力。《东京都公害防治条例》在日本环境行政史上占有重要位置，它的出台迫使中央政府加快了环境治理法律体系的建立和完善。从国际方面来看，1970年3月，27个国家参加了联合国人类环境会议第一届筹备委员会，英国与美国宣布将于1970年11月至12月成立环境部和环保局。在国内外双重压力推动下，1970年7月，日本内阁成立公害对策本部，由首相佐藤荣作与总务大臣山中贞则担任本部长与副本部长，并从相关省厅借调人员为环境法体系制定相关法律。1970年12月，日本召开第64届临时国会，以《东京都公害防治条例》为标准，修改了《公害对策基本法》，放弃"经济优先"原则：明确了立法的根本目的是为了保护"国民的身体健康和良好的生活环境"，而不是保护"经济的健康发展"。此次国会同时修改、制定了14部环境保护相关法律。被修改的法律有《公害对策基本法》《大气污染防治法》《水质污浊防治法》《噪声防治条例》和《废弃物处理法》等；新制定的法律有《水质污浊防治法》《海洋污染防治法》《关于废弃物处理和清扫的法律》《公害防治事业费事业者负担法》和《公害纠纷处理法》等①。"公害国会"是日本政府环境治理政策的重要转折点，它使防治公害、保护环境跃升为日本政治、经济社会最重要的政策课题之一，同时标志着战后日本的环境治理工作正式步入法治轨道。

---

① 刘昌黎：《90年代日本环境保护浅析》，《日本学刊》2002年第1期，第79—92页。

1971年7月,根据《环境厅设置法》(1971年5月出台),日本环境厅正式成立,最初有5个局,并在内部设立国立公害研究所。环境厅不仅负责公害治理,还掌握综合环保行政权和执法权。1972年,日本出台了《自然环境保护法》。之后,四日市哮喘、熊本县水俣病受害者的全面胜诉以及巨额赔偿,终于唤起经济界要求明确企业责任、建立赔偿制度的主动性。1972年和1973年,日本企业对环保设备的投资达到了顶峰。在经济界的配合下,日本政府分别推出了《无过失赔偿责任法》和世界首部《公害健康被害补偿法》。后者基于"污染者负担"的原则,规定制造污染的企业除了救济赔偿受害者外,还必须出资进行绿化带建设、地下水净化等"公害健康福利事业",恢复并提高受害地区的生态环境。此后,"污染者负担"原则成为日本环境治理中重要的基本原则,被写入1993年颁布的《环境基本法》中。

　　环境厅建厅后,在中央、地方政府、企业和民众的较量博弈中,积极探索"促发展,严治理"的环境治理模式。20世纪70年代的两次石油危机导致原油价格飙升,环境厅以此为契机开始推动节能环保政策。1979年,日本颁布《能源使用合理化法》。20世纪80年代起,随着公害治理体系的完善及节能政策的进展,公害治理效果逐渐显现,以四日市为例,随着硫氧化物为主的污染物排放迅速减少,1981年四日市公害疾病发病率已下降到自然发病率的水平。特别是日本单位国内生产总值的污染排放量已下降至发达国家中的最低水平。不过,日本又出现了新技术污染、化学物质污染等"新公害"问题。普通人日常生活引发的生活型环境问题也日益严峻。20世纪80年代末,臭氧层的破坏、酸雨、气候变暖成为全球共同课题。日企在发展中国家乱砍乱伐的行为与其国内卓有成效的大气治理效果形成了鲜明对比,遭到国际社会强烈谴责。环境厅将负责生活及产业垃圾的环境事业局与公害对策局合并,成立了环境保护局。这一时期产业公害也基本得到解决,生活污染、城市化问题及全球环境问题成为其环境保护的重要议题。

　　20世纪90年代开始,经济发展导致消费主义盛行。一次性产品和塑料制品使生活垃圾大量增加,而焚烧垃圾产生的废气对环境产生了极大的破坏。这一时期，兼顾保护环境的"可持续性发展"理念已成为国际社会的共识。日本的环境治理模式向"控源—循环利用—发展"转变。1991年，日本政府制定了《资源有效利用促进法》。1994年，为进一步强化环境治理，日本出台了《环境基本法》。这部基本法试图从根本上解释环境与人类的关系，分析环境的负荷能力以及人类活动对环境的影响。与针对"公害"的《公害对策基本法》相比，《环境基本法》增加了"环境负荷"的概念以及"保护地球环境为人类作贡献"的理想，综合公害对策、废弃物处理与再利用、自然生态环境保护以及全球环境对策等，确立了日本环境治理的三大基本理念：一是保护自然环境，继承并延续自然遗产；二是努力减轻人类活动对环境的负面影响，构建可持续性发展社会；三是保护地球环境。根据《环境基本法》，同年日本政府制定了第一次《环境基本计划》，进一步提出环境治理的四个具体目标：一是以最小环境资源为代价，循环利用资源，构筑循环型社会体系；二是实现人与自然长期和谐共存；三是国家、企业和公民在公平原则下共同参加环保工作；四是积极推进国际合作。

《环境基本法》出台后，日本环境治理的整体效果开始受到各界瞩目。一方面，大气污染物排放量显著减少。1995年以来，日本主要温室效应气体排放总量已经得到有效控制。以10年后的2005年作为参照，2005年的温室效应气体排放量只比1995年增加了0.9%，且甲烷、二氧化氮、氟利昂等的排放量都显著减少。大气中二氧化氮、二氧化硫、一氧化碳和颗粒悬浮物等污染物含量都明显降低，其中，一氧化碳达标率在1995年就达到了100%，二氧化氮、二氧化硫和颗粒悬浮物的达标率在2005年度也分别达到了99.9%、99.7%和96.4%。另一方面，随着工矿业生产排水中的水银、镉、多氯联苯等有害物质的排放量迅速减少到环保标准以下，除海域的水质有所下降外，河流和湖泊的水质都有明显提高。例如，1995—2004年，公共水域平均的环境标准达标率由72.1%提高到85.2%，其中，河流由72.3%提高到89.8%，湖泊由 39.5% 提高到 50.9%，海域由 78.6% 下降到 75.5%。[1]

1998 年，日本环境厅基于环境治理在经济发展中的重要性，在《环境白皮书》中提出了"环境立国"的战略构想，并将建立"循环型社会"作为政策重点。所谓"循环型社会"是以资源利用最大化和污染排放最小化为目标，将生态平衡与可持续性经济发展融为一体的经济、社会运行模式。2000 年，日本国会通过了《推进循环型社会基本法》，以法律的形式明确了国家、企业和普通民众控制对天然资源的消费，减少环境负荷的责任和义务。该法提出了建设循环型社会的"3R"基本原则：减少（Reduce，从社会物质流动入口上减少对资源的索取）、循环（Reuse，从物质循环过程中提高资源循环利用）和再利用（Recycle，从物质流动出口上提高废弃物的回收利用）。这届国会因而得名"环保国会"，2000 年也成为"循环社会元年"，21 世纪也被定为日本的"环境世纪"。

随着环境治理工作广度和深度的增加，在日本国家机关行政改革中，环境厅于 2001 年 1 月升级为环境省。日本开始将环境治理上升到国家战略的新高度，向世界先进"环境大国"的战略目标迈进。2004 年，小泉纯一郎在海岛峰会上提出的"3R"倡议得到与会国首脑赞同。之后，日本东京举办了第一届"3R 倡议部长级会议"，发表"旨在全球推进以 3R 建设循环型社会的日本行动计划"（"零垃圾国际行动计划"）。日本政府希望通过该计划在全球环境治理中发挥主导作用。2005 年，日本环境省在中央环境审议会（环境大臣的咨询机构）设立了"21 世纪环境立国战略特别部会"，负责讨论地球环境的现状，研究并制定日本的环境立国战略。

2007 年，日本内阁公布了《21 世纪环境立国战略》（以下简称《环境立国战略》），目标是：创造性地建设可持续发展社会，即建设一个"低碳社会""循环型社会"和"与自然共生的社会"，同时形成向世界传播的"日本模式"，为世界做贡献。这个"日本模式"具体内容

---

[1] 「環境統計」、環境省、http//www.env.go.jp/toukei/data.html。

为：一是在防止地球温暖化方面发挥国际带头作用；二是依靠创新环保技术建设"低碳社会"；三是建立国际环保制度"3R"原则；四是落实《京都议定书》的国民运动，实现《京都议定书》减排目标，并向国际社会提出新建议，为建立国际环保制度做贡献。由此，日本环境治理正式推向更高层次的发展阶段。

2008年日本又出台了《生物多样性基本法》。2013年12月，日本修改了《水质污染法》，长期监测水中放射性物质的污染情况。以该法为基础，2014年，日本国内47个都道府县101个监测点开始监测公共用水、地下水。《水循环基本法》于2015年7月正式实施。《水循环基本法》规定：河流、供水系统、下水道、农业用水等水资源受日本国土交通省和厚生劳动省等七个政府机构共同管理，改变了以往以首相牵头的"水循环政策本部"为中心进行规划管理的体制。此外，该法案将水资源定位为"国民共有的宝贵财产"，同时要求将法律上没有做规制的地下水也纳入国家和自治体的管理范围。至此，日本环境治理的法律法规体系趋向完善。

(三) 日本环境治理的历史经验和教训

从《公害对策基本法》到《环境基本法》，从公害对策本部到环境省，日本的环境治理经历了"公害大国—防治公害—节能减排—循环经济—环境大国"的变迁，逐渐走出了经济发展与环境保护之间的"零和困境"，成为目前世界上环境治理体系最完备、资源循环利用率最高的国家之一。

首先，"先污染，后治理"的经济代价是巨大的，"后治理"造成的破坏和损失有很多无法弥补和逆转。国家在发展经济的过程中致力于环境保护，仅从资本积累单方面效应来看，可能会增加许多发展成本。但从促进环保产业、技术革新及提高就业率、扩大社会需求等效应来看，致力于环境保护有利于国民经济的增长。作为决策者必须保持清醒认识，处理好环境与经济发展的关系，切实将环境保护纳入社会经济发展的议程中。

其次，解决经济发展与环境保护之间的"矛盾"，单纯依靠政府威权和企业"良心"是行不通的。"日本案例"展示了中央政府的领导力、地方政府的行为、党派愿景、民间力量与利益团体之间的复杂博弈。日本运用法律资源，通过立法使政府、企业和普通民众都成为环境保护的主体，确立了他们在环境治理过程中的责任和作用，逐渐形成"中央协调，地方为主，企业自主，社会参与，市场激励"的治理模式。"日本案例"也表明，地方政府而不是中央政府的行为也能起到主导作用。

再次，在环境治理特别是防治产业公害的过程中，成本最低也最为有效的是"源头控制"措施。日本通过产业结构升级、产业技术革新、能源结构转换、节能、燃料低硫化及燃料脱硫等源头措施对减少排放的贡献率达70%以上，而且，产业结构升级和节能等经济增长方式和技术上的进步对污染控制的作用愈来愈显著。所以，改变经济增长方式，抛弃大量消耗、大量生产、大量废弃的发展模式是解决许多环境污染问题的根本出路。

最后，虽然"环境立国"在日本已经上升为国家战略的高度，但环境与经济综合决策的关键还是要通过完善的环境治理体系落实到具体部门的政策实践中，才能达到"环境"与"经济"双赢的效果。

二、日本环境治理体系

（一）环境治理的行政机构

环境省的成立标志着日本"一元化"环境治理体系的确立。日本环境省的具体职责可概括为四个方面。一是负责日本环境政策的立案和推动环境相关立法。二是环境行政：制定公害治理政策；保护生物多样性及维护国家公园；制定并推动废弃物处理对策等。三是协调其他省厅进行综合环境治理，制定综合环境政策；加强国际合作以及在气候变化等国际谈判中发挥积极作用。四是环境执法：对于增加环境负荷的机构和行为通过劝告、处罚等方式进行执法。

日本环境省组织结构分为内部部局、外局与附属设施、地方分局、独立行政法人、国立研究开发法人、下属企业、特别机关和审议会八类。其中，内部部局包括大臣官房（内设环境保健部）、综合环境政策统括官（局）、地球环境局、水·大气环境局、自然环境局、环境再生·资源循环局。外局与附属设施有：环境调查研修所和国立水俣病综合研究中心。独立行政法人是指环境再生保全机构，而国立研究开发法人是国立环境研究所。特别机关则指公害对策会议。中间储藏·环境安全事业株式会社是环境省的下属企业。审议会现在共有五个，分别是中央环境审议会议、公害健康被害补偿不服审查会、临时水俣病认定审查会、有明海·八代海综合调查评价委员会和环境省国立研究开发法人审议会。2005 年 10 月，为及时把握全国各地环境现状，环境省设立了 7 个地方分局（地方环境事务所），主要负责加强国家和地方在环境行政方面的互动关系。截至 2022 年已增至 8 个，分别为北海道、东北、福岛、关东、中部、近畿、四国/中国及九州环境事务所。另外，日本国土交通省、经济产业省、厚生劳动省、农林水产省、外务省等中央政府机构也监管部分环境职能，相应设立了专门负责环境问题的部门。这些省厅与环境省协调，形成了以环境省为核心的全国性、一元化、多层次环境治理政府结构。①

无论是战前还是战后，日本地方政府的环境治理工作先于中央政府，对国家层面环境政策的形成与治理体系建设发挥了重要的推动作用。战后日本实行地方自治，而法律也赋予地方制定的环境标准严于中央的权力。在环境治理制度的创新方面，地方政府也走到了国家前面。日本地方政府下设的环境治理部门没有统一的名称，一般与生活保健部门合并为生活环境部，也有单设环境部（局），再下设环境政策课、自然保护课、大气保全课等部门。地方环境部（局）只对当地政府负责，不对接环境省。其主要职责是地方环境质量监测、制定地方环境治理目

---

① 「環境省の組織」、環境省、https：//www.env.go.jp/annai/soshiki/bukyoku.html。

标和对策、指导污染源防治工作及开发环保新技术等。地方政府还根据本地实际情况设置环境相关审议会，如环境审议会、公害审查会、自然环境保护审议会、环境影响评价审议会等，并请专家和利益相关方参与政策讨论。这些审议会相当于政府的智囊机构，专家及成员们的意见是政府决策时的重要参考。另外，这些审议会还以公开听政会的形式，广泛收集民意。日本地方政府一般设有环境科学研究中心等研究单位，为地方环境治理提供技术支持。这些环境科研单位预算全部来自地方财政，为各地环境研究工作提供了保障。

（二）环境治理的法律体系

日本共出台了100多项环境保护相关的法律和法规，新的法律还在不断出台，基本形成了较完善的环境治理法律体系。该体系可以分为宪法、环境法律和环境命令三大类。环境法律包括基本法（如《公害对策基本法》《环境基本法》等）、单项法（即以《……法》的形式出现，如《大气污染防治法》）和特别法（即以《关于……的法律》，如《关于海洋生物保护及管理的法律》）；也可以分为基本法、专业法（包括单项法和特别法）、综合法（如《工厂废物控制法》《资源有效利用促进法》等），以及不属于环境法律却与其密切相关的法律（如《公害健康损害赔偿法》《居住生活基本法》等）。环保命令通常以政令或省、厅令的形式发布，所以在梳理环境治理体系时一般不将其纳入其中。关于日本环境治理法的划分，在学界有不同的划分方法。本书选择的分类方式如图所示。

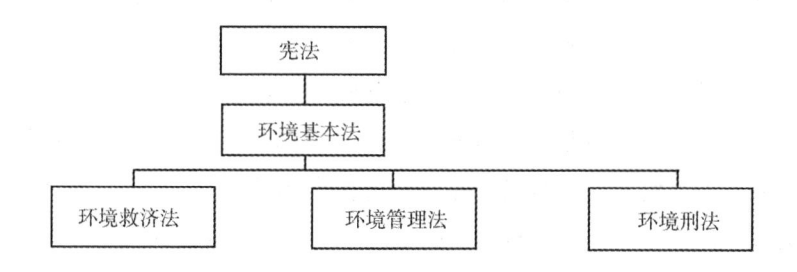

图 6-1　日本环境法律分类

如前文所述，《环境基本法》是规定日本国家环境治理大政方针、原则、目标等基本事项的法律。从环境治理角度看，《环境基本法》实现了从单一目标的环境行政向系统化目标的环境法治的转变，从统一污染控制、资源开发、生态保护三方面工作的角度，规划了政府工作的方向与原则。《环境基本法》还明确要求"政府为综合有计划地推进有关环保的施政策略，必须制订有关环境保护的基本计划"，且这一计划应该是"综合性长期施政策略大纲"。据此，1994年出台的《第一个环境基本计划》开启了日本为环境治理综合施政的长期过程，约每5—6年修订一次，类似于中国的五年计划。2022年已经进行到《第五个环境基本计划》（2018年出台）。该计划规定了六大重点工作方向及相应的具体量化目标，将日本整体的发展愿景定为：以可持续的方式使用资源，将经济社会造成的影响控制在地球环境负荷限度内，确保人人享有健康安全的生活，同时保障生态环境系统。

在《环境基本法》的基础上，向下又形成了层次分明、系统严谨的环境法律体系。环境救济法是对被害者（物）进行救济、补偿以及政府处理被害纠纷的法律。关于无过失责任规定的民事特别法及民法、民事诉讼法等一般法也包括在内。环境管理法是环境行政机构行使权力防治破坏环境的行为，维持良好环境状态的法律。这部分的法律在环境法律体系中所占比重最高也最为具体和重要。环境管理法进而分为：环境规制法、环境评估法、环境保全法、费用负担·资助法。其中，环境规制法对防治大气污染、水质污染、土壤污染、噪声、振动、底盘下沉、恶臭七种公害给出了明确的法律规定，例如公害规制、废弃物回收利用相关规制、土地利用相关规制、能源相关规制、化学物质相关规制等。环境评估法是土地开发、变更用途和兴建建筑物时，预先评估环境影响的法律，如《环境影响评价法》等。环境保全法是指为保护优美的自然环境，将特定地区指定为"环境保全地域"。控制这些地区的土地开发、限制土地所有者权限等的法律。费用负担及资助法即针对污染方如何承担赔偿和复原费用、地方政府涉及环境治理的财政措施及向企业的环保措施进行资助而制定的法律。日本费用负担遵循的原则是"污染者负担原则"。例如，为确保企业生产行为符合法律的要求，提高企业恶意污染环境的成本，日本政府在《大气污染防止法》和《水质污浊防止法》中，引进了民法中的"无过错责任制度"的损害赔偿责任，即"由于大气污染和水质污浊导致居民健康受到损害的，无论其有无过错，均认定污染物质排放方承担赔偿责任"。

从实践来看，"无过失责任"是对企业损害生态环境处罚条例中最具有威慑力的，在审判公害受害者起诉污染企业的诉讼案件中，均是原告胜出。在《公害健康补偿法》推出后，通过向污染企业强制征收污染费，为污染受害者提供损害补偿费用，日本利用行政补偿手段落实了"污染者负担"原则。最后，环境刑法是指对产生公害、破坏环境的行为做出处罚的法律，如《关于健康的公害犯罪处罚法》等。

在日本环境治理法律体系中，每个层级又由针对性很强的单项法和特别法构成，这些法律为切实解决生产生活、社会行为中各种污染问题提供了明确的条文依据。以促进循环经济的法律法规为例，也包含三个层次。第一层次是基本法，即《推进形成循环型社会基本法》；第二层次是两部综合法，《废弃物处理法》和《资源有效利用促进法》；第三个层次是关于具体废弃物循环利用的单项法，包括《容器和包装物循环利用法》《家电循环利用法》《建筑材料循环利用法》《食品循环利用法》《汽车循环利用法》《聚苯乙烯等废弃物处理特别措施法》和《特定产业废弃物特别措施法》等。其中，2001年推出的《绿色采购法》是政府支持循环社会发展的政策性法规，也是对政府自身行为的约束，其规定国家机关等公共部门必须全面实施绿色采购。从法律执行方面来看，这些法律法规具体清晰，特别是涉及处理环境纠纷、损害赔偿、事业费开支等的程序性规定具有很强的操作性。另外，在注重法律层级化的同时，日本也十分注重体系的完备性。不同层级的法律又都以基本法为基础。涉及类似问题时，具体规定都是一致的。这有助于法律、法令的统一与贯彻，使其在被尊重、遵守的过程中不断强化基本法的精神，贯彻基本法的原则。

三、日本的气候变化政策

自20世纪90年代开始,在全球化快速发展的背景下,气候和环境问题一直高居国际政治议题的前列,不仅成为国际交流合作的重要内容,也经常变成国际政治斗争的导火索。各国经常在环境责任与义务的分配承担、污染转嫁问题上产生激烈的矛盾。随着全球气候变暖危机日益加深,气候治理主导权的争夺已成为大国博弈的重要领域。作为曾经举世闻名的"公害大国",日本在国内环境治理渐显成效后,开始较早地关注地球气候与环境问题。多年政策扶植也使日本企业在节能减排、资源循环利用等领域拥有较高的技术优势和国际竞争力。日本是最早开展环境外交的国家,一直将气候变化事务视为其提升国际影响力的重要途径。

(一)日本参与全球气候治理的实践与态度的摇摆

20世纪80年代,日本试图在国际社会谋求与其"经济大国"地位相称的政治地位。前文有所提及,这一时期日本的环境治理已经取得显著成效。由"公害大国"涅槃重生为"环保大国"的"日本故事"成为日本在国际舞台上打造"大国形象"的宣传工具。1984年,日本政府成立了"世界环境与发展委员会"。1988年,联合国环境规划署(UNEP)和世界气象组织(WMO)联合发起成立了政府间气候变化专门委员会(IPCC),负责全球气候变化应对措施和政策。为紧跟国际步伐抢占先机,1989年,日本在东京召开"地球环境会议"。同时设立"保护地球环境阁僚会议(部长会议)",任命环境厅长兼任地球环境问题担当大臣,开始建立应对气候变化的国内体制。日本外务省也在同年发表的《外交蓝皮书》中,首次将"应对环境等全球性问题"作为日本外交的新课题,正式纳入日本对外战略框架之内。

1990年,联合国发起《联合国气候变化框架公约》谈判,国际气候谈判正式拉开序幕。该谈判使日本看到了利用气候议题提升自身国际影响力的机会。尽管当时日本应对气候变化的法律只有1979年制定的《能源使用合理化法》（"节能法"）。该法在控制二氧化碳方面确实卓有成效，但并未覆盖其他温室效应气体减排及新能源普及推广等方面。但这并不影响日本政府积极投身国际环境事务的热情，于1990年迅速制订出"防止全球变暖行动计划"[①]。1992年6月在巴西里约热内卢举行的联合国环境与发展大会（地球首脑会议）通过了《联合国气候变化框架公约》（UNFCCC，以下简称《公约》），确定了未来国际社会在应对全球气候变化问题上进行国际合作的基本框架。日本在《公约》上署名，并向与会国首脑展示出其雄厚的经济实力和致力于地球环境保护的决心：不仅承诺限制有害气体排放，还宣布五年内为环保事业提供远超欧美的1万亿日元援助。日本为《公约》的生效做出了贡献，也为自己赢得了国际声誉。1997年，在日本政府的推动下，第三次《公约》缔约方大会（COP3）通过了《京都议定书》，成为首个明确规定发达国家减排目标和义务的国际协议。日本签署议定书后，加强了国内气候变化相关法制建设，1998年日本政府出台《地球温暖化对策推进法》（"温对法"）等应对气候变化的配套新法。《京都议定书》（于2005年生效）是为数不多的以日本城市命名的国际协议，日本政府将《京都议定书》的生效视为检验日本环境外交成败的试金石，在推动议定书生效的过程中发挥了重要作用。但气候谈判事关国家利益，2001年作为盟友的美、澳先后背离日本，宣布退出《京都议定书》。日本政府顶住社会压力于2002年批准了议定书，并联合欧盟积极斡旋，最终使《京都议定书》达成了生效条件。[②]

后《京都议定书》时代，日本的态度开始发生明显的摇摆，即虽然仍旧重视在全球气候治理中发挥影响力，但明显更加希望摆脱减排义务对自身经济发展的束缚。《京都议定书》生效后，一贯"清醒"的日

[①] ［日］染野宪治：《日本实现2050年脱碳社会的政策动向》，《世界环境》2021年第1期，第42—46页。

[②] ［日］宫笠俐：《日本在国际气候谈判中的立场转变及原因分析》，《当代亚太》2012年第1期，第140—157页。

本经济界以日本人均排放量明显低于其他工业化国家为由，批评《京都议定书》对日本过于严苛。日本政府也意识到设定6%减排目标的理想过于丰满，应主导建设一个新的框架，制定出更"偏向"于日本的规则。在2007年的八国峰会上，时任首相安倍晋三提出了"美丽星球50"构想，在倡议"实现到2050年世界温室气体排放量较当前减少50%"的长期目标的同时，声称《京都议定书》存在一定的局限性，世界需要一个更加灵活的行动框架，让每一个国家都加入到世界温室气体减排的行动中来，并确保"保护环境与经济发展不发生冲突"。[1] 时隔多年，这份构想又现出"经济调和论"的影子，只不过这次"调和"的对象已不是日本。2008年，首相福田康夫发表有关应对气候变化的"福田愿景"，提出2050年较2008年减排60%—80%的新目标。同年，日本主办了八国"洞爷湖峰会"，将应对全球变暖作为重点议题。2009年，日本实现"政权更替"，新任首相鸠山由纪夫宣布2020年较1990年减排25%，大幅提升了日本的减排目标。

然而，2011年的东日本大地震使日本政府应对气候变化的态度发生了巨大转变：日本在全球气候治理中开始采取保守甚至后退的立场。国内方面，日本政府在2011年制定了《电气企业购买可再生能源电力的特别措施法》，引进了固定价格收购制度。但是在2011年底的德班世界气候大会上，日本却宣布不参加《京都议定书》第二承诺期（2012年启动）。2012年10月，日本又引进了"碳税"制度，在原有煤炭石油税的基础上设置全球变暖对策的特例，以所有化石燃料为对象，按照二氧化碳的排放量追加相应税率的税金，征收的税金用于能源使用排放的二氧化碳减排对策。同年年底，重新就任首相的安倍晋三提出修订"鸠山目标"，并于2013年11月向《联合国气候变化框架公约》事务局提交了新的减排目标，即2020年较2005年减排3.8%。该目标相当于比1990年增加3%，意味着日本明确表示要在《京都议定书》第二

---

[1]「美しい星へのいざない」、首相官邸、https：//www.kantei.go.jp/jp/singi/ondanka/2007/0524inv/siryou2.pdf。

承诺期内增加温室气体的排放量。

2015年，日本向《联合国气候变化框架公约》事务局提交"国家自主贡献目标"，计划2030年较2013年减排26%，在发达经济体中属于较低水平。2015年第21届联合国气候变化大会通过了《巴黎协定》，但日本在其生效后才批准，一度遭遇国际社会的批评。2020年3月，日本决定将"国家自主贡献目标"维持现有水平，再次遭到国际舆论批评。2020年9月，菅义伟就任后又将应对气候变化提升到国家战略高度予以重视。10月，菅义伟宣布到2050年日本将实现"碳中和"，2021年4月又宣布2030年较2013年将实现减排46%的中期目标。2021年10月，日本新任首相岸田文雄明确表示，将继承菅义伟的减排承诺，继续推动2030年和2050年减排目标的实现。

（二）日本气候政策的特点

日本的中期目标是"温室气体的排放量到2030年度削减26%（比2013年度）"，长期目标是"温室气体的排放量到2050年削减80%（无基准年）"和"在21世纪后半期的早些时间，尽可能在2050年左右实现脱碳社会"。在宣布碳中和以及2030年中期目标后，日本政府迅速采取行动，相继制定了"绿色增长战略"。2015年3月，环境省中央环境审议会公布了《气候变动对日本的影响评价报告书以及今后的课题》。该报告参考了500余篇预测气候变化影响结果的文献，将其分为7个领域、30个大项目及56个项目，分别标注了重大性、紧迫性及可信度，明确了气候变暖对日本造成的影响。其中，对于日本来说，最重大、最紧迫和可信度最高的"三高"项目共9项，包括水稻、果树、病虫害、杂草、洪水、满潮以及中暑等。日本今后会重点围绕这9个项目，制定相关"适应对策"。2016年5月，日本修订《全球变暖对策推进法》，增补了全球变暖对策计划的相关事项，内阁会议批准了全球变暖对策计划。2018年，日本又制定了《气候变化适应法》，规定要编制气候变化适应计划，并在国立环境研究所内设立气候变化适应中心等。此外，还制定了《建筑物节能与低碳城市建设推进法》、保护二氧化碳吸收源的《森林经营管理法》，并创建了森林环境税、森林环境赠与税等，试图多措并举推动目标实现。2019年，日本政府制定了"基于《巴黎协定》的长期增长战略"，明确提出日本要在21世纪后半期实现"脱碳素社会"，在2050年实现温室气体排放下降80%。[1] 日本政府在2021年6月公布"面向2050年碳中和的绿色增长战略"，给出了日本实现经济绿色转型的总路线图和具体的方针政策。[2] 目前，日本国内气候变化政策主要有以下特点。

第一，重视能源安全，以能源结构转型为重心。能源领域是日本温室气体的主要排放领域，减少能源领域的温室气体排放是实现减排目标的关键。2021年8月，日本政府公布"地球温暖化对策计划"修正案，明确提出力争到2030年使来自能源的二氧化碳排放量较2013年减少45%至约6.8亿吨；10月，日本政府公布"第六期能源基本计划"。为此，日本政府分领域制定了细致的目标：一方面，大幅提升电力部门中"零排放电源"的占比；另一方面，加速推动非电力部门"电动化转型"并强化节能。

第二，大力研发新技术加速产业结构调整。日本政府在能源、运输和制造、家庭和办公三大领域划定了14个"去碳化"重点发展产业，即海上风电、燃料氨、氢能、核电；汽车及蓄电池、半导体及信息通信、造船、物流交通及基建、食品及农林水产、航空、碳回收；建筑及太阳能、资源循环利用、生活方式相关产业。[3] 例如，在推动清洁能源产业方面，重点发展海上风电项目，通过技术创新和财政补贴降低发电成本；将氢能作为实现碳中和的"关键技术"；在汽车产业方面大规模全方位推动"电动化"；此外，还有加速碳捕集、利用与封存技术实用化等。

---

[1] 「パリ協定に基づく成長戦略としての長期戦略」、首相官邸、https://www.kantei.go.jp/jp/singi/ondanka/kaisai/dai40/pdf/senryaku.pdf。
[2] 「2050年カーボンニュートラルに伴うグリーン成長戦略」、経済産業省、https://www.meti.go.jp/press/2020/12/20201225012/20201225012.html。
[3] 「2050年カーボンニュートラルに伴うグリーン成長戦略」、経済産業省、https://www.meti.go.jp/press/2020/12/20201225012/20201225012.html。

第三，打造绿色金融体系。财政方面，日本政府设立2万亿日元"绿色创新基金"，支援企业研发脱碳技术。税制方面，企业投资去碳化特定项目可最多获得10%的减税。融资方面，日本央行出台资金供应新政，为致力于去碳化的企业提供贷款等优惠。企业方面上，日本出台了规范企业行为的"公司治理准则"，要求企业公开气候变化对业务的影响等。此外，日本正就开征碳税、碳边境税、构建全国碳交易市场等"碳定价"政策开展研判。

第四，推动地方政府建立"先行示范区"。2021年6月，日本制定"地区去碳化路线图"，力争年内从离岛、农山渔村、市区等选出至少100个地区作为2030年率先实现"碳中和"的示范区。目前，日本全国已有420个自治体宣布2050年前实现"碳中和"目标。日本将未来5年定为集中推进期，在先行示范区因地制宜推广太阳能、风能、地热等可再生能源利用并加大节能力度，力争实现家庭与商业设施的"净零排放"。

第七章　数字化转型

日本对数字经济的关注较早，首相官邸、经济产业省、总务省等部门很早就提出过一系列战略构想，对数字化转型也非常重视，企业、学界甚至在某些技术领域一度居于世界前沿。然而，纵观日本20余年的数字化转型历史，却是效果不佳。尤其是新冠肺炎疫情使得日本数字化转型落后的问题在社会各个层面暴露无遗，揭开了日本"数字化落后国家"的真面目。对此，菅义伟和岸田文雄政府相继采取措施，大力推动数字改革，打开了日本建设"数字国家"的新局面。不过，菅义伟仅执政一年便匆匆交出政权，岸田推动数字改革的热情不及前任，日本数字改革面临重重阻力，数字化转型的任务依然异常艰巨。

一、日本数字化转型的历史

日本的数字化转型经历了由"重基建"向"重利用"的转变，即从重视建设和普及高速宽带网、发展电子商务、电子政府等，逐步转向将数据视为资源，并在保护数据安全的前提下强调利用数据资源促进企业创新、改革社会发展模式、解决社会问题。其发展理念也从较保守变得较积极，即从偏重对个人隐私的保护，逐步转变为扩大对各种数据的获取和利用。日本开始数字化转型的时间并不晚，1995年日本政府就出台了《面向21世纪的日本经济结构改革思路》，倡导发展通信、信息技术产业。1999年和2001年日本政府分别对物联网和大数据展开实证研究，制定了缜密的数字化政策。2000年日本制定《高速信息通信网络社会形成基本法》（又称"IT基本法"），开始有意识地、系统性地推动全社会数字化转型。从制定"IT 基本法"算起，日本的数字化转型已历经 20 余年，大致可以分成四个阶段，即数字基础设施建设阶段、数字技术应用阶段、大数据应用阶段、数字社会建设阶段。① 需要指出的是，这四个阶段并非相互独立，只是各个时期的政策重点有所不同。例如，数字基础设施建设就并非只是停留在第一阶段，而是随着技术进步不断更新，贯穿了日本数字化转型的全过程。本部分将以时间顺序回顾日本数字化转型的历史，总结各阶段具有标志性的政策举措及其特点。

（一）数字基础设施建设阶段

这一阶段是日本数字化转型的起步阶段，大致自 2000 年到 2003 年。该时期，日本首次将应对"信息革命"（又称"IT 革命"）提升至国家战略高度予以重视，提出旨在推动 IT 产业发展和促进社会信息化转型的"e‐Japan"构想，并出台一系列政策举措，建立相关体制机制，重点推动宽带等网络基础设施的建设。

1. 制定《高速信息通信网络社会形成基本法》

《高速信息通信网络社会形成基本法》的制定和实施可以说是日本正式开启数字化转型尝试的起点和标志。20 世纪 90 年代，"IT 革命"浪潮席卷全球，在世界范围内引发产业结构、社会结构和大众生活方式的剧变。与此同时，日本则遭遇经济泡沫破灭重创，经济陷入长期萧条，国家进入被称为"失去的十年"的"至暗时刻"。为顺应"IT 革命"浪潮，汲取"IT 革命"红利，刺激经济增长，提升国际竞争力，日本于 1994 年在内阁中设立"高度信息通信社会推进本部"，负责统筹 IT 相关政策的制定和实施。2000 年 9 月，日本时任首相森喜朗在施政演说中正式提出"e‐Japan"构想，宣布实施"IT 立国"战略，并向国会提交"IT 基本法"，开始系统性地规划和建构促进日本 IT 产业发

---

① 四个阶段的划分参照了日本总务省 2021 年出版的《信息通信白皮书》相关内容，但笔者对第三阶段和第四阶段的起止时间略作调整。参照:「令和 3 年版情報通信白書」、総務省、2021 年 7 月、2ページ。

展和信息化转型的政策体系。同年，日本将"高度信息通信社会推进本部"改组为"信息通信技术战略本部"（又称"IT战略本部"），在内阁中新设"IT战略会议"，并首次制定了"IT基本战略"，提出将日本"建成世界最先进的IT国家"的目标。2000年11月，"IT基本法"经国会审议后通过，于2001年1月正式实施。该法后被多次修订，成为此后20余年间指导日本IT产业发展和推动社会信息化、数字化转型的基础性法律。

日本出台"IT基本法"的主要目的是希望在"IT革命"背景下，所有国民都能够利用因特网自由安全地在全世界范围获取、分享、发布信息和知识，从而激发各领域活力，推动社会的创新发展。该法的主要内容是规定有关构建"高度信息通信网络社会"的基本理念和重点政策方针，明确国家及地方政府职责。此外，该法还规定成立"高度信息通信网络社会推进战略本部"（2013年后改称"IT综合战略本部"），以对"信息通信技术战略本部"进行改组。"IT战略本部"由首相任本部长，国务大臣任副本部长（一般由IT政策担当大臣、内阁官房长官、总务大臣、经济产业大臣4人担任），本部成员则由其他所有国务大臣、内阁信息通信政策监以及其他由首相任命的专家构成。该法提出"全体国民共享IT技术成果""推动经济结构改革和强化产业国际竞争力""充实和丰富国民生活"等理念，一直传承至今。"IT战略本部"长期以来为日本主要领导和决策机构制定和实施IT政策发挥了重要作用。2021年9月，随着《构建数字社会基本法》实施，"IT基本法"被同时废止。"IT战略本部"因《数字厅设置法》生效，而被新设立的"数字社会推进会议"所取代。

2. 出台"e-Japan战略"

"e-Japan战略"的出台标志日本正式迈出了落实"e-Japan"构想、实施数字化转型的第一步。2001年1月，日本政府根据新实施的"IT基本法"在内阁设立"IT战略本部"。IT战略本部召开首次会议，出台"e-Japan战略"，成为日本IT领域，或者说数字领域的首个国家战略。"e-Japan战略"提出"5年内建成世界最先进的IT国家"这一宏伟目标，以建设数字信息基础设施为重点，以普及宽带为抓手，希望为日本IT产业的发展和社会的数字化转型奠定坚实的硬件基础。"e-Japan战略"划定四项重点政策领域，即"完善超高速网络基础设施及竞争政策""完善电子商务环境""实现电子政府"以及"强化人才培养"。此外，2001年3月日本政府又公布"e-Japan重点计划"，明确推进"e-Japan战略"的具体举措；6月制定"e-Japan 2002项目"作为次年的政策目标。

（二）数字技术应用阶段

这一阶段是日本数字化转型的加速阶段，大致自2003年到2013年。该时期，日本在数字基础设施建设取得明显进展的基础上，将政策重点转移至促进对数字技术或者说是信息通信技术的应用上，相继制定"e-Japan战略Ⅱ""u-Japan战略""i-Japan战略2015"等，不断更新和升级"e-Japan构想"。

1. 出台"e-Japan战略Ⅱ"

"e-Japan战略Ⅱ"的出台开启了日本对数字技术的应用时代。2003年，"e-Japan战略"提出的"3000万家庭接入高速网络、1000万家庭接入超高速网络"等目标提前完成，日本政府认为"IT战略的第一阶段目标即将实现"。[①] 在此背景下，IT战略本部于2003年7月公布新版IT战略，即"e-Japan战略Ⅱ"。该战略明确提出大力推动对IT技术的应用，发挥日本国内IT基础设施建设已初具规模的优势，积极改革社会和经济体系，打造适应21世纪的"新社会"，即"整体充满活力、民众安心生活、享受新的感动、前所未有的方便"的社会。为此，提出七大重点领域，即医疗、食品、生活、中小企业金融、教育、就业、行政，优先在上述领域导入和应用IT技术，并将成果向社会其他各领域拓展。

---

① 「令和3年版情報通信白書」、総務省、2021年7月、4ページ。

2. 制定"u‐Japan 战略"

"u‐Japan 战略"首次描绘了"无所不在的"网络社会新愿景。2004 年，日本主管信息通信产业的总务省提出"u‐Japan 战略"，用"u"（ubiquitous，无所不在的）取代"e"（electronic，电子的），旨在到 2010 年建设一个"任何时候、任何地方、任何方法、任何人"都能上网，并可以自由交换信息的"泛在网络社会"。"u‐Japan 战略"提出三大政策支柱，即网络基建方面，到 2010 年实现全体国民能够使用高速或超高速网络；信息通信技术的高效应用方面，到 2010 年实现 80% 的国民能利用信息与通信技术解决面临的课题；改善信息通信技术的使用环境方面，到 2010 年实现 80% 的国民能够放心利用信息与通信技术。可以说，与"e‐Japan 战略Ⅱ"相比，"u‐Japan 战略"不仅要实现信息技术更广范围的应用，而且要实现更深程度的应用。实际上，这两个战略也是并行推进的。

3. 出台"IT 新改革战略"

2006 年 1 月，IT 战略本部对实施"e‐Japan 战略"5 年来的成绩和不足进行总结，认为虽然日本在宽带建设、手机使用、改善电子商务环境等方面取得较大进展，但仍面临行政、医疗、教育等领域应用信息技术不充分，地域和年龄层存在较大的"信息鸿沟"，网络安全对策不完善，企业的数字化转型缓慢，IT 产业缺乏国际竞争力等诸多问题。为此，IT 战略本部出台"IT 新改革战略"，提出三大政策支柱：一是发挥 IT 对社会结构的改革力，利用 IT 解决既有的社会问题；二是进一步完善数字基础设施，迎接即将到来的"泛在网络社会"；三是向世界展示前两项政策的成果，为解决全球性课题做出贡献，并提升日本的国际竞争力。如果说"u‐Japan 战略"是侧重于从技术层面对建设"泛在网络社会"的一种预演，那么"IT 新改革战略"就是从国家整体角度对"泛在网络社会"建设的行动指南。①

---

① 李丹琳、马学礼：《日本 IT 立国战略的推进与成效分析》，《日本问题研究》2017 年第 2 期，第 3 页。

2008年6月，为了确保"IT新改革战略"目标的实现，以及提出2010年以后的政策目标，IT战略本部又制定了"IT政策路线图"。"IT政策路线图"的特点是更加突出"国民视角"，提出实现"以国民为本的一站式电子行政服务"目标，计划到2010年建成新型一站式电子行政服务的标准模式，并实现广泛应用。

4. 实施"i-Japan战略2015"

"i-Japan战略2015"首次明确提出"以人为本"视角，加速推动数字技术普及和应用。2009年，在数字技术飞速发展、全球金融危机导致经济增长失速的双重刺激下，IT战略本部于同年7月出台"i-Japan战略2015"，决定调整IT新改革战略的时间表，以2015年为目标年制定新的中长期战略规划。"i-Japan战略2015"认为2015年的日本将真正迎来"数字社会"，构想届时数字技术将融入社会生活的各个领域，如同空气和水一般，成为被所有国民普遍接受的、自然而然覆盖整个经济社会的存在。每个国民都将能够切实感受到生活的富足以及人与人之间的密切联系。同时，数字技术和信息将引发经济社会整体的变革，创造新的活力，个人和社会都能够自主地创造新价值。因此，用"i"[inclusion（覆盖）和innovation（创新）]取代此前的"u"。此外，"i-Japan战略2015"提出此前的战略多将重点放置于优先发展数字技术，故而倾向于从"服务供给侧"一方的视角思考问题。在对此进行反思的基础上，提出在发展数字技术时必须真正从国民（用户）的立场出发，坚持"以人为本"原则，创建国民（用户）能够普遍接受的数字社会。为此，该战略提出三大重点领域，一是电子政府，二是医疗和健康，三是教育与培训，希望重点在上述领域推广和应用数字技术，创造崭新的日本。

5. 推行"新信息通信技术战略"

2010年，民主党取代自民党执政后，"IT战略本部"于同年5月出台"新信息通信技术战略"，称该战略不再是日本此前IT战略的延续，而将致力于改变政府主导型的社会发展模式，建设国民主导型的社会，并提出三大政策支柱，即"实现国民为主的电子行政""重建地区间的纽带""创造新的市场和进军国际"。不过，民主党执政的3年多时间里，由于其缺乏执政经验，政权更迭频繁，加之日本遭遇东日本大地震等多重因素影响，推动数字化转型始终未能成为政府的核心任务，数字化转型的进程亦未出现太多亮点。

（三）大数据应用阶段

这一阶段是日本数字化转型的换档阶段，大致自2013年到2020年。21世纪第二个十年中期开始，随着网络基础设施的技术革新、企业内部数据得到更多的应用、数据合作不断深化、物联网出现爆发式增长等诸多新变化，日本社会普遍认为世界进入"数据大流通时代"。在此背景下，日本政府开始致力于构建"有效利用官民数据的社会"，推动公共数据、个人数据等的有效利用，以期全体国民能够享受大数据带来的便利。总体而言，该时期日本重点关注"大数据应用及云计算"，认为在互联网时代（即数字时代的"第一幕"），日本对"虚拟数据"（又称"线上数据"）的获取和利用不足，未培育出谷歌、苹果、脸书、亚马逊等大型"平台企业"，企业缺乏国际竞争力。在物联网时代（又称"大数据时代"，即数字时代的"第二幕"），日本希望发挥其传统制造业优势，重点促进对"现实数据"（又称"线下数据"）的获取、分析、流通和利用，构建强大的"大数据资源库"和高效的"数据流通体制"，实现跨越式发展。

1. 发布《创造世界最先进IT国家宣言》

2012年底至2020年9月，安倍晋三连续执政长达7年8个月。因此大数据应用阶段日本数字化转型的历史带有浓重的安倍色彩，也可以说是安倍执政时期日本数字化转型的历史。安倍2012年底执政后，认为日本此前的IT战略未能取得预期效果，未能实现对信息技术的充分利用，导致日本失去"世界最先进IT国家"的地位，企业丧失全球竞争力优势，于是采取了多项针对性改革举措。2013年6月，日本政府以内阁决议的形式对外发布《创造世界最先进IT国家宣言》，提出"2020年前建成对IT的利用程度达到世界最高水平的社会，并为国际社会做出贡献"的愿景，并在此基础上提出三大目标：一是创造出具有革命性的新产业和新服务，促进全产业加速发展；二是国民能够健康、安心、舒适地生活，成为全世界最安全的国家；三是任何人、任何地点、任何时候都能享受一站式公共服务。该宣言尤其重视对数据的利用，提出重点推进"开放数据"政策，加速推动公共数据向民间领域的开放和利用。同时，强调"个人数据"作为大数据的重要组成部分对创造新产业和新服务具有重要价值，要求政府为企业更便利地使用"个人数据"营造环境。

此外，安倍执政后将"IT 战略本部"改组为"IT 综合战略本部"，要求其打破以往省厅间"各管一摊"的垂直行政体制，积极推动跨省厅的政策沟通与协调。同时，日本还于 2013 年开始实施《修改内阁法等部分条文的法律》（又称《政府 CIO 法》），在内阁官房新设"内阁信息通信政策监"（又称"政府 CIO"，即首席信息官）一职，作为协助首相制定和实施政府 IT 政策、推进电子行政等的"司令塔"。政府内阁信息通信政策监还是《政府 CIO 法》实施后新成立的内阁官房信息通信技术综合战略室的室长，职级介于内阁官房副长官和助理内阁官房长官之间，与国家安全保障局长同级。同时，政府内阁信息通信政策监还是 IT 综合战略本部的固定成员，在制定政策、分配预算、与各省厅协调等方面拥有较大权限。至此，安倍政府有关 IT 战略的主要决策体制基本成型。

2. 制定《官民数据活用推进基本法》

为迎接"数据大流通时代"的到来，全面有效推动对官民数据的利用，日本于 2016 年底制定并实施《官民数据活用推进基本法》（又称《官民数据法》）。该法直接聚焦大数据时代"数据资源"的重要性，旨在进一步促进政府和企业对数据的获取、流通和利用，并在此基础上促进人工智能、物联网等相关技术的研发和利用。具体而言，该法的主要目标有二：一是构建"数据流通资源库"，即通过实施"开放数据"政策，要求国家和地方政府、公共团体等对其保有的数据（即"公共数据"又称"行政数据"）原则上全部公开，并要求企业对其保有的部分数据（即"产业数据"中的"合作领域"）进行公开。在此基础上，再融入《个人信息保护法》中规定的"匿名加工信息"等"个人数据"，形成涵盖"个人数据""产业数据""公共数据"的全领域、大数据量的"大数据资源库"。二是构建"数据服务平台"，即通过统一各数据间标准（如用词、代码、文字等）、制定数据流通规则（如建立"信息银行""数据交易市场"等），形成跨领域的"政企数据合作平台"，促进自动驾驶、旅游等具体产业的创新发展。

此外，《官民数据法》还规定在"IT综合战略本部"下新设"官民数据利用推进战略会议"和"官民数据活用基本计划执行委员会"（二者均于2017年正式启动），负责推动落实《官民数据法》、制订"官民数据活用基本计划"等。2017年，日本出台首份《官民数据活用推进基本计划》，并以《创造世界最先进IT国家宣言·官民数据活用推进基本计划》的形式公布，同时取代2013年发布的《创造世界最先进IT国家宣言》。该计划指定八大重点领域，即电子行政、健康医疗护理、旅游、金融、农林水产、制造、基建与防灾减灾、交通，优先在上述领域推进官民数据合作。2018—2020年，日本每年均对其内容进行更新，并将名称改为《创造世界最先进数字国家宣言·官民数据活用推进基本计划》。2017年，鉴于日本大数据利用的相关法律均已实施，政府决策机制基本成型，总务省在同年发布的《信息通信白皮书》中，将2017年定义为日本的"大数据应用元年"。

3. 出台"数字政府推进方针"

《官民数据法》实施后，日本加速推进数字政府建设，于2017年5月制定"数字政府推进方针"。该方针提出两点数字政府的建设目标，即"充分应用数字技术，提供以用户为中心的服务"和"通过官民合作创造新价值"。2017年12月，为使地方政府和民间部门配合中央政府的数字化改革，以及更好享受中央政府的改革红利，日本又制定了"面向制定IT新战略的基本方针"，并于2018年1月出台"数字政府施行计划"，以更好落实"数字政府推进方针"。2019年和2020年，由于其他相关法律的实施以及应对新冠肺炎疫情的需要，日本两次对"数字政府施行计划"进行了修订。不过，从新冠肺炎疫情暴发后日本社会暴露出的种种问题来看，日本的数字政府建设并不理想，也引发了"后安倍时代"的日本执政者们的深刻反思和进一步变革。

（四）数字社会建设阶段

这一阶段是日本数字化转型的再加速阶段，大概自 2020 年至今。该阶段始自菅义伟接替安倍执政，也可以说是"后安倍时代"的日本数字化转型阶段。此外，由于新冠肺炎疫情将日本此前数字化转型滞后甚至是失败的残酷事实暴露无遗，这一阶段日本的执政者们更加从实际出发，主动调整定位，相关政策也更有针对性。具体内容将在本章第三节详细阐述。

二、日本数字化转型的成与败

回顾日本数字化转型 20 余年的历程，如果站在不同视角或瞄准不同领域，一定会得出不同的评价。但若从总体来看，笔者认为可用一句话概括，即硬件建设成绩斐然，技术应用严重滞后。可以说，日本政府早就认识到数字技术的重要性，也出台了相关政策措施，努力推动日本社会的数字化转型，但为何效果不佳，其中的缘由值得总结和思考。本节将总结日本数字化转型的成绩和不足，分析其数字化发展不尽如人意的主要原因。

（一）日本数字化转型的成绩

日本数字化转型的成功之处主要体现在数字基础设施建设方面。这与日本强大的科技实力和制造能力密切相关。

从固定通信设备的普及程度来看，日本 1999 年起实现非对称数字用户线路宽带的商业化运行，到 2005 年为止非对称数字用户线路宽带用户数量迅速增至近 1500 万个，出现爆发式增长。几乎同一时期，光纤入户宽带用户数量也快速增长，由 2003 年的不足 100 万个猛增至

2007年的约1000万个。2006年非对称数字用户线路宽带用户数量首次同比减少，2008年光纤宽带用户数量首次超过非对称数字用户线路宽带用户。目前，日本全国光纤宽带用户总数已超3000万个，超高速宽带理论入户率已达99.98%。①

从移动通信设备的普及程度看，日本自1996年起固定电话用户总数开始减少，2000年手机用户总数首次超过固话用户。2010年，日本利用手机上网的用户数量首次超过利用宽带上网的用户，2020年智能手机的家庭普及率超过80%。截至2020年末，日本移动通信设备用户总数超1.9亿人，人口普及率约151%，也就是说平均每个日本人拥有约1.5个手机等移动通信设备。②

此外，经济合作与发展组织相关统计显示，日本固定宽带中的光纤占比，以及移动宽带的普及率均位列世界前茅。③

（二）日本数字化转型的不足

日本数字化转型的不足主要表现在企业和政府对数字技术的引入和运用相对滞后。这主要受到企业文化、官僚体制和国民意识等因素制约。

一方面，企业对数字化转型不积极。据经济合作与发展组织相关统计显示，日本企业对信息通信技术相关的投资额于1997年到达顶峰，约为20万亿日元。此后开始减少，到2018年仅为15.8万亿日元。而美国企业对信息通信技术相关的投资额同期则呈快速增长态势，由1989年的1476亿美元增至2018年的6986亿美元，30年间增加3.7倍以上，日本企业的信息通信技术相关投资额远不及美国企业。此外，日本信息通信技术相关的人才储备也严重不足。据日本经济产业省相关调查显示，2018年日本信息技术人才缺口达22万人，预计未来人才不足

---

① 「令和3年版情報通信白書」、総務省、2021年7月、11ページ。
② 「令和3年版情報通信白書」、総務省、2021年7月、11ページ。
③ 「令和3年版情報通信白書」、総務省、2021年7月、14ページ。

程度将持续恶化。①

另一方面，日本数字政府建设严重滞后，尤其是新冠肺炎疫情严重暴露了日本数字社会"内存不足""网络不通"的弊端，电子行政更是窘态百出。面对百年一遇的全球性大流行病，日本政府仍在使用纸版传真统计感染者人数，职员在线处理业务时经常因为"必须加盖公章"的硬性规定，不得不冒险跑回公司盖章。特别是政府试图从网上发放抗疫补助金，而多数居民仍惯于用传真机发送补助申请，地方政府不得不增员手工操作，逐一确认，手忙脚乱，混乱不堪。在硬件系统建设上，多数公司或政府部门虽设有局域网，但疫情当前，登录量暴增，导致网络瘫痪，原本期待的电子办公、在线行政形同虚设。远程教学、医疗也常因软件不匹配、硬件落后等问题难以有效操作。尤其令人不解的是，政府各部门独立设置局域网系统，彼此不连接、不准入，政府要召开部门协作视频会时才发现网络分割、互不联通的问题。自民党数字社会推进本部主席甘利明表示，日本数字政府失败的原因在于没有总体设计和规划，各部门自搞一套、互不通气，国家在旧轨道上投下巨资，无法构建适应新时代的互联互通体制。②

此外，据瑞士洛桑国际管理发展学院发布的2021年"世界数字竞争力排名"显示，在64个国家和地区中，日本仅排在第28位，排名连年下滑，并创下2017年启动调查以来的最低水平。与此相对，美国自2018年起连续4年排名第一；中国排名不断提升，由2017年的第31位升至2021年的第15位。从构成综合排名的各要素来看，日本在"科学集中度"方面排名第13位，虽然排名呈下降趋势，但仍保有一定的优势。但在"商业敏捷性"方面日本仅排名第53位，在"人才"方面排名第47位，在"监管框架"方面排在第48位，表明日本企业利用数据迅速决策的能力不足，缺乏国际经验，没有形成便于初创企业拓展业务

---

① 「令和3年版情報通信白書」、総務省、2021年7月、16ページ。
② 「座談会：ポストコロナのデジタルガバメントとデジタルエコノミー」、月刊「経団連」2021年2月号、7ページ。

的环境，也未能吸引海外高端人才。①

（三）日本数字化转型滞后的原因

首先是企业决策保守化、过度规避风险、责任不明等制度习惯妨碍了企业对时代脉搏的准确把握和及时反应。著名日本问题专家卡瑞尔·范·沃尔夫伦在《日本权力结构之谜》一书中指出："一个几乎完全是为了培养选择题专家而设计的教育系统，不会选拔出真正的思想家。求知欲可能对传统习俗构成一种威胁，因此它受到积极压制，这就使日本的学习环境对创造性思维极其不利。"② 在追赶欧美的时代，日本在技术、模式方面采用了"拿来主义"策略，其创造力不足的负面影响并未凸显。但在完成追赶阶段后，需要通过自身的创新制造新的经济增长点时，恰逢世界经济进入信息时代，面对新的全球大竞争，日本过去的成功反而成了应对新时代的桎梏。

从企业决策体系角度看，日本企业文化对创新的阻碍作用也相当突出。一是论资排辈导致企业有决策权的多为年长者，对数字化新生事物存在排斥心理。年轻人虽对数字技术敏感，也有创造性想法，但缺乏话语权。二是日本企业注重"集体决策"，共同担责，害怕个体责任。即便是企业高层面对不确定的前景、可能失败的创新，也不愿担当决断，避免承担失败责任。只有当外界挑战紧迫，企业决策层都意识到"不创新不能生存"时，才能达成一致。而此时或已错过最佳决策时机。③ 三是日本企业的"守势投资"策略常使好的项目得不到及时的资金支持。日本经产省"2015年悬崖报告"就指出，日本企业传统投资模式是"守势投资"，即使面对数字化项目也坚持以降低成本、扩大市场份额为优先选项。经济产业研究所高级研究员岩本晃一认为，日本企业经营

---

① 《数字竞争力：日本降至第28，中国大陆第15》，日经中文网，https：//cn.nikkei.com/industry/scienceatechnology/46455-2021-10-27-05-00-00.html?start=0。

② ［荷］卡瑞尔·范·沃尔夫伦著，任颂华译：《日本权力结构之谜》，中信出版集团2020年版，第136页。

③ 「日本がデジタル化で遅れる決定的な構造要因」，https：//toyokeizai.net/articles/-/378961。

者关心的是"使用物联网、人工智能等技术能降低多少成本",不关心"如何通过新技术研发新产品,创新商业模式"。日本机器人产业之所以能发达起来,主要原因就在于在满足企业节省人力成本上"有特殊重要意义"。而以银行为中心的"间接金融制度"倾向于保守融资,回避风险投资和创业投资,这更使得数字化创新缺少金融支持。与之相反,美国以股市为中心的直接金融制度则更倾向于"攻势投资",资金直接投入新领域、新技术等风险企业,提升企业占领市场、获取利润的能力。[1]

其次是战后形成的日本政府官僚体制严重阻碍着社会的数字化转型。比如,日本地方自治体采用独立的网络系统,与中央政府及其他地方政府网络"老死不相往来",中央政府力推的"个人号码卡"难以普及,行政数字化迟缓,严重阻碍了全社会对疫情的有效应对。日本综合研究所调查报告显示,截至2019年3月,日本中央政府各行政部门总计5.57万项行政手续中,实现在线办理的仅占7.5%,绝大部分仍需以"当面、书面、盖章"的方式处理。在疫情下,日本电子政府在线业务得不到民间积极配合,其脆弱面进一步暴露。此外,日本政府的官僚体制惯于先完善计划,后执行政策。数字化转型日新月异,计划赶不上变化。日本政府以往制定的数字化战略,也常因决策滞后而赶不上时代潮流。

再次是IT系统老化问题严重阻碍日本数字化转型。据日本信息系统用户协会2017年调查,约八成日本企业的IT系统老旧,成为阻碍日本数字化转型的关键症结。日本企业IT系统老旧问题极为常见,与地方政府系统制式不统一问题相似。即使是实力雄厚的大企业也较少投资自己的系统研发,而是习惯于向专业公司订货。系统启用后,只要不发生大故障,平时极少请专业人员维护。日本企业对所用的系统知之甚少,只要还能用,一般不重视维护。日久天长,更新不及时,系统老旧

---

[1] 「日本はなぜデジタル分野で世界に大きく遅れたか」、https://www.rieti.go.jp/jp/columns/s20_0012.html。

化严重。

最后是日本国民对数据安全过度担心也加剧了数字化转型迟滞。据日本内阁府 2018 年的调查，67.6% 的日本受访者对因特网风险感到"担心"，约 80% 的人对网络泄露个人信息感到"不安"①。据《日本经济新闻》调查，约 40% 的民众坚决不愿将个人信息交给企业。而 60 岁以上的民众最为敏感，其中 53% 的人反对提供信息。② 对企业而言，在保护个人信息的基础上搜集大数据是发展人工智能、实现数字化转型的重要一步。近年来，日本修改了《个人信息保护法》，制定了各种版本的数据合作使用方案，加强信息保护力度，如创建大数据平台、开通数据流通市场等。但目前仍大多停留在纸面，尚未完全付诸实施，社会中的"数据警惕综合征"依然存在。

三、"后安倍时代"日本推动数字化转型的主要政策

菅义伟接替安倍执政后，日本疫情加重，被迫数次延长"紧急事态"。面对复杂局面，菅义伟将抗击疫情、恢复经济、推动改革作为其展示"务实"执政风格的政策抓手，推进数字化转型成为其执政的重中之重。2021 年岸田执政以来，基本延续菅义伟的数字改革战略路线图，但力度明显有所减弱。本节主要对菅义伟和岸田执政时期推进日本数字化转型的相关政策进行总结，寻找其不同于以往的特点。

（一）菅义伟推行数字改革的主要举措

为切实推进数字改革，菅义伟内阁在政策法规、机构设置、人事调整等各方面采取了一系列实质性举措。2020 年 12 月底，菅内阁发布

---

① 「国民の約 8 割が個人情報流出に不安感」、https://www.allied-telesis.co.jp/blog/curation188.html。
② 「個人情報『提供したくない』4 割　本社郵送世論調査」、『日本経済新聞』、2019 年 1 月 21 日。

《为创建数字社会实施改革的基本方针》，① 决定修改"IT 基本法"，创建数字厅，新设数字改革担当大臣以专司数字改革前线推进工作，并提出创建"数字社会"愿景目标，制定"数字社会"基本原则。2021 年初，菅义伟政府向国会提交了六部有关数字改革的相关法案，分别是《构建数字社会基本法》《数字厅设置法》《数字社会形成完备法》《接受公共资源账户登录法》《存款账户管理法》《地方公共团体信息系统标准化法》。② 2021 年 5 月 12 日，上述法案获得日本国会审议通过，正式成为法律。与此同时，日本 2021 年版的《制造业白皮书》和"成长战略施行计划"等政府文件也对数字改革做出了具体规定。根据相关法案和文件，菅义伟政府推出如下一系列具体政策。

第一，完善法律制度，以《构建数字社会基本法》取代"IT 基本法"，于 2000 年制定，2001 年实施，后经多次修订。该法是日本有关信息技术政策的第一部综合性法律，但由于制定较早，内容较为陈旧，许多提法和举措已明显过时，无法起到继续引领日本数字改革、推动社会数字化转型的作用。因此，菅义伟政府决定将其废除，另立新法，从法律层面开启日本建设"数字社会"新时代。《构建数字社会基本法》规定了"数字社会"的定义和基本理念，明确国家、地方政府和事业单位的责任，以及制定相关政策的基本方针等，成为"后安倍时代"日本推进数字化改革的"根本大法"。

第二，健全组织机构，新设"数字厅"。2021 年 9 月 1 日，数字厅

---

① 「デジタル社会の実現に向けた改革の基本方針」、https：//www.kantei.go.jp/jp/singi/it2/dgov/201225/siryou1。

② 「デジタル社会形成基本法案の概要」、https：//www.cas.go.jp/jp/houan/210209_1/siryou1.pdf；「デジタル庁設置法案の概要」、https：//www.cas.go.jp/jp/houan/210209_2/siryou1.pdf；「デジタル社会の形成を図るための関係法律の整備に関する法律案の概要」、https：//www.cas.go.jp/jp/houan/210209_3/siryou1.pdf；「公的給付の支給等の迅速かつ確実な実施のための預貯金口座の登録等に関する法律案の概要」、https：//www.cao.go.jp/houan/pdf/204/204gaiyou_3.pdf；「預貯金者の意思に基づく個人番号の利用による預貯金口座の管理等に関する法律案の概要」、https：//www.cao.go.jp/houan/pdf/204/204gaiyou_4.pdf；「地方公共団体情報システムの標準化に関する法律案の概要」、https：//www.soumu.go.jp/menu_hourei/k_houan.html。

正式成立，成为数字改革的"总指挥部"。数字厅隶属于内阁，首相为最高责任人，主要任务是制定数字改革政策，协调各部门落实，力图打破阻碍行政数字化的"条块分割"痼疾。数字厅的初始规模约600人，其中约200名为聘用民间专业人士。"数字改革担当大臣"转任"数字大臣"，统管数字厅事务，辅佐首相开展工作。新设"数字监"一职，由内阁任免，地位相当于其他省厅的"事务次官"，即公务员序列的最高职务，负责对数字大臣建言献策、处理数字厅事务、监督数字厅各内设机构事务等。为确保专业性，规定必须启用民间专业人士担任该职。此外，还从国会议员中任命副大臣和大臣政务官各一名。数字厅拥有较大权限，一是掌握数字改革财政权，从2022年度起，以往分散在各省厅的相关预算将逐步由其统一编制；二是拥有对其他省厅的建议权，可要求改革不力的部门完善相关措施。此外，根据《数字厅设置法》的规定，设置由首相担任议长、内阁官房长官和数字大臣担任副议长、全体阁僚参加的"数字社会推进会议"，取代"IT综合战略本部"，作为首相发号施令、掌握政策落实情况以及对各部门实施"宏观调控"的平台。

第三，推出一系列具体政策。一是整合《个人信息保护法》《行政机构个人信息保护法》《独立行政法人等个人信息保护法》等法律，对"个人信息"进行统一定义，并决定由个人信息保护委员会对个人信息实施统一管理。将地方政府规定的个人信息保护条例纳入全国通则，减少差异，促进信息交换，提升行政服务效率。二是改革盖章制度和书面手续，原则上废除行政程序中的盖章制度，对要求提交书面材料的手续可提交电子版材料。三是改革"个人号码"制度。"个人号码"制度是日本政府为落实数字化转型而给每位国民编制的个人基本信息台账并制作成卡，类似于我国的身份证，计划通过与个人驾照、医疗、保险、银行账户等绑定，实现一卡通用功能，以提高社会治理效率。但因民众对政府掌握个人信息不安，加之政府网络空间兼容不足，使得民众的参与意愿不强。菅义伟政府拟加速扩大个人号码卡的适用范围，允许与行医执照等国家级认证资格绑定，提高便利性；允许政府认定的邮局向居民发行"公共个人认证服务"的电子证明；经本人同意，"公共个人认证服务机构"可出具本人四项基本信息（即姓名、生日、性别、住址）证明；个人号码卡持有者可将电子证明转存至智能手机等移动终端设备，计划2022年度内完成个人号码卡与智能手机并网。四是完善数字社会的基础设施。强化个人号码卡的发行和运营体制，计划2022年度内普及个人号码卡。计划2025年度内实现地方政府电子行政系统统一，特别是地方政府应将税务、社保等业务系统标准和格式进行统一。明确规定地方政府网络系统标准化的适用范围，制定地方政府信息系统标准，收集"实时数据"，提高分析研判能力，提出准确细致的政策方案。五是制定综合数据战略，细化数据流通规则，完善数据交易制度。在医疗、教育、防灾减灾等领域制定数据标准，促进跨领域数据合作。六是培育数字人才。自2022年度起，在国家公务员考试中新设数字专职，扩招民间专业人才。对企业培养和使用数字人才提供政策扶持，鼓励企业数字研发。七是强化网络安全。从强化供应链弹性角度，制定包括中小企业在内的覆盖整个供应链的网络安全对策，官民一体确保网络安全等。

（二）菅义伟数字改革政策的特点

突如其来的新冠肺炎疫情暴露了日本数字化转型落后的问题，也坚定了菅义伟推进数字改革的决心。自2000年制定"IT基本法"以来，日本历届政府均各自制定战略、方针，展示了对数字化转型的重视。但鉴于日本社会总体对此缺乏危机感和紧迫性，政府和企业也没有改革压力，导致多数政策只停留于纸面。面对日益严重的疫情，菅义伟切实感受到了数字转型落后之苦，决意扛起数字改革的"大义名分"，将"数字改革"与"去碳化"并列为其内阁的两大"招牌政策"，继而制定了宏大的数字改革战略。

菅义伟的数字改革虽有对安倍内阁相关政策延续和升级的成分，但与前任政府相比，菅义伟的数字改革战略目标更务实，不再强调世界领先，而是从日本数字转型落后的实际出发，划重点，补短板，强调政企分工，希望发挥民间主导作用，而政府则重在完善相关社会环境，为民间扫清障碍、提供支援。为此，菅义伟主张"改革从自身做起"，政府成为改革重点对象，优先顶层设计，引导企业跟进。

菅义伟数字改革的最大亮点是提出构建"数字社会"。他描绘的"数字社会"是"人人都可通过运用数字技术，选择符合自身需求的服务，实现多种多样的幸福的社会"。在《构建数字社会基本法》中，菅义伟政府对"数字社会"做了更全面定义，即"通过因特网等高速信息通信网络，自由且安全地在全世界范围内获取、共享、发布各种信息或知识，通过对使用信息通信技术、以电磁方式记录的多种大规模的信息进行正当且有效的利用，在各领域均能实现创造性和充满活力的社会"。菅义伟表示，数字化并非目的而是手段，要通过数字化转型实现解决社会问题、推进可持续发展、强化国际竞争力等目的。在此基础上，菅义伟提出"兼顾每个人，构建充满人性的数字化社会"的口号，确定了"数字社会"的基本理念，即"实现有宽裕感和富足感的国民生活""实现安全安心生活的社会""纠正机会不平等"以及"保护个人及企业权利"等。此外，菅义伟还提出构建"数字社会"的十大基本原则。一是"公开和透明"，通过推动标准化和信息公开，强化官民合作，促进民间对公共数据的利用，切实向国民尽到说明责任；二是"公平和合理"，避免因数据资源不对等而产生不公平，确保个人能自主管理自己的个人信息；三是"安全与安心"，强化网络安全措施，保护个人信息，避免信息不当使用；四是"持续、稳定和牢固"，降低系统出现机械故障、事故等风险，强化应对灾害能力；五是"解决社会问题"，完善社会发展基础，构建有效应对自然灾害和传染病的社会，培养数字领域人才；六是"及时和灵活"，提高整个社会体系的运转速度，构建应对各种社会状况和需求变化的体制；七是"全面和多样"，确保老年人、残疾人等各类群体广泛参与，适应多种价值观和生活方式；八是"深入人心"，通过教育使数字技术的提供方和使用方"乐享其中"，每个国民都能切实感受到数字化带来的好处；九是"创新"，最大限度地利用数据资源促进创新，创造新价值；十是"国际贡献"，以自由、可信赖的数据与数字政策引领世界潮流。

菅义伟的数字改革有明确的出发点、准确的着力点和切实的落脚点，在构建"数字日本"方面勾画了与前任明显不同的宏伟蓝图，制定了切实可行的步骤与具体施策方案，可谓雄心勃勃。不过，由于菅义伟执政期间急于恢复和发展经济，对日本疫情走势估计过于乐观，导致抗疫不力，结果反而造成经济状况恶化，内阁支持率急剧下跌。加之在菅义伟选举地盘横滨举行的市长选举中，作为其力挺的候选人意外遭遇惨败，致使菅义伟骤然失去党心、民心，无奈放弃竞选连任自民党总裁，执政仅一年便匆匆交出政权。

（三）岸田政府推动数字化转型的新动向

2021年9月29日，岸田文雄赢得自民党总裁选举，接替菅义伟成为日本新任首相。岸田上任时数字厅刚刚成立一个月，菅义伟提出的数字改革战略大多也刚刚开始落实。因此岸田在数字改革方面基本延续菅义伟的既定路线，继续推进相关政策实施。

在战略构想上，岸田延续菅义伟构建"数字社会"的总目标，未提出新的战略设想或口号。不过，在利用数字技术解决社会问题方面，岸田提出"数字田园都市国家"构想，作为其"新资本主义"构想的组成部分之一。该构想重点旨在完善日本地方和乡村的数字基础设施，利用数字技术激活地方活力，缩小城乡差距。

在机制建设上，岸田在既有的"数字社会推进会议"之外，新设"数字社会构想会议"和"数字临时行政调查会"（又称"数字临调"）。"数字社会构想会议"隶属数字厅，成员由数字大臣挑选的专家构成，性质上属于政府的专家咨询会议，主要负责就"构建数字社会重点计划"的制定和修改等提供政策建议。"数字临时行政调查会"是直接向首相提供政策咨询的临时性机构，由岸田亲自领衔，数字大臣和内阁官房长官担任副议长，其他成员由首相任命的阁僚和专家构成，目前包括总务大臣、财务大臣和经济产业大臣3名阁僚和8名专家。"数字临时行政调查会"（简称"数字临调"）是岸田仿效其所在自民党派系

"宏池会"的前辈、前首相池田勇人设置的，旨在一体化推行数字改革、规制改革和行政改革，构建与数字社会相适应的国家与地方的体制机制，可以说是岸田政府制定和推行其数字改革的主要平台。

在政策推行上，第一，制订"构建数字社会重点计划"，取代"数字政府施行计划"。2021年12月24日，岸田政府以内阁决议的形式公布"构建数字社会重点计划"。该计划主要包括两项重点政策，一是全面落实"数字完结原则"，即废除现有法律法规中有关强制提交纸质版证明、目视、当面、人员常驻等规定，全部更改为以数字化形式提交或在线办理。为此计划通过一揽子立法的方式，在3年内完成改革。二是扩大个人号码卡的使用范围。提出将目前仅可用于税收、社保、救灾3个领域的个人号码卡的使用范围，在2025年前进一步扩大，并再次提出2022年前向所有国民普及个人号码卡的目标。[①] 2022年6月，日本对"构建数字社会重点计划"进行修订，主要加入了旨在进一步强化通信基础设施和应对网络攻击的相关对策。第二，制定"数字原则"，实施"数字、规制、行政一体化改革"。2021年12月22日，"数字临调"提出"实施构建数字社会的结构性改革的五大原则"，即"数字完结和自动化""灵活可调整""官民合作""兼容"以及"统一"，并在此基础上提出比照"数字原则"推进数字、规制、行政的一体化改革。2022年6月初，"数字临调"出台"比照数字原则一揽子实施规制改革的计划"，指出"数字临调"成立半年来重点筛查了中央政府制定的约1万条法律法规，查出有5354条不符合数字原则，并对其中3895条提出了具体的改革方案。政府将在未来3年内"完全清除"不符合数字原则的规章制度，继续致力于对剩余法律法规，以及约3万条的各省厅规定进行筛查并提出改革意见。[②] 第三，公布"数字田园都市国家构想"基本方针。该方针于2022年6月1日公布，旨在通过加强数字基

---

① 「デジタル重点計画は着実に実行に移せ（社説）」,『日本経済新聞』、2021年12月28日。

② 「『デジタル原則に照らした規制の一括見直しプラン』をとりまとめ（デジタル臨調）」、日本商工会議所、https：//www.jcci.co.jp/news/trend-box/2022/0608125436.html。

础设施建设提升各地的生活便捷度，创建"在全国任何地方都能舒适生活的社会"。数字基建方面，提出到2027年将光纤线路覆盖99.9%的家庭，到2030年把第五代移动通信技术系统的人口覆盖率提升至99%，在各地建设能处理大量信息的数据中心以提高数字基建的抗灾能力等。人才培养方面，提出到2026年通过完善职业培训等新增230万精通数字技术的人才，而目前日本此类人才共有约100万人。[①]

四、日本数字化转型的前景

菅义伟内阁的数字改革战略设计及布局周全务实，既有数字改革六法支持，又有总理挂帅的数字厅指挥体制推进，更有新冠肺炎疫情带来的强烈现实需求驱动，为构筑新时代数字社会及其治理体系准备了完整的工程图。然而，由于菅义伟过早下台，没有足够时间落实这一宏大计划，而继任的岸田政府对推进数字改革的热情又远远不及菅义伟，改革的制约因素逐渐显露，恐怕难以摆脱以往改革有名无实的宿命，日本数字化转型的前景依然不容乐观。

第一，"数字改革"并非岸田政府优先事项。菅义伟政府出台的"数字改革六法"堪称其数字战略的开篇，具体的推进政策需要今后依据"数字改革六法"逐一落实。但是，由于菅义伟执政仅一年便匆匆交出政权，很多政策根本来不及实施，刚刚搭好台，戏班子却散了。岸田执政后虽然并未放弃菅义伟的数字改革路线图，但毕竟"数字改革"早已被深深刻上"菅义伟"烙印，无法成为岸田执政的亮点和加分项。实际上，岸田自竞选自民党总裁时起就提出"新资本主义"构想，作为自己执政的"招牌政策"。"新资本主义"构想内容庞杂、包罗万象，数字改革仅仅是其中的一小部分。因此，岸田虽仍按部就班地继续推行数字改革，但积极性和主动性远不及菅义伟。

第二，岸田缺乏强推数字改革的魄力。多年来，日本数字战略的实

---

① 《日本公布数字田园都市构想方针 将普及光纤》，日本共同社，2022年6月2日。

践落后于规划，其主要原因在于数字化改革已不仅是某个产业的问题，而是关系政治、经济、社会、文化等方方面面的综合性问题。即使在经济领域，也会涉及产业政策、金融政策等多种政策，需要政治统领、顶层设计以及政府强有力的统筹推进。岸田既没有安倍那般的"领袖魅力"，也不及菅义伟的"实干精神"，自认为优点是"善于倾听"，实则是缺乏主见、因势利导，容易随波逐流。从岸田执政的实际看，在推行政策时往往见风使舵、顺势而为。例如，他竞选时曾提出为缩小日本的贫富差距，将扩征金融所得税。但当选后因财界反对，改口称增税不是"优先事项"，其后便几乎不再提及此事。在实施"数字、规制、行政一体化改革"上亦是如此，"数字临调"先从国家级的法律法规层面入手，虽然在较短时间内取得不错的成绩，但更多的不符合数字化原则的规定其实存在于中央各省厅的"指示""通知"以及地方政府的"条例""规定"中。岸田的改革只是迈出了第一步，未来将面临更难啃的硬骨头，能否彻底实现数字化，尚无法给出定论。

  第三，数字厅内部隐患积聚，未能发挥应有作用。数字厅是日本落实数字改革政策、引领社会数字化转型的"总指挥部"，自2021年9月1日正式成立以来，经过大半年的运转，虽然取得了一定成绩，但也暴露出不少问题。一方面，数字厅内部的各种矛盾逐渐积聚。2022年5月初，数字厅公布了对其职员实施的内部问卷调查，结果显示职员不满情绪高涨，"失去干劲的年轻人非常多""职员压力过大、不愿上班"等意见突出。[①] 数字厅分析认为，出现上述问题主要有两方面的原因。一是人手不足，业务繁重。岸田执政后数字厅承担了开发和推行"疫苗接种电子证明"等新任务，不仅要作为"司令塔"指挥和协调其他省厅的相关工作，自身还要办理具体业务。但是，数字厅的职员仅不足700人，相较欧美同类机构2000—3000人的编制，规模显然过小。自民党数字社会推进总部就向政府提交建议，指出数字厅"完善行政信息系统成为业务核心，负责政策立案的部门等同于不存在"，要求增加人数

[①] 《数字厅职员反映"业务繁重"和"沟通不畅"》，日本共同社，2022年5月2日。

加以改善。① 二是权责不清，沟通不畅。领导体制上，早在安倍时期为打破各省厅条块分割格局，日本就已经设置了"首席信息官"。而数字厅成立后，其与数字大臣如何分工，尚有待厘清。组织架构上，数字厅希望克服以往政府部门纵向分割的弊端，在内部机构设置上采用了"项目组"的形式，根据具体业务设置相应部门。但这导致出现"转岗第一天组里连招呼都没有，在不知道谁是上司、谁是同事的情况下过了几天"，"不知道其他组有谁、在做什么，是个谜一样的组织"等问题。此外，由于数字厅有很多兼职职员，甚至管理层中也有不少人是兼职，加之各部门间的领导责任不明确，导致职员抱怨"会议太多""同样的文件要做好几遍""一件事情要报告多个部门，比其他省厅要做更多的无用功"。② 另外，数字厅没有强制执行力，难以号令其他省厅。数字厅虽然拥有对其他省厅的"建议权"，但也仅仅是建议，一项改革最终能否实现、执行的力度如何，还要看相关省厅的配合程度。例如，在推行"数字、规制、行政一体化改革"时，就频频出现各省厅"总论赞成，各论反对"的情况，导致很多改革难以推进，甚至有人直言"虽然从大方向上认同数字厅要做的事情，但付诸实施并不容易，看它的本事吧"。③ 在此背景下，部分企业甚至已经对数字厅失去信心，开始主动与其保持距离。2022年3月底，某电机行业巨头在接回借调至数字厅的职员后就中止了向其外派人员。④

第四，数字化转型与旧制度相冲，落实推进难度大。菅义伟设计、岸田正在执行的数字改革是在既有制度基础上的改革，在很大程度上是对存量动刀，必然引起既得利益集团的反扑。2021年来作为数字化战略主管部门的总务省被曝出系列丑闻，折射出深层的政治斗争。此外，

---

① 《自民党建议数字厅增加职员数 强化通信基础》，日本共同社，2022年5月16日。
② 「もがくデジタル庁（2）『会議に出たくない』（迫真）」、『日本経済新聞』、2022年4月19日。
③ 「もがくデジタル庁（3）『お手並み拝見だ』（迫真）」、『日本経済新聞』、2022年4月20日。
④ 「もがくデジタル庁（1）『誰が決めているのか』（迫真）」、『日本経済新聞』、2022年4月18日。

作为数字化转型重要抓手的个人号码制度推行缓慢,个人号码卡与健康保险证两证合一的时间表由最初计划的2021年3月大幅推迟到了同年10月。目前虽然"两证合一"制度本身已经开始执行,但截至2022年4月初,仅有820万人办理完成两证合一手续,仅占人口总数的6%。与此同时,全国仅有16%的医疗机构完成设备升级,能够使用个人号码卡就诊。更加令人不可思议的是,日本媒体近期爆料称,与医生和医院利益联系紧密的厚生劳动省以两证合一增加医院成本为由,在未与数字厅和数字大臣协商的情况下,决定自2022年4月起单独调高使用个人号码卡就诊患者的挂号费,与数字厅推广普及个人号码卡的政策方向完全背道而驰。[1]

第五,能否冲破保守文化的惯性思维,直接关乎数字化转型的意识能否渗透到日本社会底层。"喜新厌旧"是促进创新的天然动力,也是新需求产生的源泉。但日本社会对新生事物往往缺乏亲和力,而对旧事物则有较强的"留恋之情"。比如在智能手机普及上,日本远远落后于中国等新兴市场国家,而在其他国家早已淘汰的录像带、光碟机、传真机等,在日本却并不罕见。保守恋旧的文化影响着日本企业的投资与创新行动。日本民众能否赶上时代潮流,超越思维惯性,对数字化社会建设是必要且迫切的。新冠肺炎疫情加速并集中暴露了日本数字化转型中的各种问题,也促成了改革共识,但究竟应当如何改变却并未达成一致。日本政界、学界虽已接受"数据是新时代能源和新时代资本"的认识,但日本普通民众对有法可依的大数据研发与利用仍不完全放心,与此相关的人工智能、万物互联等数字化转型的基本形态也很难融入到日本社会。

总之,日本的数字化改革可谓一项雄心勃勃、关乎日本社会形态变革的复杂工程。实现日本的数字化转型,既需要描绘完美的蓝图,也离不开包括政府、企业、国民在内的全社会的共同努力。

---

[1] 「もがくデジタル庁(1)『誰が決めているのか』(迫真)」、『日本経済新聞』、2022年4月18日。

第八章 "地方创生"政策

一、宏观概念

"地方创生"是2014年安倍内阁制定的地方振兴政策，即充分发挥地方特点及优势，增创就业，吸引外来人口，构建经济良性循环、可持续发展型地区社会，以解决少子老龄化、东京人口过度集中、地方经济衰退等一系列问题。此概念源自东日本大地震后，日本成立的"创成会议"，其提倡"以灾后重建为契机，展望未来世界及亚洲格局，建设全新的国家形态"，主张"缓解少子化趋势，实施地方活力战略"，由此拉开了"地方创生"的序幕。日本创成会议还提出，由于人口减少，诸多地方城市恐面临消失危机。①

为稳步推进"地方创生"，安倍内阁于2014年完善核心法律架构，制定并公布了《城市、人、工作创生法》，并据此相继制定愿景目标、具体战略及主责部门，以总领全局、协同推进系列政策。其中第一条明确规定"地方创生"的目的，第二条规定基本理念，其他条款规定了落实机构、中央及地方政府分工等重要内容。涉及"建设有魅力的地方社会""确保担负地方重任的多样化人才""增创地方就业机会"等；内阁府内特设"城市、人、工作创生本部"，统筹具体实务工作，首相担任本部长，"地方创生"担当大臣任副部长；2014年12月，日本政

---

① 「地方創生とは？取り組み事例や制度、SDGs、Society5.0との関わりについてご紹介」，https：//turns.jp/53015。

府提出首份《城市、人、工作创生长期展望》，展示面向未来的远景目标，并根据实际情况动态修改调整；中央政府还制定公布了多份《城市、人、工作创生综合战略》，规划了不同阶段的战略目标、政策方向及具体措施等。各地方政府根据中央的母战略要求并结合各自实际，制定符合本地发展的子战略，中央政府根据严格公正的评价体系，提供资讯、人力和财政等多重支持，以实现地方安居乐业、经济繁荣，进而促进区域间合作，形成经济良性循环。①

当前日本政府通过各项战略计划及财政支出，充分发掘地方资源、人文风情等多重优势，摸索因地适宜的最优产业发展模式。通过扩大地方就业机会、推动城市人口回流地方、支援年轻群体结婚及育儿等多重利好政策，显著改善地方居住环境，缓解城乡人口不均、产业发展不平衡、工作机会不充分等系列问题，力争促进地区产业增长，增加经济韧性，增创地方就业，提升地方对城市人才的吸引力。"地方创生"与作为安倍经济学"第三支箭"的出发点不谋而合，皆是通过唤起民间投资实现战略增长，因此"地方创生"也被称为"地方版安倍经济学"。

二、实施原因

（一）人口负增长趋势严峻

日本总人口在 2008 年达峰，达 1 亿 2808 万人，后转向负增长，2022 年 3 月 1 日的统计数据为 1 亿 2526 万人。如不加遏制、任其发展，预计至 2050 年，日总人口或低于 1 亿人。② 同时，随着少子老龄化问题愈发严峻，适龄劳动人口的占比也在逐步减少。

其引发负面影响有四个方面：一是经济总体规模缩减、国力衰退。国家经济体规模与适龄劳动人口数量息息相关，日总务省统计局的调查

---

① 「内閣官房 地方創生に関する取り組み」、https://www.cas.go.jp/jp/seisaku/tihousousei/index.html。

② 「総務省統計局 人口推計」、https://www.stat.go.jp/data/jinsui/index.html。

显示，日劳动人口在2021年降至6860万人，已连续两年呈减少趋势。产业从业人数减少，企业不得已缩小生产规模，最终致国内生产总值下降、国力衰退。二是国际竞争力降低。国内经济规模缩小将降低对海外投资者的吸引力，难以吸引优质人才和海外资金，无法有效实施创业。在新兴市场国家日益崛起的国际市场上，日本国际竞争力的下降恐难以避免。三是社保支出激增易拖垮日本经济。高龄者的增加导致医疗、护理费陡增，而中青适龄供养人口不断减少，日本当前养老体制难以维持。在适龄人口短期增加无望的背景下，社会养老负担只能成倍转嫁至下一代年轻人身上。四是部分地方或面临"消亡"。与东京圈相比，地方少子老龄化及人口减少现象更为明显。2014年，"日本创成会议"针对"可能消亡城市"做出了明确定义，即"在2010—2040年期间，20—39岁的适龄生育女性减少至半数以下的市区町村"。据日官方调查显示，全国1799个各级地方城市中有896个或将面临"消亡"。①

（二）东京一极集中问题过于严重

据创生本部事务局发表的《地方创生的现状和今后发展》显示，因大学升学、异地就业等原因迁入东京圈的人数逐年增加，在新冠肺炎疫情尚未暴发的2019年，东京迁入人数就已超过15万人。目前，东京圈常住人口为3600万人，约占日总人口的三成。② 各类要素集中东京带来生产效率提升、产业孵化便捷等优点，但同时存在两大弊端：一是灾害发生时东京地区的损失过大。如首都附近发生大规模自然灾害，造成的人力、物力损失程度难以想象。而且在救助机制及资源有限的背景下，死伤者将远超预期。同时，日本政治、经济、行政等中枢职能集聚东京，职能瘫痪引发的连锁反应恐难以估量。特别是新冠肺炎疫情下，东京都感染者集中及医疗资源紧张等配给不合理问题较为凸显。二是东京比较优势明显，易致地方丧失活力。因东京都"虹吸效应"显著，

---

① 「消滅可能性都市」、https：//www.ishes.org/keywords/2015/kwd_id001674.html。
② 「地方創生の現状と今後の展開」、https：//www.soumu.go.jp/main_content/000635353.pdf。

地方无法克服过度外迁、人口稀疏化、超高龄化等结构性难题。同时，人口流失更进一步拉大地方与东京收入差距，随着时间推移恐将愈发难以弥合。

（三）地方存在各类"软肋"

一是日本经济增长长期钝化，地方金融脆弱性风险加剧。2006 年，北海道夕张市因税收主要来源的煤矿大量关闭及人口急剧减少导致财政陷入绝境，造成政府职能停摆、社会支出困难，引发恶性连锁影响。[①]二是地方产业"空心化"现象加剧人口外流。因地方公司、工厂外迁，导致工作机会减少、人口外流现象加剧。同时，因缺少继承者，诸多地方老字号企业无法存续经营。

三、"地方创生"政策

（一）《城市、人、工作创生长期展望》

日本政府于 2014 年提出了首期《城市、人、工作创生长期展望》，其中规定的长期目标如下：一是满足年轻一代（15—34 岁）的愿望，提升生育率至 1.8% 左右；二是停止人口减少，50 年后确保日总人口超过 1 亿人；三是促进人口结构重新年轻化。

如日本生育率在 2030 年升至 1.8%、2040 年升至 2.07%，则 2060 年的总人口将达到 1 亿 200 万人；同时，人口减少一旦停止，老龄化将在达峰后（35.3%）逐步下降，预测可降至 27% 左右。以此推算，在确保"人口稳定"的同时提高生产效率，则至 2064 年左右，日本实际国内生产总值增长率仍将保持在 1.5%—2%，未来仍可有较高的社会

[①]「財政破綻と再生—夕張市」、https://www.docusign.jp/blog/what-is-digital-denentoshi。

活力与增长势头。[1]

(二)《城市、人、工作创生综合战略》

1. 首期综合战略的制定及成效

日政府于2015年制定的首期《城市、人、工作创生综合战略》，其中规定了四个基本目标，由国家和地方政府分别推进。一是在地方增创工作岗位，营造良好工作环境。即活用地区资源并增创工作机会，提高地方企业的管理能力和生产效率，创造地区经济良性循环；培育专业技术人才，构筑舒适、有吸引力的就业环境。还一并提出从2015—2020年的5年内，在地方增创30万个面向年轻人就业机会的目标。二是促进人口回流地方。通过政府部门、企业办公地址的地方迁移，或各类利好措施吸引人口回迁地方，以期增加地方人口流入。具体提出在2015—2020年的5年内，从东京迁出地方的人口增加4万人，从地方迁入东京圈的人数减少6万人。三是积极回应年轻一代的结婚生子愿望。完善育儿支援制度，建立兼顾工作和家庭的人性机制，便于男性获得育儿假，营造有利于结婚、生育的社会大环境。四是创造符合时代的居住环境，加强地方间横向联系。推行智慧发展模式，充实城市功能，打造适合老幼等全年龄段居住的地方环境。同时，宣传地方魅力，拓展地区间合作，构建充满活力的地方城市。

首期创生综合战略实施期间，日本政府提出"使东京圈的迁入人数为零"的宏大目标，并采取了以下措施。一是扩充"地域振兴合作队"制度。该制度通过招募志愿者，提升"地方创生"的建设力量，以促进外部人口定居地方，增进地区活力。政府逐步放宽应征条件，并对合作队成员在创业等方面适度实施利好政策，还通过特别交付金（拨款）补贴队员招募和活动所需经费。二是转移东京都部分职能。当前，日本政府已将部分职能转移至地方。例如文化厅转移至京都，总务省统计局

---

[1]「まち・ひと・しごと創生長期ビジョン 概要」，https：//www.pref.fukushima.lg.jp/uploaded/attachment/102470.pdf。

的统计数据中心迁至和歌山，消费者厅预计迁移德岛（仍在推进中）。三是控制东京都区内大学生数量。通过制定法律，规定东京都23区内的私立大学10年内不允许增加定员，以此适度避免域外学生过度涌入东京。四是发放地方大学、产业创生补助金。针对以产官学合作方式振兴地区核心产业或培养专业人才等举措，政府将通过拨款予以支援。五是拓展青少年自然体验。创建"儿童农、山、渔、村交流项目"，方便儿童在上述区域住宿、体验行业传统与自然环境，加强与地区居民间交流，以此拓展城乡间青少年的交流渠道。六是支持地方移民落户、创业就业政策。针对地方政府独立开展的促进移居、交流政策，中央政府将通过特别拨款予以补贴。中央政府还通过设置信息公布和专门咨询窗口、举办地方体验旅行等，多措并举增加针对地方主导政策的支援力度。

日本首期创生综合战略实施后，取得了一定成果。围绕增创地方就业岗位的预期目标，经中央与地方的分工协作，实现了15—34岁的青年就业率从2014年的61.3%升至2018年的64.9%，农林水产品及食品出口额也从2014年的6117亿日元升至2018年的9068亿日元。但东京圈迁入人数在疫情暴发前一直呈增长趋势，2019年创历史新高，达到15万人。地方出生人口减少的趋势并未得到改善，同时，各地方政府制定同质化人口促进政策，导致地方"抢人"事件频发。①

2. 综合战略的修订进程

对此，日本政府立足第一期创生综合战略的实际效果，重点应对总人口减少及东京地区人口集中等尖锐问题，于2019年12月制定通过了第二期《城市、人、工作创生综合战略》。第二期战略规划了2020—2024年期间的五年计划，明确提出扩大"相关人口"政策。此概念指"既不是移居，也不属观光，而是与特定地区持续保持关联的群体"。具体通过建立地方间人口的横向联系，努力向地方创造新的人口流入。

---

① 「第1期『まち・ひと・しごと創生総合戦略』に関する検証会（第2回）議事次第」，https：//www.chisou.go.jp/sousei/meeting/senryaku_kensyou/h31-03-01.html。

在目标制订上，除强化首期制订的四个基本目标外，还增设了统领各项政策的两个横向目标。

针对首期基本目标"在地方增创工作岗位，营造良好工作环境"，增加"创造地区盈利"的新目标，具体通过利用地区资源、特色和优势实现产业振兴及从地区外赚取外汇，以促进地方内形成经济良性循环；基本目标二中的"促进人口回流地方"，增加了"建立与地方联系"这一关键表述，其目的不仅是为了继续促进人口定居，更是为了扩大与地区发展息息相关的"相关人口"。

另外，新增两个横向目标。一是推动各类人才发光发热。应构建不论年龄、性别、国籍、残障与健全，各层级群体均能安心生活、工作活跃的良性环境，通过人才发光发热推动地方创生。具体可通过利用位于地方的卫星办公室、商业设施、住宿设施等利好条件，把握工作与休息间的动态平衡，不断提升员工的获得感及满意度，以此稳步创造和扩大"相关人口"。二是转化时代潮流为强大动力。积极利用技术红利，依托时代潮流等东风，在地区推进"社会5.0"战略，实现可持续发展，为"地方创生"升级提质。"社会5.0"构想是指继狩猎社会、农耕社会、工业社会、信息社会后，人类步入的全新社会形态。依托高度融合网络空间（虚拟）和物理空间（现实）的系统，兼顾经济发展和解决社会性问题，构建以人为中心的未来社会。今后需完善第五代移动通信技术等通信基础设施并推行全领域数字转型措施。对此，日本政府制定了一个关键绩效评价指标，即截至2024年，利用未来技术改善并解决地区问题的地方公共团体数量及改善案例数量达到600家、600件。同时，基于可持续发展理念推进地方创生，可一揽子解决地区经济、社会、环境等复杂交织的问题。政府同样制定关键绩效评价指标，即截至2024年，将推行可持续发展的都道府县及市区町村的比例提升至60%。[①]

---

① 「第2期『まち・ひと・しごと創生総合戦略』」，https：//www.chisou.go.jp/sousei/info/pdf/r1-12-20-senryaku.pdf。

可以看出，第二期战略以"经济"与"人口"为主要抓手，明确提出提升地方经济内驱力、增加"相关人口"等具体措施，目标设定更加科学务实，政策实操性更强。同时更为注重绿色科技及可持续发展，避免机械强推、竭泽而渔式发展模式。

2020年起，新冠肺炎疫情开始在日本传播扩散，致日本的社会形态、民众意识、行动偏好发生了显著改变，"地方创生"政策也将面临调整与修改。因此，日本政府于2020年12月21日紧急修改了第二期创生综合战略。重点回应居家办公需求增多、企业及个人移居地方意愿高涨等时代趋势，创新提出"人力、数字、绿色"三大重点发力方向。

"人力"即创造地方人口流入并实施人才支援。具体发力方向涉及推进居家办公、企业及育儿家庭的地方转移、充实地区人才支援力度、创造并扩大"相关人口"、创造有魅力的地方大学等。"数字"即推进与地方创生相关的数字转型。具体发力方向包括完善第五代移动通信技术等基础通信设施、支援数字领域专业人才的培养、促进地区利用数据红利、依托数字转型解决区域性问题、提高地区魅力等。"绿色"即实现地方主导的碳中和进程。具体发力方向涉及培育绿色领域的专业人才，共享信息并推进官民协作机制，推进可持续发展式地方创生，加强农林水产、国土交通等领域的重点施策。①

3. 当前创生综合战略目标

日本政府根据创生战略实施的具体情况及时代要义，不断调整更新，使得发力目标愈发明确、战略体系愈渐成熟，各项政策实操性及可行性显著提升。当前日本政府实施的主要战略如下，包括四个基本目标及两个横向目标，基本目标：一是创造地区盈利，营造良好工作环境。制订支持地方中小企业的一揽子援助计划，包括高层次专业人才培养，提供官方背书的地区经济分析系统，支持地方商业推广活动等。二是建

---

① 「第2期『まち・ひと・しごと創生総合戦略』（2020改訂版）について」、https：//www.chisou.go.jp/sousei/info/pdf/r02-12-21-gaiyou.pdf。

立与地方联系，创造地方人口流入。发放援助地方大学、创业的专项拨款，公布移居信息，推进政府职能转移地方、地方居家办公模式、青少年地方体验项目等，以创造、扩大"相关人口"。同时，实施地方与东京间的大学生结对交流、地方创生实习项目，支援东京都内大学设立卫星校区，发放奖学金等多重利好措施吸引大学生扎根地方。三是积极回应年轻一代的结婚生子愿望。制定兼顾工作与家庭、有利生育的利好政策，公布正向引导性的报告及事例。引导地方利用科学分析工具，推进与地区实际情况相符的合理措施，稳步解决少子化问题。四是打造凝聚人心、安心生活的魅力地方。推进区域治理能力提升，活用地方振兴的各类平台机制，激发地方区域活力，实现城市再生。

横向目标：一是推动各类人才发光发热。完善"地方创生"专业人才培育制度，设立向地方推介人才的一站式服务窗口，增设专职人力资源工作人员。二是转化时代潮流为强大动力。设立普及未来技术的咨询窗口，推动科技赋能与社区建设融合，构建环境友好、可持续发展的未来城市蓝图。[1]

四、"地方创生"专项拨款情况

日本政府除在完善各阶段愿景目标与战略措施外，也在财政方面上筹集地方创生的专项拨款，以助力地方公共团体、企业、组织等各级组织政策落地。

（一）地方活力、地方居民生活等紧急支援交付金（简称"地方创生先行型交付金"）

地方创生先行型交付金由国家从2014年度的补充预算中划出，约1700亿日元，在战略制定阶段发放。涉及实施"创生综合战略"的地方公共团体，或可成为参考的典型事例，以推动优秀项目落地

---

[1]「地方創生の施策」、https：//www.chisou.go.jp/sousei/policy_index.html。

实施。

拨款领域为"人才培育、移民""地区产业""农林水产""旅游""城市建设"五类。典型事例包括三类，分别为"以'地区经济分析系统'等客观数据和此前类似项目的业绩评价为基础，制定实施方案"，"项目企划、实施时，与地区相关人员合作体制完备"，"重要业绩评价指标以成果目标原则设定，与基本目标相符合，并具备调整功能的PDCA［计划（Plan）、实施（Do）、检查（Check）、行动（Action）］机制"。

(二) 地方创生加速化交付金

地方创生加速化交付金由国家从2015年度的补充预算中划出，约1000亿日元，在战略制定阶段发放。作为实现"一亿总活跃社会"目标的紧急对策，重点用于增创就业机会等高效项目。

拨款涉及领域为"工作创生""地方人口流入""工作方式改革""城市建设"四类。典型事例包括四类，分别为"以'地区经济分析系统'等客观数据和此前类似项目的业绩评价为基础，制定实施方案"，"项目企划、实施时，与地区相关人员合作体制完备"，"重要业绩评价指标以成果目标原则设定，与基本目标相符合，并具备调整功能的PDCA机制"，"针对效果验证及项目调整的结果，在公开的同时，也一并向国家报告"。

(三) 地方创生推进交付金

地方创生推进交付金由国家从2016年度的一般预算中划出，约1000亿日元，在战略实施阶段发放。重点援助根据《地区再生法》，被认定为"地区再生计划"的地方主导典型案例。

拨款涉及领域为"工作创生""地方人口流入""工作方式改革""城市建设"四类。典型地方案例为三类，分别是"具备'官民联合''地区间合作''政策间合作'中任意一条即可认定为先驱者事业"，"具备两条以上可被评为横向推进类优秀事例"，"发现并打破现有事业障碍的破冰项目"。

（四）地方创生据点整备交付金

地方创生据点整备交付金由国家从 2016 年度的一般预算中划出，约 900 亿日元，在战略实施阶段发放。重点援助具备潜力的设施投资，包括有助于形成集中人口据点、推进地方"安倍经济学"、人才回流等地方主导项目。

具体拨款对象为，"设施利用方案明确，具备充分的地方创生效果（如提高平均收入、创造就业机会、增加产量、提高生产率、增加移居者、提升出生率）"，"对设施的利用设定适当且具体的关键绩效评价指标及具备调整功能的 PDCA 机制"。

（五）应对疫情地方创生临时交付金

应对疫情地方创生临时交付金由国家从 2020 年度的第一次补充预算中划出，约 1 万亿日元，在战略实施阶段发放。以驰援受新冠肺炎疫情影响的地区经济和居民生活，推进地方创生，确保地方公共团体根据实际情况自主施策。

（六）地方创生居家办公交付金

地方创生居家办公交付金由国家从 2020 年度的第三次补充预算中划出，约 100 亿日元，在战略实施阶段发放。根据疫情导致的社会形态、国民意识变化，重点援助在地方开设卫星办公室和利用居家办公等促进移居等利好措施，以缓解东京圈过度集中，并提升地方活力。[1]

---

[1] 「地方創生関係交付金」、https://www.chisou.go.jp/sousei/about/kouhukin/index.html。

五、具体施策方向

（一）推行入境旅游

1. 安倍政府制定完善的旅游促进措施

入境旅游可促进内外人员流动并拉动市场消费，具有显著的"地方创生"效果。安倍政府第二次执政后，于2012年便将"观光立国"定为国家战略，并采取多重利好政策深挖旅游业潜力，取得多重奇效。据日本国家旅游局的统计显示，2011年东日本大地震发生后，访日外国游客人数连续8年呈现持续增长态势。2013年，游客数首次突破1000万人次。2019年的访日外国游客数更是创下历史新高，达到了3188万人次。

安倍政府制定了完善的旅游促进措施，具体包括：一是将旅游振兴升至国家战略，各部门合力推进。安倍早在首次执政时期就制定了《推进旅游立国基本法》，将其升级为国家战略。2012年再次上台后，安倍牵头成立了"推进旅游理工阁僚会议"（类似"领导小组"），将吸引外国游客纳入国家复兴战略，中央预算7年内增加5倍。国土交通省下设旅游厅统筹工作，另外设"日本国家旅游局"（类似事业单位，简称"旅游局"）专门拓展入境市场，负责调研、宣介、协助地方政府策划具体项目。外交、税务、经产等部门在签证、退税、外宣等方面积极配合。政策实施中还尤为注重扶持灾区和落后地区。为其专设额外预算，以整修景点、规划宣传，并提供政策加持。如给经过核灾区及冲绳（最低收入区）等地方游客签发三年往返签证。

二是政府承担基础调研和重点宣介。旅游局针对美欧亚不同国家和地区的游客阶层及年龄，分类调研差异化需求。突出日本地方特色，确定环保、酿酒、动漫等十七大主题，分国家有序推介。设调查员采集游客反馈信息，构建大数据平台，分析游客行动轨迹及消费偏好。按年度出版国别旅游报告，横向比较以固强补弱、指导具体营销策略。①

三是改善关键痛点。安倍指示阁僚，需彻底清除入境游客感到不便的限制和障碍。对此，精准放松旅签条件，优化办理流程。针对高收入群体或东盟高知全体发放多次往返签证。对三年内三次赴日的中国游客，简化签证手续。放宽对中国1243所在校大学生、三年内毕业生的签证条件，用"学校在读证明"取代"经济收入证明"，在中国试行推出"电子签证系统"。② 提高交通设施便捷化。在东京等地推广"字母+数字"式车站标记法，如"H09"代表"日比谷线"地铁的"东银座站"，便于不懂日语的游客识别。开通40条跨行政区公交线路，方便游客出行。同时，降低交通费用。日本国有铁道公司（简称"国铁"）推出面向外国人、优惠幅度显著的通票。凭此可在制定天数内无限次乘坐该系统的新干线、普通货车、公交及渡轮。此外降低退税门槛，以提升购物体验。主要商业聚集地均可提供"退税"服务，门槛仅为5500日元（约275元人民币），可在购物时"即买即退"。对应支付宝、微信等海外支付方式，方便中国游客结算。

四是深挖"旅游+"高附加值产业潜力。拓展医疗美容赴日游的行业潜力。政府规定延长医疗签证最长可到3年，2012—2018年发放该类签证数从188人次增至1650人次，主要为中国游客。推出吸引外国患者医疗机构和中介机构的认证制度，鼓励为外国人提供高端治疗、体检等服务。此外，默认旅游签入境者可以接受医疗、美容服务。③

2. 多重利好政策带来创生奇效

安倍执政时期，旅游业振兴带来显著的"地方创生"效果。一是在多重利好政策的推动下，入境游客及消费增长明显。中国、韩国、东盟等地的入境游客增长显著，欧洲、北美游客也呈现可观增幅。2012—

---

① 「アベノミクス8年の観光立国」、『観光経済新聞』、2020年9月18日。
② 「中国国民に対するビザ発給要件等の緩和」、https：//www.mofa.go.jp/mofaj/a_o/c_m1/cn/page4_004479.html。
③ 「医療ツーリズム 着実に外国人受け入れ数増加か」、https：//www.nippon.com/ja/features/h00125/。

2019年，赴日入境游客数量从836万人增至3188万次，增长281%。这一增幅在全球内名列前茅。由此，旅游收入大幅增加，拉动经济效果明显。此八年期间，日入境游客消费额从1.1万亿日元跃升至4.8万亿日元（约2400亿人民币），甚至超过部分电子元器件等日核心支柱产品的出口额，相当于400万左右日本人的年消费额。而2019年日中央及地方政府的旅游投入仅为1600亿日元（约80亿人民币）。二是引发相关行业的良性循环。游客及消费猛增，促使各地政府加紧整修港口、宾馆，增设药妆店、免税店、食品加工厂，大幅拉动地方实体经济复苏。日官方估算，2019年入境游对日经济全部贡献超过14万亿日元（约7000亿人民币），国内生产总值占比为2.5%。三是显著提高地方活力。安倍政府将吸引海外游客的"地方游"作为施策重点，推出了温泉、滑雪、农渔林特色体验等热门项目，2012—2019年赴地方的外国游客由383万人次增至1800万人次，为北海道、冲绳、香川等地民众提供了充足的就业岗位及创业机会，部门地区房地产价格明显上升，民宿需求旺盛，甚至在一定程度化解了"东京一极集中"这一地区发展不平衡问题。四是通过入境游提升日本软实力。通过赴日观光的良好体验，日政府在扩大"知日友日"辐射面上取得成效，国家形象得到大幅改观。入境游客的对日好感度普遍超过八成，且大部分群体表示有再游意愿。

3. 疫情肆虐下政府的紧急应对

在疫情重创日旅游业的大环境下，日本政府和行业有识之士并未坐以待毙，菅义伟政府推出了多项措施试图吸引外国游客，力促旅游业渡过难关、平稳经济市场。2020年4月7日，日政府重点推出了名为"Go To Travel"（"去旅行"）的国内游促销计划政策，以拉动内需，推动运输、酒店、餐饮等周边产业复苏。相关财政预算已经纳入2020年的第1次补充预算案中，资金规模达1.7万亿日元（约合1127亿元人民币）。该政策针对在日游客最高补贴旅游费用的一半，最高额度为每人每天2万日元（约合1325元人民币）。但因疫情反复、准备不足、数字化业务办理迟滞等原因，促旅计划并未取得预期效果，政府也于

2020年底暂停政策实施。① 2021年，延期召开的东京奥运会也未能给旅游业带来行业复苏"东风"，反致财政亏损严重。

岸田政府成立后，依然明确表示旅游业是日经济增长战略支柱之一，并表示将在适当时机恢复"Go To Travel"政策。暂停期间，根据地方政府的紧急事态宣言的解除情况及疫苗接种情况，实施替代版旅游提振政策。还在吸取各方建议后，完善并升级了"Go To Travel 2.0"政策，适度调整优惠额度及范围，以求中小企业获得更多政策实惠。岸田还积极引领地方政府调整思路，利用视频、社交媒体等传媒优势宣介地方魅力，通过跨境电子商务拓展海外销售渠道，利用数字转型的科技红利在线推动"地方创生"。②

（二）"数字田园都市国家构想"

1. "地方创生"战略起点

前首相大平正芳曾提出"田园都市构想"，意在"发挥地方优势，促进城市与地方相互借鉴，打造平衡舒适、温情多彩的社会结构"，以解决20世纪70年代日经济高速发展导致的"城市过密、农村过疏"格局。该主张极具远见，成为了"地方振兴"的战略指引起点。大平欲构建富裕、健康的田园式城市，其中既拥有现代城市的高效便捷和完备设施，又包含自然秀美的田园风光及富有人情味的人际关系，并希望将此兼具科技发展、乡土风情、绿色持续的新型城市模式推广至全国。③对此，日本政府按照实际发展趋势，制订了一系列诸如公共事业计划、住宅政策、福利政策、文教政策、城市地方及防灾等多重措施。

2. 岸田力推"数字田园都市国家构想"

岸田与大平正芳同属"宏池会"。岸田执政后随即表示，将坚持

---

① 「Go To トラベル、これまでの経緯と最新情報まとめ」、https://travel.watch.impress.co.jp/docs/news/1295846.html。
② 「新首相でGoToトラベルどうなる？岸田氏はGoTo2.0提案」、https://hotelbank.jp/public_news/goto-2-0-ldp/。
③ 「歴代総理大臣の国土ビジョンを読む・その2『田園都市国家の構想』」、http://www.ued.or.jp/media/34/20080229-DENEN.pdf。

"宏池会"保守底色，即尊重历史传统与前人成果，也将顺应时代潮流、守正创新，践行现实主义理念应对时代新议题。岸田认为地方振兴的关键引擎是"数字化"，其在吸取先人成功经验的基础上，创新提出运用数字赋能的"数字田园城市国家构想"。该构想欲充分利用数字发展红利，解决地方商业、教育、医疗等各类课题，缩小地方与中心城市之间的差距，进而实现自下而上、从地方到全国的新增长。同时，推行智能手机全员普及和高速宽带全区域覆盖，实现跨区域数据通联，促进资源高效循环利用，挖掘新的经济增长点，最大程度激发地方综合优势，以应对绿色转型、气候变化与自然灾害等复杂问题。①

该战略构想提出的背景为，2020年新冠肺炎疫情暴发后，东京都迁入人口时隔10年首次转向减少。同时，许多企业将总部迁至地方，远程办公需求日益提升。在地方普及数字化可实现在线办公、教育、医疗等新型业态模式，逐步弥补地方发展短板，消除区域发展差距，回应时代新需求。"数字田园都市国家构想"更是将数字化发展提升至战略高度。其以平衡内心充实的健康生活与外部环境，社会、经济可持续发展为理念，远景目标为保持地方魅力的同时，提供与大都市同样便捷和充实的工作、教育机会。

岸田政府已将"数字田园都市国家构想"定为日经济增长战略的重要支柱之一。构想中具体预设了五种城市发展愿景，分别为"超级、智慧城市型""MaaS（交通服务整合型）发展型""区域经济循环示范型""智慧医疗保健先行型""防灾、韧性先行型"。构想将重点解决以下四大类问题，即"完善数字化基础设施""培养和确保数字化人才""推动数字化普及""实现不落下一人的未来社会"。实现"数字田园都市国家构想"，需完善交通、物流条件及第五代移动通信技术高速通信设施基础，还需一并落实地方创业、教育、医疗、福利等配套利好

---

① 「わかりやすく解説！デジタル田園都市国家構想とは」、https://www.docusign.jp/blog/what-is-digital-denentoshi。

措施。①

　　岸田政府牵头成立"数字田园城市构想实现会议",以具体推进落实。岸田担任会议议长,"数字田园都市国家构想"担当大臣若宫健嗣、数字大臣牧岛花莲以及内阁官房长官担任副议长。野田由美子、竹中平藏、村井纯、平井伸治等人担任委员。总务省也一并成立了"数字田园都市实现构想推进本部"这一专职机构,由总务大臣担任本部长。

　　2021年11月11日,岸田在"数字田园城市构想实现会议"第一次例行会议上做重点发言,并提出五项工作要点。一是指示数字厅发挥主导作用,推进全领域数字化武装。完善地方云服务、第五代移动通信技术、数据中心等数字基础设施。二是运用数字成果。以远程办公增加地方工作机会,利用地区大数据培育智慧农业等新兴产业;通过交通服务整合型规划、无人机等新举措,保证并扩大交通物流覆盖范围及运载能力;进一步充实在线教育、医疗、无纸化办公等,以尽早实现"超级城市"构想。三是确保财政补助。成立专项拨款,确保"数字田园都市国家构想"推进交付金发放到位。四是培育数字化人才。扶植地方标杆大学及专门学校,形成人才培育的良性循环。五是避免任何一个人从数字化福利中掉队,在全国范围内推广"数字推进委员"。帮助受灾者、高龄者学习并适应数字化设施,提升居民对数字化的理解与支持。②

　　随着"数字田园都市国家构想"的落地实现,今后即使身在地方,也可打破时空壁垒,拓展海外业务,完善工作环境。同时,超级城市模式发展将孕育前所未有的全新商业。"数字田园都市国家构想"可谓擘画了"地方创生"发展的未来蓝图。

---

　　① 「『デジタル田園都市構想』とは何か? 政府、実現会議を初開催」、https://www.smartcity.jp/post/urban-planning20211206_1086/。
　　② 「デジタル田園都市国家構想実現会議(第1回)議事要旨」、https://www.cas.go.jp/jp/seisaku/digital_denen/dai1/gijiyoushi.pdf。

（三）转化灾后重建的机遇为创生动力

1. 日本灾害情况概述

日本处于特殊的板块交接处，各类地震、海啸周期性频发，加之存在人口密度高、资源匮乏等先天不足，日本灾后重建的成本及难度远超其他国家。但危机中依然包含机遇，日本在常年的摸索与实践中积累了先进的危机预防与灾后重建经验，培育出完善的灾后产业振兴办法。

2011年发生的9.0级的东日本大地震是日本有记录以来规模最大的一次。伴随产生的海啸及余震引发了大规模灾害，巨大的海啸还引发了福岛第一核电站泄露事故。本次地震引发的经济、社会、人文等多重损失难以估量。

2. 日本政府救灾体系

一是构建中央事权型指挥体系。日本国家危机管理机制中，首相为最高指挥官，官房长官负责整体协调和联络，国家安全保障会议、中央防灾会议以及相关省厅负责人协商会议等负责制定不同层级的应对策略，国土厅、气象厅、防卫厅和消防厅等职能部门承担落实。危机发生时，中央各部门和地方政府各司其职，视情况启动不同层级的应对策略。中央防灾会议总览全局、居中指挥；首相和各省厅负责人组成危机管理中心，分析灾情，制定对策；气象厅负责提供各种灾情预报；消防人员、警察和自卫队组成的救援队紧急待命，可立即投入救援活动。此外，电力、煤气、自来水、通信、交通等部门都有各自的防灾机制，灾害发生时既可各自为战，又能统一行动。[①]

二是制定完善的防灾法律体系。日本是全球范围内较早制定灾害应对法，并已形成完善法律体系的发达国家。当前，日本拥有各类危机管控法律40余部，规范灾害预防、应对措施、信息传递、救援要求、灾后重建以及财政措施等各类要求。根据上述法律，日本政府需向灾民紧

[①] 《日本防灾救灾应急管理体制》，http：//139.196.26.22/uploadfile/2015/1121/201511-21025644262.pdf。

急提供饮水、食品、衣物等救济物品，保证免费提供一日三餐。对于房屋受损严重、个人无力重建家园的灾民，政府将提供临时住宅。此外，法律还制定处理违规使用赈灾款项的惩处措施，以避免资金损失、浪费挥霍。

三是构建"三位一体"的救助机制。经过长期的探索及调整，日政府建立了"自我救助、政府援助以及社会救助"三方协助的救助机制。除政府实施的多重救灾措施外，自救方面，日本自 1966 年起建立地震保险制度。只要参保，就能获得额定的赔付金，减轻重建过程中的经济负担；在社会层级上，积极完善邻里互助体制，加强社区互助建设，力争与自卫队、消防员等公共力量形成良性配合。同时，各类企业及社会团体将积极发动捐款，金融机构也会通过降息等措施减轻灾民负担。

3. 危机中孕育新机

企业积极助力，孕育"商机创生"。东日本大地震发生后，三菱商事等龙头企业积极承担社会责任，支援灾后恢复与重建活动。第一时间捐助各类紧急物资和设备，动员员工积极参与志愿救助活动；创办高额援助基金，驰援各类非政府组织及受灾地区的高校组织；牵头成立灾后重建财团，实施有助于地方复产及增加就业等利好措施。如结合地区特色及优势，三菱商社在 2015 年启动了援助果园产业发展的"福岛酿酒厂专项项目"。①

推动地方"新能源创生"。日本囿于缺乏石油和天然气等能源资源，较大程度依赖对外进口。日本政府早在 20 世纪 70 年代后期开始推进核电布局。截至福岛核事故前，日本 30% 的电力来源仰赖核电，并希望在 2020 年前将占比升至 50%。地震伴随发生核事故后，引发民众对其运行的信任危机，对此，福岛等地方有识之士建议，未来可将小规模的可再生能源项目定为发展新方向，如高效利用遍布日本全岛的地热

---

① 《东日本大地震灾后重建援助活动》，https://www.mitsubishicorp.com/jp/zh/csr/contribution/support-for-natural-disaster/eastjapan/。

资源，以提升可再生能源在整体能源消费中的占比，逐渐减少对核能及碳氢化合物（煤炭、石油和天然气类）等的依赖。[1]

重视灾民"精神创生"。实践和理论均证明，重大灾难会给受灾民众带来巨大的心理创伤，特别是老人和儿童亟需精神安慰与关切。因此，日本政府在救援时，会第一时间派遣专业的心理咨询专家，定期为幸存者免费进行心理咨询与辅导，并同时派遣老龄户生活援助员，定期走访老人住宅。

（四）农业转型升级助力"地方创生"

1. 日本农业情况概述

农业除具备提供农产品、保证粮食安全供应等作用外，还具有环境保护、国土开发、景观塑造、延续传统、维护社区活力等多重功效，这与"地方创生"的诸多方面息息相关。农业历来作为日本立国之基、自民党执政之根，受到各届内阁政府的重点关注。但因历史传统及地理分布等原因，日本农业生产长期存在耕地分散及模式零碎等问题，这种小规模经营的弊端在少子老龄化进程下或将愈发恶化，甚至掣肘"地方创生"战略实施。对此安倍二次执政后，力推农业领域的"革故鼎新"。"革故"层面上，主动破除被动过时的行业壁垒，大力推行农政改革，其中针对农协的改革尤为激烈。"鼎新"层面上，推行"进攻型农业"政策，寻求行业发展新机遇。对内力推"六次产业化"，对外以"和食文化"为抓手进行全球推广，以提升农产品出口的规模与品质。农业领域的全方位提质升级带来经济增长、拉动就业等显著裨益，可谓"地方创生"的重要推动引擎之一。

2. 改革旧有弊端

安倍二次执政后，首先，设立和调整农地管理中间机构，加强对农地弃耕的管理，由中间机构承借闲散和弃耕农地，转而通过法人经营、

---

[1] 「再生可能エネルギーの推進」，https://www.pref.fukushima.lg.jp/site/portal/list275-862.html。

大规模家族经营、村落经营、企业经营等集中模式，提高农地利用效率。其次，在维持农耕面积及产量的基础上，逐步减少非必要的固化优惠补助政策、阻碍融入国际市场的关税保护措施，积极调整适应时代发展的全新生产、经营模式，培育大规模专业农户，实现集约化经营模式。整体呈现"减少非必要补助，推行集约化模式"和"攻守转换，积极拓展"等改革特征。

日本农协曾在实施农业政策、保护农民权利等方面发挥了重要作用，拥有较高的政治地位和影响力，但目前却成了农业改革的阻力。对此，安倍将农协改革定为施策重点，并在2013年9月成立农业工作小组，提出应重新审视农协在农业政策中的地位及今后作用。2014年，工作小组提出废除农协中央会制度、废除农业会议、废除全国农业会议所制度、农协公司化等。转年，日本农协表示接受改革基本方案，同意推动日本农协中央会实现一般法人化，将部分农协改制为股份制，引进专业人员的审计监察，以削弱农协的行政力量并打破既得利益，为农业转型发展消除制度障碍。[①]

3. 力推"进攻型农业"

为扭转消极防守、内外割裂的被动因应策略，以更加主动、进取的姿态利用国际农业发展的有利环境，稳步提升日农业的国际竞争力，2013年1月，安倍政府有针对性地成立了"进攻型农林水产业推进本部"，同年5月又成立了跨部门的"农林水产业和地方活力创造本部"，以求增加农业活力，与过往保守主义分道扬镳。自2017年8月起，日本开始实施《农业竞争力强化支援法案》。整体上，从法律及实务等多个层面推进"进攻型农业"政策。

国内层面，安倍政府积极推动"六次产业化"，即将农业生产（第一产业）、食品加工（第二产业）和流通销售（第三产业）融为一体，充分挖掘和灵活利用传统第一产业的新附加值。为此，日本政府还与民间资本共同出资设立了投资公司"农林渔业增长产业化支援机构株式会

---

① 「農協改革について」，https：//www.maff.go.jp/j/keiei/sosiki/kyosoka/k_kenkyu/。

社"，给予创业资金支持。安倍政府提出，到 2020 年"六次产业化"的市场规模要达到 10 万亿日元。

对外方面，日政府着力扩大农产品出口，力争提质增量，强化品牌意识。安倍政府提出，到 2020 年要将农林水产品和食品的出口额提高到 1 万亿日元，其中，排名前三位的加工食品、水产品、大米和大米加工品分别实现 5000 亿、3500 亿、600 亿日元的出口规模。同时，实施完善的"FBI 战略"（Made from Japan，Made by Japan，Made in Japan），以系统推广日本食材在各类菜系中的灵活运用。为实现对外推广目标，日政府指示驻外使领馆利用各类渠道积极推销农产品，农林水产、经团联和日本农协等相关组织联合成立出口振兴协会及专项工作小组，以形成合力，推动日本农业产品走向国际市场并树立良好口碑。[1]

今后，运用科技赋能将是日本农业升级、实现规模化生产的应有之义。岸田政府成立后，明确表示将充分运用机器人、人工智能、物联网等技术赋能，提升农业生产效率。由此兴起了"农业科技"风潮，众多知名互联网及机器人制造等科技公司相继加入农业改造大潮。部分科技公司已经实现利用物联网等科技红利，实时监控农作物的生长状况，并汇集成为大数据加以分析利用，以动态指导农户调整培育计划。

六、"地方创生"成功案例

（一）福井县丹南地区实施的"RENEW"项目

日本丹南地区涉及鲭江市、越前市、池田町、南越前町、越前町五个区域，聚集越前漆器、越前和纸、越前打刀器、越前衣柜、越前烧、眼镜、纤维 7 个传统工艺，在日本国内也属罕见的传统工艺聚集区域。"RENEW"项目充分利用丹南地区的特性及优势，定期举办颇具规模的

---

[1] 「『攻めの農林水産業』の実現に向けて」，https://www.kantei.go.jp/jp/singi/keizai-saisei/kadaibetu/dai3/siryou3.pdf。

开放活动。

举办期间将限时开放平时无法进入的各地制造工作室，参观者可现场参观传统工艺制作现场，通过手工制作、宣讲会等形式了解行业知识并感悟艺人的制造心境，还可实际购买工艺品。

多家丹南地区作坊、企业、饮食店积极为活动赞助，3天的开放期间内参观者超过3万人次。活动除具备吸引游客、拉动地区经济效果外，还可有效促使更多兴趣人群加入传统工艺匠人学堂，并具备拓展海外市场等潜在作用。整体上，"RENEW"项目以传统工艺品为切入口，增进地区人流及活力的同时，还有效拉动了经济增长及循环。[1]

(二)"共享金泽"项目

该项目由社会福利法人佛子园负责运营，利用国立医院的旧址改造，形成了设施完备的综合福利区域。该设施面积广阔，约1.1万坪（约3.6万平方米），几乎与东京巨蛋面积相媲美。拥有附带服务的32户老年人公寓、残疾儿童入所设施、金泽美术大学学生住宅8栋等建筑，儿童保育设施、天然温泉、餐厅、音乐演奏店、运动场，以及干洗店、美体护理店、羊驼牧场等各类生活娱乐设施完善、功能齐全。

这是一座覆盖老年人、大学生、儿童、残疾人士等多重年龄段，由移居者和地区原住民共同创造并运营的新式社区。设施内的商业服务设施，由具备工作能力的残疾人士、健康老者及部分学生志愿者共同运营。这种新式协同管理机制将有效促进居民间的日常交流，并在维持社区、激发活力等方面发挥积极作用。

"共享金泽"作为地方振兴的重要试点项目之一，受到福利、医疗、建筑、城市运营等多领域关注。目前国内外学习参观人数已超过5万人。[2]

---

[1] 「RENEW 2021」，https：//renew - fukui.com/。
[2] 「シェア金沢」，http：//share - kanazawa.com/。

（三）"浪江特色道之驿（休息区）"项目

双叶郡浪江町作为在东日本大地震中受灾严重的福岛县沿岸地区之一，于 2020 年开放了具备地方特色的振兴项目。在万众期待下诞生的"道之驿"，不仅作为复兴象征和城市新地标，更发挥着抚慰人心、鼓舞士气的"精神驿站"作用。

店内陈列着本地农产品、鱼贝类加工品和地方酒水，与福岛县内其他城市协同推出的特色产品，以及秋田县、青森县等临近县生产的下酒菜等多重商品。以"浪江特色道之驿"为起点，生产者可跨越地区限制紧密联系，共同推出富有魅力的商品。以此拓展外部市场，构建旅游与经济相互促进的良性循环。

另外，除太阳能发电外，浪江町运转着世界最大的氢能设施——"福岛氢能源研究项目"，制造的氢能多用于日常生活及店铺运维。浪江町作为可再生能源利用的智慧城市试点地区，已将能源自给自足定为长期目标。[1]

（四）冲绳县久米岛的海水利用及在线农业项目

久米岛是位于冲绳本岛以西约 100 千米处的离岛，人口不到 1 万人。这座小岛因有效利用海洋深层水，并通过在线销售实现经济创收而备受关注。2000 年起，久米岛在水深约 600 米的海底设置了管道，每天可采集海洋深层水 1.3 万吨。这些深层海水常年稳定保持 8℃ 左右，富含对植物生长有利的营养元素，且清洁度较高，细菌等微生物和污染物质的含量数值极低，因而用途广泛。这些深层海水被售卖至民间企业，用于"海洋温差发电""海葡萄养殖""化妆水生产"等。[2]

另外，老龄化等原因造成此地农业从业人数持续减少，引发农产品减产、滞销等系列难题。而"在线店铺"渠道可有效拓展销路，通过

---

[1] 「道の駅なみえ—福島県浪江町の復興のシンボル」、https：//michinoeki‐namie.jp/。
[2] 「久米島海洋深層水開発」、https：//www.tabechoku.com/producers/23116。

构建完善便捷的在线商店系统，蔬菜等农产品销路日渐畅通，备受度假酒店和餐饮店青睐。如此，农户在收入提高的同时，生产积极性也大幅提升。①

七、"地方创生"未来展望

"地方创生"的有序推行，将激发地方产业活力，增创就业岗位、促进资金流动与经济循环；作为"地方创生"重要施策内容的扩大"相关人口"，可有效提升回流地方的人口数量，增添更多的创新动力及增长活力，形成适合育儿、兼顾工作与生活的理想社区。今后以"地方创生"为翘板或可稳步实现日本国家整体振兴发展。

但未来依旧存在多重考验。一是首期创生综合战略，未能有效解决东京过度集中问题。第二期战略中，虽然明显加强了针对年轻人才的培养，并在增加地方求学及就业、营造舒适便捷的居住环境上做出了诸多尝试，但年轻一代留在东京升学、就业的想法依旧很强。二是地方整体缺乏创新思维，较多施策往往是对其他地方的机械复制或模仿，易引发同质类竞争。如何有效利用科技红利等力量，超越立场与区域壁垒，开展有效合作，将是日本政府与国民需进一步思考的问题。

今后，日本政府可立足全球化、数字化发展、科技赋能等崭新视角推动政策实施。凝聚地方政府、企业、个人等多方力量，利用特殊时期下居家办公的东风，打通中央与地方、国内与国外的壁垒，汇聚推动实现"地方创生"的磅礴力量。

---

① 「沖縄県久米島 オンラインショップによる農作物の地産地消」、https：//note.com/x_face/n/n77b7df9efcb7。

第九章 老龄化与医护制度

2025年，日本"团块世代"①约800万人进入75岁高龄期。随着老年人口的增加，医疗护理需求进一步增加，社会保障支出也急剧增加。为了解决社会保障的财源问题，日本政府通过社会保障与税收一体化改革，提高消费税率，解决社会保障资金来源问题。为应对2025年老龄人口问题，日本政府陆续颁布《社会保障制度改革推进法》（2012年）、《综合确保社区医疗护理法》（2014年）及《医疗保险制度改革关联法》（2015年），为医疗护理制度改革奠定了法律基础。同时，通过对原有的医疗供给制度和护理保险制度进行改革，日本构建了高效的医疗供给制度和社区综合照护体系，加强了医疗与护理的联系，实现了医疗与护理一体化。通过医疗供给制度改革，提高急性期医疗效率，对医院病床功能进行了分化，将医院、病床及设施的功能融合到社区生活，完善居家医疗，建立高效的医疗供给制度。通过护理保险制度改革，构建社区综合照护体系，即以老年住宅供给为前提，将医疗、护理、预防、生活支援服务有机结合起来，在日常生活中为老年人提供照护服务。通过社区医疗与护理联系，加强了护理机构的医疗服务功能，及医疗机关的护理服务功能，使老年人在社区可以享受高水平的医疗护理综合服务。

---

① "团块世代"是指战后1947—1949年间出生的婴儿潮世代。

一、日本医疗护理制度改革背景

（一）2025年人口老龄化带来严峻挑战

自1970年日本进入人口老龄化社会以来，老龄化率持续升高。据日本总务省《人口推算》显示，截至2021年12月，日本总人口为12538万人，老年人口为3622万人，老龄化率为28.8%。[1] 到2065年，日本总人口将减少到8808万人，其中老年人口为3381万人，人口老龄化率将达到38.4%。[2] 2025年，日本总人口中65岁及以上老年人所占比重将达到30.3%，每3人中就有1位65岁及以上老人。同时，75岁及以上老年人所占比重将达到18.1%，到时每4人中就有1位75岁及以上老人。[3] 由于人口再生产惯性，即使大幅度提高出生率，也很难改变人口减少趋势。随着人口老龄化的加剧，日本独居老人家庭和老年夫妇家庭增加。2025年老年家庭将达到1840万户。老年家庭中独居老人家庭和老年夫妇家庭所占比重将达到70%。其中，独居老人家庭达到680万户，占老年家庭的37%。[4] 据2020年厚生劳动省公布的《令和元年简易生命表》显示，日本男性平均寿命为81.41岁，而女性寿命达到87.45岁，预计2040年，男性平均寿命达到83.27岁，女性则达到89.63岁。另据厚生劳动省统计，2025年，日本老年认知症患者将达到700万人，即每5位老年人中就有1位是认知症患者[5]，出现"老老照

---

[1]「人口推計（令和4年4月報）」、総務省、2022年5月1日、https：//www.stat.go.jp/data/jinsui。

[2]「高齢化の状況」、内閣府、2022年5月1日、https//www8.cao.go.jp/kourei/whitepaper/w-2021/html/gaiyou/s1_1.html。

[3]「地域包括ケアシステム構築に向けた現状と課題について～」、厚生労働省、2022年5月1日、https：//kouseikyoku.mhlw.go.jp/shikoku/chiiki_houkatsu/000212083.pdf。

[4]「今後の高齢化の進展～2025年の超高齢社会像～」、厚生労働省、2022年3月5日、https：//www.mhlw.go.jp/shingi/2006/09/dl/s0927-8e.pdf。

[5]「認知症患者は2025年に700万人を突破」、認知症網、2022年5月1日、https：//www.ninchisho.net。

护""认认照护"等问题。老年人的增加，尤其是 75 岁以上老年人及认知症老年人的增加，护理服务需求随之增加。2000 年，日本护理费支出总额为 3.6 兆日元，而到 2025 年将增加到 21 兆日元。

表 9-1　老年人口及老年人口占总人口的比重

	2015 年	2025 年	2055 年
65 岁及以上人口	3384 万人	3657 万人	3626 万人
（占人口比重）	（26.7%）	（30.3%）	（39.4%）
75 岁及以上老年人口	1646 万人	2179 万人	2401 万人
（占人口比重）	（13.0%）	（18.1%）	（26.1%）

资料来源：2015 年数据来自日本总务省统计局，2025 年及 2055 年数据来自日本国立社会保障人口问题研究所"日本将来推计人口"，http://www.ipss.go.jp/pp-ajsetai/j/HPRJ2013/t-page.asp。

（二）人口老龄化带来疾病结构变化

随着人口老龄化的加剧，疾病结构发生变化，慢性病医疗需求增加，需要重新调整医疗资源。当老龄化程度不高时，医疗主要对象是青壮年，主要以急救、延长生命以及回归社会为主要目标，是以医院为主的医疗。但是随着就诊患者年龄结构发生变化，慢性病患者增多，患者主要以患有多种疾病的老年人为主。据厚生劳动省 2020 年"患者调查"显示，每千人当中住院总人数为 1211.3 人，其中 65 岁以上老年人住院为 3618.8 人，门诊总人数为 1211.3 人，其中 65 岁以上老年人为 904.9 人，明显高于其他年龄层[①]。老年患者大多身患慢性病和多种疾病，就诊频率从高到低依次为脑血管疾病、恶性肿瘤、高血压、脊椎障碍。老年患者希望在自己居住的地区接受医疗和护理，这需要改革医疗供给制度。过去，诊所、社区医院、专科医院之间没有业务往来，未来需要建立社区医疗供给制度，以社区为单位，将不同的诊所、社区医院和专科

---

① 「令和 2 年（2020 年）患者調査数」、厚生労働省、2022 年 5 月 1 日、https://www.mhlw.go.jp/toukei/saikin/hw/kanja/20a/dl/01.pdf。

医院有机结合起来，形成社区医疗网络。患者可以根据病情选择医疗机构、护理机构或接受居家医疗护理。也就是说，通过医疗护理一体化改革来构建社区综合照护体系。医疗护理一体化改革是将医疗重点放在急性病，慢性病通过居家医疗护理来解决，并通过提供一系列综合服务来提高生活质量，降低医疗护理成本。过去，都道府县和市町村分别制订社区医疗计划和护理计划，但是在超老龄社会，制订计划时需要统筹考虑医疗和护理。在过去，医疗强调治好病，但今后医疗会更多考虑让患者带着疾病提高生活自理能力，这需要打破医疗与护理的界线。

（三）社会保障支出增加，财政不堪重负

从社会保障给付来看，2021 年日本社会保障给付为 129.6 兆日元，占国内生产总值的 23.2%。其中，年金为 58.5 兆日元，占社会保障给付的 45.1%；医疗给付为 40.7 兆日元，占社会保障给付的 31.4%；福利及其他给付为 30.5 兆日元，占社会保障给付的 23.5%。从社会保障负担来看，社会保险和税收负担了大部分社会保障给付费。2021 年，社会保险负担社会保障费 72.4 兆日元，占总额的 55.86%，公费（国家和地方税收）负担 51.3 兆日元，占总额的 39.58%。[①] 到 2025 年，年金、医疗、护理等社会保障费急剧增加。2025 年，社会保障给付将达到 150 兆日元（占国内生产总值的 25%）。而医疗护理保险费的资金来源主要依靠公费（国家和地方财政负担护理保险费的 1/2 和国民医疗费的 37%），政府财政面临巨大压力，医疗护理保险制度的可持续性面临挑战。这需要建立新的财政扶持制度，为医疗护理供给制度改革奠定财政基础。

（四）建立新的财政扶持制度

为了建立新的财政扶持制度，2012 年 2 月，日本内阁确定了以提高消费税率为主的社会保障与税收一体化改革，2014 年 4 月，将消费

---

① 「社会保障給付費」、厚生労働省、2022 年 3 月 5 日、http://www.mhlw.go.jp/content/000799946.pdf。

税率提高到8%，2019年10月，再次提高到10%。日本政府将利用消费税增额部分（5%）促进医疗护理供给制度改革。为了建立新的财政扶持制度，一是把新增的消费税作为财政来源加以利用，二是在各都道府县建立基金，根据都道府县计划开展各项事业。2008年1月，福田内阁设立社会保障国民会议，并根据该会议提交的报告，在同年12月由内阁决定将消费税作为社会保障费的主要资金来源。为此，2012年2月17日，政府颁布《社会保障与税收一体化改革大纲》。大纲指出，要建设面向全体国民的社会保障体系，从代际公平角度出发，减轻低收入老年人的医疗费和护理费负担（个人负担部分），解决收入差距和贫困问题。2013年12月颁布实施《关于为确立可持续社会保障制度而改革的法律》，阶段性提高消费税率5%，用于稳定社会保障财源。另外，通过《社区护理设施整备促进法》，创建新的基金，加强医疗与护理联系。为了促进都道府县规划的医疗护理事业，利用消费税增收部分在都道府县设立新的基金。2014年基金规模为904亿日元，从消费税增额中拿出544亿日元，剩余的360亿日元从其他渠道筹资。新创设的基金主要支持三项事业，一是支持病床的分化与合作，二是充实居家医疗与护理服务，三是保障和培养医务人员（医生、护士）和护理人员，改善其工作环境和工资待遇。

二、日本医疗护理制度改革相关法律

（一）颁布《社会保障制度改革推进法》

2012年6月，野田内阁为了推行社会保障与税收一体化改革，在国会先后通过了涉及社会保障改革、儿童及育儿支援、医疗与护理、年金制度、劳动雇佣、残疾人支持、税收改革等方面的15部相关法律法规，以构筑中等规模、高效率的社会保障体系。其中，《社会保障制度改革推进法》明确了少子化、医疗、护理及年金等各领域改革方向，并在内阁设立社会保障制度改革国民会议。该会议经过20次讨论，于

2013年8月提交最终报告。该报告指出，要摆脱过度依赖医院的生活方式，以提高生活质量为目标，使老年人在自己住惯了的地区有尊严地生活到人生最后。这需要在社区完善医院、病床和设施功能。也就是说，在社区生活中统筹考虑医疗服务、护理服务、居住、交通、伙食及看护。为了保障财源，各都道府县设立专项基金（国家承担2/3，都道府县承担1/3），用于各都道府县制订的计划和各项事业。一是病床功能分化与合作相关事业，也就是根据社区医疗构想，对医疗机构的病床和设备进行调整。二是为开展居家医疗护理服务事业，促进居家医疗事业和重新整合护理服务所需的设施和设备。三是为培养医务人员，培训医生、护士、护理人员，改善其工作环境。

（二）颁布《综合确保社区医疗护理法》

为建立高效的医疗供给制度，2014年6月，日本颁布《综合确保社区医疗护理法》，对《医疗法》及《护理保险法》内容进行了改革。一是对《社区护理设施整备促进法》进行修改，建立新的基金，加强医疗与护理联系。利用消费税增收部分在都道府县设立基金，促进都道府县的医疗护理产业，如病床功能的分化与合作，促进居家医疗与护理。由厚生劳动大臣制定基本方针，加强医疗与护理合作。二是通过改革《医疗法》，建立富有成效的社区医疗供给制度。医疗机关向都道府县报告病床的医疗用途（高度急性期、急性期、恢复期、慢性期），都道府县根据该报告制订医疗计划和社区医疗构想。在法律上明确社区医疗支援中心职能，确保医务人力。三是对《护理保险法》进行改革，构建社区综合照护体系，公平负担护理费用。通过促进居家医疗及护理，完善社区支持产业，将上门护理及通所护理转移到社区支持产业中，实现供给方式多样化。社区支持产业所需资金由护理预防给付支出，由市町村具体负责实施。特别养护老人之家只能接收居家生活困难、需要护理的中度及重度老人，进一步减轻低收入老年人的保险费负担。有一定收入的老年人需要负担20%护理费。如低收入老人入住护理机构，那么将补贴其伙食及住宿费，但补贴条件中增加了资产一项。

四是明确诊疗补贴标准中的特定行为，制定新的护士研修制度。将医疗社团法人和医疗财团法人进行合并，促进这两项法人转变为非持股医疗法人。修改培养护理人才政策，修改护理福利士资格。

(三) 颁布《医疗保险制度改革关联法》

2015 年 5 月，日本颁布《医疗保险制度改革关联法》。该法第 3 条明确规定改革方针：一是明确规定医疗护理的意义、基本方向；二是规定《医疗保险法》《护理保险法》改革基本方针；三是根据该法整合都道府县计划和市町村计划；四是整合都道府县计划、医疗计划、护理保险事业支持计划；五是确保基金事业有关事项的公正透明；六是综合确保社区医疗与护理。其主要内容，一是保证国民健康保险的稳定性。通过增加财政对国民健康保险的投入，加强国民健康保险财政基础。自 2018 年起，日本都道府县成为医疗保险财政运营责任主体，以保证制度稳定运行。二是阶段性调整后期对老年人的支援金，改成全面总报酬制。三是实现负担公平。为了平衡住院治疗和居家治疗，阶段性提高个人住院伙食费负担，但排除低收入者。为了避免患者集中到大医院就诊，有些特定医院要求提交介绍信，如没有就需要支付一定费用。另外，还提高了计算健康保险费时考虑的标准报酬上限。原先标准报酬是 121 万日元，现在提高到 139 万日元。四是调整国库对各医疗保险组合的补贴费率。对于低收入受保人参加的国民健康保险组合增加补贴。都道府县制订的计划需要反映社区医疗构想并适应医疗费水平，同时支持受保人在预防保健方面的自主努力。

三、日本医疗护理制度改革回顾与现状

(一) 日本医疗供给制度改革回顾与现状

1. 日本医疗供给制度改革回顾

1948 年，日本厚生省（现更名为厚生劳动省）根据《医疗保险法》

成立日本国立医院和日本国立疗养机构，以加强公共医疗基础。日本都道府县和市町村则开设公立医院，弥补医疗资源短缺问题。日本对国立和公立医院的病床进行统一管理，规定当超过规定病床数时，不得开设新医院。1950年，日本实行医疗法人制度，允许民间开设医院。为了扶持民间医疗机构发展，由政府出资建立医疗金融公库，向民间医院和诊所提供长期低利率贷款，解决民间医疗机构资金难的问题。为了解决各都道府县医疗资源不均衡状况，日本于1973年提出"一县一医大"的构想，大幅度增加医大招生人数，确保每个县拥有一所医科大学，并根据保健医疗需要，增加很多医疗保健相关的新职业，实行资格证制度。1985年，日本政府第一次修改《医疗保险法》，设定区域医疗圈，并制订都道府县医疗计划。1992年第二次修改《医疗保险法》，对医疗设施功能进行系统分类，即分为提供专门医疗服务的特定功能医院和提供长期护理的疗养型病床。2006年，日本第五次修改《医疗保险法》，进行医疗供给体系改革和医疗保险制度改革，促进医疗功能分化与合作。将医疗功能分为高度急性期功能、急性期功能、恢复期功能、慢性期功能，[①] 从护理角度促进居家医疗与护理。2015年，日本改革医疗供给制度，建立居家医疗供给制度。为了有效利用有限的医疗资源实现高质量的医疗，构建社区居家医疗供给体系，实现社区医疗机构之间的功能分化与合作，避免患者集中在大医院，各都道府县因地制宜调控医疗供给量，实现与中小医院及诊所的合作。

表9-2 《医疗保险法》改革内容及背景

修改时间	修改内容	修改背景
昭和60年（1985年）第一次修改	建立医疗计划机制	消除各地医疗资源不均衡问题

---

① 寺泽泰大、根岸隆史：《医疗供给制度及护理制度改革概要及论点》，2017年3月8日，www.sangiin.go.jp/japanese/annai/。

续表

修改时间	修改内容	修改背景
平成 4 年（1992 年）第二次修改	建立护理型病床制度、建立特定功能医院制度	应对人口老龄化、疾病结构变化，实现医疗设施功能体系化
平成 9 年（1997 年）第三次修改	在诊所设置护理型病床，建立社区医疗支援制度，完善医疗计划机制	应对人口老龄化、疾病结构变化，实现医疗设施功能体系化，消除医疗机构分布不均衡问题
平成 12 年（2000 年）第四次修改	改革病床功能，实行临床进修制度	提高医疗专业水平，促进集体会诊制度
平成 18 年（2006 年）第五次修改	都道府县定期举办医疗对策协议会议	推进医疗功能分化与合作，应对医生分布不均衡问题

资料来源：寺泽泰大、根岸隆史：《医疗供给制度及护理制度改革概要及论点》，2017 年 3 月 8 日，www.sangiin.go.jp/japanese/annai/。

表 9-3 医疗功能的名称和内容

医疗功能名称	医疗功能内容
高度急性期功能	对急性期患者，提供密集诊疗，使其病情早日稳定
急性期功能	对急性期患者，提供医疗，使其病情早日稳定
恢复期功能	对脱离急性期的患者提供康复训练，使其早日回家；特别是脱离危险的脑血管疾病及骨折患者，集中提供康复训练
慢性期功能	对需要长期治疗的患者安排住院治疗

资料来源：寺泽泰大、根岸隆史：《医疗供给制度及护理制度改革概要及论点》，2017 年 3 月 8 日，www.sangiin.go.jp/japanese/annai/。

2. 现行日本医疗制度基本框架

日本医疗制度由医疗保险制度和医疗供给制度组成。医院和诊所等医疗机构是医疗服务供给主体。由于日本实行自由行医制度，各个地区医疗资源分布不均衡，大部分医疗机构集中在大城市。1961 年，日本实现了"国民皆年金、国民皆保险"，使得全体国民都加入医疗保险制度。医疗保险制度分为职域保险、社区保险、老年人医疗三种类型。职域保险再分为雇佣者保险和自营业者保险。雇佣者保险又分为一般雇佣者保险（健康保险）和特定雇佣者保险。一般雇佣者保险的参保对象为企业在职职工，根据《健康保险法》运营实施。根据保险管理主体和参保者职业不同，健康保险分为全国健康保险协会管理和健康保险组合管理两种形式。中小企业员工加入全国健康保险协会管理的健康保险，参保人数仅次于国民健康保险。健康保险组合管理的健康保险是以各用人单位和行业的健康保险组合为主体承办的保险机构，全国共有1443个健康保险组合。特定雇佣者保险分为船员保险、国家公务员共济组合、地方公务员共济组合、私立学校教职员共济组合等，共有85个共济组合。社区保险也就是国民健康保险，主要面向农民、个体经营者和无业人员，国民健康保险实施主体是市町村和国民健康保险组合，共有1881个组合。老年人医疗保险于2008年建立，原则上以75周岁以上老年人为对象，65岁以上身有残疾的老人也可以成为保险对象。全国共有47个老年人广域联合会，保险费主要由国家、企业和个人三方共同负担。看病时，普通患者原则上承担医疗费的30%，学龄前儿童负担20%，70—74岁老人承担20%，75岁及以上老人承担10%。

（二）日本护理保险制度改革回顾与现状

1. 日本护理保险制度改革回顾

随着老龄化的加剧，为了减轻家庭护理负担及完善护理服务供给制度，1997年日本制定《护理保险法》，并于2000年颁布实施。护理保险制度的实施改变了原先由行政部门对个别老人提供老年社会福利的方式，转变为普惠型制度，只要符合要求，任何老人都可以获得保险给付。由于人口老龄化的进一步加深，护理需求猛增，需要从护理保险制度的供给和需求角度进行改革。2005年、2008年、2012年及2015年，政府对护理保险制度进行了四次改革。2005年主要改革以下三个方面，一是由于需要护理人数剧增，保险给付压力增加。为了缓解给付压力，以自立支援为原则，对需要护理的老人和护理支援进行调整。设立社区支持业务，重视预防护理。二是限制机构给付，重视居家护理。将原先纳入保险给付的伙食费和机构住宿费排除在保险给付范围外。三是重点促进社区护理服务，建立社区紧贴型服务。社区紧贴型服务包括夜间对应型和认知症对应型服务。2008年的改革主要涉及社区综合照护体系建设。社区综合照护主要统筹考虑老年人居住、医疗、护理、预防及生活支援。为此，要加强医疗与护理的联系，确保护理人才及提高服务水平，完善老年住宅，促进认知症对策。2012年的改革进一步促进社区综合照护体系建设，建立定期巡回型服务及复合型服务。主要解决护理人员不足、医疗与护理合作、护理给付费增加等问题。而且，为了减轻财政负担，调整了给付对象，提高了个人负担水平及制度效率。2015年的改革强调入住特别养护老人之家的老人需要达到"需要护理等级3"，具有一定收入的老人需要自己负担护理费的20%。原先由全国统一支付的预防给付转移到市町村，变成地方支持业务。

2. 现行日本护理保险制度框架

2000年日本政府颁布实施护理保险制度。护理保险制度的三个主体分别为投保人、服务机构、参保人。其中，投保人为市町村。参保人为40岁以上人群，分为两类，第1类参保人为65岁及以上老年人；第2类参保人为40—64岁的人。第1类参保人的保险费原则上从养老金中扣除，第2类参保人的保险费同医疗保险费一并缴纳。护理保险制度资金来源由两部分构成，一是由国家、都道府县及市町村各级财政共同承担50%保险费，即公费负担50%。其中，国库承担20%，都道府县承担12.5%，市町村承担12.5%，拨款协调5%。二是由两类参保人缴纳50%保险费。其中第1类参保人缴纳21%，第2类参保人缴纳29%。保险费率根据各计划时期第1类参保人和第2类参保人的人口比例确定。上述比例是第5期（2012—2014）制定实施的。服务机构提供三种类型服务，一种是居家护理服务（上门服务和到护理机构接受服务）、社区紧贴型护理服务（痴呆症障碍集体养老院）以及机构护理服务（特别护理院等）。护理服务供给主体为民间企业。老年人接受护理服务时，自己承担10%护理费，保险给付承担90%护理费。护理服务价格由国家规定。老年人接受护理服务，需要到市町村指定窗口提交护理申请，并接受认定调查，医生给出护理意见书。根据身心状态和认定科目（共74项），判定护理等级。护理等级分为需要护理的1—5级和需要支援的1—2级。取得护理等级后，如符合需要护理的，就给出护理服务利用计划，如符合需要支援的，就给出护理预防计划。老年人根据护理服务使用计划，可以得到机构护理服务、居家护理服务和社区紧贴型护理服务。确定认定级别后制订服务计划，使用者可以根据服务计划接受各类服务。上述服务均可以获得护理保险制度规定的护理给付费。使用者通过护理预防计划，可以获得护理预防服务和社区紧贴型护理预防服务。这时可以获得护理保险制度规定的预防给付。对于那些不符合上述条件，但可能发展到需要支援和需要护理的人，可以获得护理预防业务的支持，费用由社区支援事业支出。

四、改革护理保险制度，构建社区综合照护体系

（一）修改《护理保险法》，为构建社区综合照护体系奠定法律基础

早在20世纪80年代，日本政府为解决老年人护理问题，就积极促进居家护理服务。1989年，日本政府出台《高龄者保健福利推进10年计划》（"黄金计划"），积极促进居家护理，构建社区护理体系。1994年，厚生劳动省在《21世纪福利展望》报告中指出，"构建任何人都可以就近方便接受护理服务的体系"和"通过医疗与福利联系，构建能够综合提供老年人护理服务的体系"。2000年4月日本颁布实施《护理保险法》，实现了护理服务供给主体的多样化，利用者的选择余地拓宽，市町村真正成为护理保险制度的主体。为了构建社区综合照护体系，2005年改革了护理保险制度，建立社区综合支援中心和社区紧贴型服务。2009年，鸠山政府上台后，厚生劳动省"社区综合照护研究会"研究决定构建社区综合照护体系。2010年5月政权更替后，11月，社会保障审议会护理保险部会制定《关于修改护理保险制度的意见》。该

意见指出，即使护理程度加重，也要让老年人尽量在自己住惯了的社区接受护理服务。为此，需要构建在日常生活圈内提供综合的医疗、护理、预防、居住、生活支援服务的护理体系。2011年6月，政府接受社会保障审议会意见，颁布"关于修改护理保险法，加强护理服务基础的法律"。该法主要内容：一是建立24小时定期巡回随时上门护理及复合型服务；二是由受过训练的护理福利士和护理人员为患者吸痰；三是延长护理疗养型医疗机构的变更期限；四是控制保险费率增加；五是制定保护消费者的法律，维护老年人使用收费老人之家的权益；六是制订第五期护理保险事业计划和修改实施诊疗报酬及护理报酬制度。2012年《平成24年度版厚生劳动白书》指出，为了维持社区功能，除了确保就业机会以外，还要通过构建社区综合照护体系，建立与社区相联系的生活保障基础。2012年4月，为巩固护理服务基础，修改护理保险法部分内容。其强调六点：一是加强医疗与护理联系；二是培养护理人才，提高服务质量；三是完善老年人居住环境；四是完善认知症对策；五是加强投保人即市町村（护理保险投保人）的主导作用；六是减缓护理保险费上涨幅度。

（二）社区综合照护体系的基本框架

社区综合照护体系是以提供能够满足老年人需求的住宅为前提，为确保老年人生活稳定、安全、健康，在日常生活场所（日常生活圈域）综合提供医疗、护理、预防和包括福利服务在内的生活支持服务。这里"社区"是指30分钟内到达的距离，具体一点就是以中学校区（约1万人）为一个社区单位。居住、生活支持、护理、医疗、预防是社区综合照护体系的五大构成因素。这五大因素相辅相成，支撑老年人的居家生活。"居住"包括居住保障及居住方式，是构建社区综合照护体系的前提。保障老年人居住地，为老年人提供能够维护尊严和隐私的居住环境，老年人根据个人意愿和经济能力决定居住方式。"生活支持"包括生活支持服务和福利服务。提供生活支持服务，使老年人在身心能力减退、经济困难、家庭关系发生变化时有尊严地生活下去。生活支持服务包括送餐助餐、近邻打招呼以及照料等非正式服务，对于生活困难的老人提供福利服务。"护理""医疗""预防"是指由专门人员提供护理康复、医疗看护、保健预防等一揽子服务。社区综合照护研究会指出，假如把居住以及居住方式比喻成花盆，那么生活支持服务及福利服务是花盆里的土壤，因此假如没有土壤和花盆，那么即使把"护理""医疗"及"预防"种在花盆里，也很难发挥应有的作用。

（三）构建自助、互助、共助、公助相结合的社区综合照护体系

构建社区综合照护体系需要将自助、互助、共助、公助相结合，并且反映居民的需求及社区特点。"自助"是指医疗保险及护理保险中的自费部分和在市场上自费购买的服务。"互助"是指志愿者服务和社区居民之间的相互服务。"共助"是指由医疗保险和护理保险提供的保险给付。"公助"是指医疗保险和护理保险中公费负担部分和地方政府提供的服务。社区综合照护体系还需要由多层次支持网络发挥作用。东京都保健局将具有互助功能的支持网络分为三种[1]：一是由自治会和近邻居民形成的网络，这是比较松散的网络，但可以及时发现老人的异常表现和情况。二是由民生委员、志愿者团体、非营利组织法人形成的网络，这是具有一定护理知识的人员组成的网络。三是由医生、护士、律师、社区综合支持中心、护理福利办公室专业人员形成的网络。由于专业性强，可以提供更加专业化的服务和更加有用的信息。只有各种层次的网络交织在一起，才能构建社区综合照护体系。假如将提供服务的护理机构和医院、社会福利委员会、福利护理服务办公室看作是"点"，那么向居家老人提供服务便属于"线"，用线连接点，把社区各种资源（商店、邮局、居委会、居民）组成"面"，使社区综合照护体系发挥作用。[2] 只有这样，老年人需要护理时，才可以在住惯了的地区有尊严

---

[1] 一園光彌、林宏昭，『社会保障制度改革を考える』、中央経済社 2014 年版、第 260 頁。
[2] 野口定久，『人口減少時代の地域福祉』、ミネルヴァ書房 2016 年版、第 246 頁。

地接受护理并生活到生命的最后一刻。

（四）整合医疗护理资源，促进医疗与护理联系

1. 在市町村主导下构建社区综合照护体系

在社区综合照护体系建设中市町村发挥主导作用，一是调查社区内老年人需求，了解社区存在的问题；二是分析与居家医疗、护理、生活支持及住宅相关的服务需求；三是制订切实可行的护理保险计划。护理、医疗、预防等专门服务和居住以及生活支持服务相互影响、相互交错，支持老年人居家生活。为了构建社区综合照护体系，需要采取以下五大具体措施：整合医疗与护理；充实护理服务；促进预防护理；确保生活支持服务；完善老年人居住配套设施，使老年人可以在自己家里享受综合照护服务。

表9-4 构建社区综合照护体系五大措施

整合医疗与护理	对于需要居家护理的老人，加强多种职业参与的医疗护理服务，提供24小时应对型居家医疗及上门看护、小规模多功能服务和复合型服务，允许由护理人员对患者实施吸痰等医疗行为
充实护理服务	增加老年护理设施（3年要确保16万张床），严格控制入住特别养护老人之家的资格。原则上将入住资格限定在需要护理等级3以上，无法居家生活、需要护理的重度老人。但如有特殊情况，可以入住，如失智失能老人、深受家庭虐待、身心安全得不到保障的老人
促进预防护理	鼓励老年人自立生活和参与社会，防止老人进入护理状态。加强康复训练，发挥护理经理人的作用。原先属于护理保险制度预防给付的上门护理和通所护理转移到社区支援事业
加强生活支持服务及维护老年人权益	加强各种生活支持服务，如照料、配餐，维护老年人的财产管理等权益。针对认知症患者增多的事实，完善监护人制度
完善老年居住配套设施，使老年人居家获得综合照护服务	通过《老年人居住法》，把满足一定标准的收费老人之家和老年专用住宅改造成附带服务功能的老年住宅

2. 加强社区居家医疗与护理

2013年8月，日本政府接受社会保障制度改革国民会议的建议，于2014年6月25日颁布《为综合确保社区医疗与护理，完善相关法律的法律》(《医疗护理综合确保法》)。具体内容：一是"促进居家医疗与护理联系"，"加强认知症对策"，"进一步充实和强化生活支持服务"。二是"提高有一定经济能力老年人的护理服务费（从10%提高到20%）"，"修改护理机构使用者领取食宿补贴的条件"，"减轻低收入老年人的保险费负担"。严格审查低收入老年人的资产情况，根据调查结果入住机构时给予伙食及居住费补贴。根据《医疗护理综合确保法》，由都道府县制定"社区医疗构想"。该构想包括两项内容，一方面是主要应对2025年老龄化挑战，促进病床功能的分化与合作。2025年日本"团块世代"进入高龄期，急需改革医疗护理服务供给制度，促进医疗机关的功能分化，建立居家医疗制度。实行病床功能报告制度，医疗机关需要将自己拥有的病床进行功能分化，并向都道府县报告病床数量和用途。根据病情，把病床分为高危急性期病床、急性期病床、恢复期病床、慢性期病床。比如，A病区收治急性期患者，B病区收治康复期患者，C病区收治慢性病患者。都道府县根据医疗需求（住院者数、门诊人数、按疾病分类的患者数量）和医疗机构的现状，对社区医疗功能进行统筹安排，构建2025年医疗供给制度。另一方面是改革现行医疗供给制度，整顿医院设施设备，培养医疗人员。根据社区医疗构想，整顿医疗机构的设施和设备。当医疗机构不配合病床功能的分化和合作时，都道府县有权公示医疗机构黑名单，并取消该医院申请补贴资格和融资优惠资格，取消社区扶持医院资格和特定功能病床资格。由原先提供机构护理服务的老人护理保健机构和老人护理福利机构向社区提供护理服务。老人护理保健机构兼具医疗功能，常设医生和护士，承担一定的医疗服务。同时，还要承担出院患者的康复护理。2014年，上门护理员进修制度发生了变化。自2016年，即使毕业于护理福利士四年制专业，也要参加护理福利士资格考试。另外，根据《医疗护理综合确保法》和《护理保险法》，家庭医疗成为社区支援事业。市町村作为社区支援事业的主体，积极加强与社区医师会的合作，与社区相关机构建立联系。比如，收集掌握社区医疗护理支援；解决居家医疗与护理联系中存在的问题；建立无缝对接的居家医疗与护理联系；建立医疗护理人员共享信息网；提供居家医疗护理咨询；促进医疗护理有关人员培训；普及和启发社区居民；加强市町村之间的协同。

3. 加强社区综合支援中心功能，整合医疗与护理资源

2006年4月，为了应对人口老龄化高峰期，日本修改《护理保险法》，设立社区综合支援中心。设立中心的目的在于使老人能在自己住惯了的社区自立生活且得到必要的综合支持。中心不仅提供护理保险规定的服务，还提供保健、医疗、福利服务以及近邻居民提供的照料活动、志愿者团体提供的志愿者活动等立足于社区的综合性活动。各市町村可以根据社区规模设立若干个社区综合支援中心，并委托医疗法人、社会福利法人、非营利组织法人经营管理。社区综合支援中心主要负责以下业务：一是提供综合咨询，即广泛接受以老年人为主的社区居民对护理、福利的咨询。二是提供护理预防，即帮助需要护理的老人制订预防护理计划及服务内容。三是拥护老年人权利，即防止老年人受到虐待、帮助老年人利用成年监护人制度。四是建立社区老年人支持网络。社区综合支援中心原则上要配备保健师、社会福利士及护理经理人三种职业，由保健师担任护理预防管理，社会福利士负责咨询和权力拥护，护理经理人提供综合性可持续的护理管理。为了使社区综合支援中心顺利运营，由医疗、护理人员和市民、有识之士共同组成运营委员会帮助中心正常运转。为解决社区问题，社区综合支援中心举办社区护理会议，探讨个别案例，共商解决对策。

4. 建设附带服务功能的老年住宅，方便老年人日常医疗护理

为了使老人，特别是独居老人和老年夫妇在自己住惯了的地区安心生活，日本于2011年4月28日修改了《关于确保高龄者居住稳定的法律》（简称《高龄者居住法》），并于同年10月20日实施。这项法律整合了原来的《高龄者顺利入住租赁住宅法》《高龄者专用租赁住宅法》《面向高龄者提供优质租赁住宅法》三项法律。该法规定，注册附带服务功能的老年住宅必须符合以下四项标准（入住者标准、设施标准、服务标准、合同标准）。入住附带服务的老年住宅，一般要求年龄在60岁以上，住宅面积为25平方米（如有足够大的公用面积，不低于18平方米便可）。附带服务功能的老年住宅分为三种类型，一是衔接现有老年住宅周围的医疗护理服务功能，使老年人居家享受医疗护理服务；二是对现有的老年住宅进行改造，增设医疗护理服务功能；三是新建附带医疗护理服务功能的老年住宅。不管是哪种类型，附带服务功能的老年住宅必须配备以下三种服务。一是生活支持服务。生活支持服务包括老人就餐食堂和送餐服务，使老人及时吃到可口饭菜。同时，在老年住宅周围开设咖啡厅、西餐厅、酒吧、小型超市和菜市场，方便老人生活。二是安全保障和生活咨询服务。老年住宅配备住宅管理员，主要负责住宅的维护管理、咨询、联系、维护老年人权益。住宅管理员还要定期拨打电话确认老人身体状况。三是医疗护理服务。一般包括认知症对应型共同生活护理机构；上门护理站；小规模多功能居家护理机构；居家护理支持诊所；主治医生诊所；社区综合支援中心；药店；定期巡回、随时应对型上门护理看护。这些设施和服务有些是新建的，有些是开放原先属于社区、养老机构和医疗机构的医疗及护理资源。

（五）日本医疗护理一体化实践（以千叶县柏市经验为例）

一直以来，护理保险制度和医疗保险制度都独立运营。从老年人的生活与健康角度考虑，需要加强医疗保险与护理保险的合作。日本正在进行医疗护理一体化改革，构建提供综合医疗护理服务的综合照护体系。千叶县柏市位于东京东北部，离东京市区30公里，在高速经济增长时期作为东京的卫星城市取得快速发展。截至2016年4月，千叶县柏市人口为41.5万人，约有17.6万户家庭，65岁老年人口为10万人，占总人口的24.1%。当时由日本住宅公团修建了4700户住宅。由于时值经济高速发展期，该地区开发了大规模住宅区。如今50年过去，居住在此的人们陆续进入老年期。随着老年慢性病患者增加，需要改变以往以医院为主的医疗护理供给方式，需要以老年人居家生活为主，提供社区医疗护理服务。2010年5月,千叶县柏市政府、日本住宅公团都市机构(原日本住宅公团)和东京大学老龄社会综合研究机构共同签署合作协议,组织"柏市丰四季台地区高龄社会综合研究会"(简称"研究会"),在柏市进行居家医疗护理一体化实践。当时,研究会提出"要建设不管何时都能安心生活的街区""无论到何时都能健康活跃的街区"方针。为了实现上述方针,决定建立社区综合照护体系。主要内容包括促进居家医疗,培养承担居家医疗护理的人员,支持老年人就业及终身学习,建设有附带服务功能的老年住宅,完善交通体系。通过该项目,柏市政府希望建设让老人安心生活的街区,而东京大学则希望创新社会体系,探索一条应对超老龄社会的样板。当时,有些医生对24小时365日应对型服务和对自己专业以外的领域进行诊疗存在担忧,因此对开展居家医疗积极性不高。而且,当时医疗和护理服务之间没有任何联系。患者及家属对居家医疗也了解甚少。在这种背景下,为了实现居家医疗,采取了如下措施:一是由主治医生和副主治医生构建医疗团队,提升居家医疗效率;二是通过医师会,举办多业种合作的进修活动,加强上门看护,促进医疗护理多业种合作;三是建设信息共享系统;四是通过启发、商谈、支持等形式向市民普及居家医疗护理的必要性;五是设立柏市社区医疗合作中心,协调各业种间的合作。

第十章 金融体系现代化

一、战后金融体系重建

战后日本的经济近乎崩溃，金融体系也受到巨大冲击。在资金长期严重短缺的背景下，日本政府以经济复兴、企业发展壮大、保持金融市场稳定为主要目标，完成了以银行融资为中心，政策性金融机构强力支援的间接金融体系重建。同时，实施对金融机构的纵向分割，统一监管利率，严格限制自由竞争。

（一）民间金融机构

日本的金融体系是以银行部门为中心构成的。[①] 日本民间银行包括都市银行、地方银行、相互银行、长期信用银行以及信托银行。都市银行是以城市为据点，在全国范围内拥有分店的大型银行，是日本金融体系的中坚力量。1950年4月，北海道拓殖银行与劝业银行由特殊银行转为都市银行，都市银行数量达到13家。1975年底，都市银行的存款量约占日本金融机构存款总量的21.9%，银行存款总量的44.5%。[②] 地方银行源于战时金融统制时期的"一县一行主义"方针，营业范围基本在各都道府县内，共计64家。相互银行由日本传统金融机构"无尽

[①] 鹿野嘉昭、『日本の金融制度　第3版』、東洋経済新報社2013年版、第206頁。
[②] 日本銀行金融研究所編、『わが国の金融制度』、1995年4月、第14頁。

企业"① 依据 1951 年《相互银行法》发展而成，1968 年 6 月根据《金融机构合并及转换法》，依次转为第二地方银行。由于战后复兴资金需求量巨大，各银行均处于"超贷"状态，为建立能够提供长期融资的金融机构，1952 年 6 月《长期信用银行法》发布。长期信用银行仅有 3 家，包括兴业银行、以拓殖银行及劝业银行金融债业务为基础新设的长期信用银行、日本不动产银行（后改为日本债券信用银行）。1948 年，6 家信托公司转型为信托银行，1952 年开展贷款信托业务，为重要产业提供长期资金供给。1954 年 12 月，为减轻普通银行长期资金供给的负担，大藏省决定分离银行业务与信托业务。合并整合后，共计 7 家信托银行②及 3 家信托兼营银行③可从事信托业务。

除银行外，协同组织金融机构在日本民间金融体系中占据重要位置。协同组织金融机构是以会员或组合成员相互扶持为基本理念的非营利性组织，包括信用金库、信用组合、劳动金库、农林渔业相关协同组合。基于 1947 年的《农业协同组合法》、1948 年的《水产业组合法》，农村的产业组合整合为农业协同组合及渔业协同组合，并形成农林中央金库—信用农业（渔业）协同组合连合会—农业（渔业）协同组合，三段式系统金融结构。1949 年依据《中小企业等协同组合法》，市街地信用组合、准市街地信用组合及商工信用组合改组为信用协同组合。④1951 年《信用金库法》颁布，560 家规模较大的信用协同组合改组为信用金库，其余 72 家保留信用组合形式。⑤信用金库的主要服务对象为从业人员 300 人以下或资本金 9 亿日元以下的区域内中小企业。信用组

---

① "无尽企业"诞生于镰仓时代，最初为带有宗教色彩的平民互助帮扶组织，明治时期逐步专业化，成为平民金融机构。"无尽"指的是通过抽选方式将组织内部成员贡献资金的利息收益转让给某个人。
② 主营信托业务银行分别为住友信托银行、三菱信托银行、三井信托银行、安田信托银行、日本信托银行、东洋信托银行（由神户银行、三和银行信托部门及野村证券代理部门组成）、中央信托银行（由第一信托的信托部门及东海银行信托部门组成）。
③ 以银行业为主兼营信托业务，包括 1 家都市银行（大和银行）及 2 家冲绳县内地方银行。
④ 信金中央金庫編集、『信金中央金庫七十年史』、2021 年 3 月、第 10 頁。
⑤ 鹿野嘉昭、『日本の金融制度　第 3 版』、東洋経済新報社 2013 年版、第 412 頁。

合则主要服务于从业人员 300 人以下或资本金 3 亿日元以下的区域内小微企业。1953 年依据《劳动金库法》，以提高劳动者生活水平为目标的信用组合转为劳动金库。此外，民间金融机构还包括证券公司、证券金融公司、证券投资信托委托公司、生命保险公司、损害保险公司、住宅金融公司、消费者信用公司等非存款性金融机构。

（二）政策性金融机构

政策性金融机构指主要由政府出资运营，以经济发展、国民生活稳定为目标，利用财政投融资，弥补民间金融机构融资不足的金融机构。具体包括：承担储蓄、保险业务的邮便局；为高风险项目或存在信用、担保问题的企业，提供政策性融资的日本开发银行、日本进出口银行；为公共性事业发展提供稳定资金供给的国民金融公库、中小企业金融公库、农林渔业金融公库、住宅金融公库等。

邮便局是财政投融资制度下重要的"入口机构"。[①] 邮政储蓄业务筹集的资金，除必要资金外，均由大藏省资金运用部统一管理，是财政投融资原始资金的最主要来源之一。1982 年底，资金运用部合计的 127 万亿日元中，邮政储蓄占比达 60%。[②] 除邮政储蓄业务为外，邮便局还承担简易生命保险及邮便年金业务。1973 年，邮便局新增储蓄担保融资业务，提供小额贷款，额度为存款的 90% 且不超过 10 万日元，1979 年贷款上限提升至 70 万日元。[③]

日本开发银行成立于 1951 年 4 月，前身为 1947 年配合"倾斜生产方式"设立的复兴金融金库。日本开发银行最初主要为电力、煤炭、钢铁、海运等重点产业的长期设备投资提供融资。后随产业结构变化，融资活动日益多样化，开始为基础设施建设、区域活性化、防止公害等项目提供资金。1950 年 12 月，日本出口银行成立，为出口产业提供长期

---

① 日本銀行金融研究所編，『わが国の金融制度』、1995 年 4 月、第 416 頁。
② 小宮隆太郎，『日本の産業政策』、東京大学出版会 1984 年版、第 118 頁。
③ 日本郵政株式会社広報部社史編纂室編，『すべてを、お客さまのために一郵政百五十年のあゆみ一』、日本郵政株式会社 2021 年版、第 60 頁。

资金。1952年增加进口金融业务，改称日本进出口银行。20世纪60年代前，日本进出口银行超过50%的贷款资金流向船舶产业。随着对外开发事业金融、直接借款业务的展开，20世纪70年代后期，进口投资及对外投资的资金占比分别超过20%。[1]

国民金融公库（1949年）、中小企业金融公库（1953年）、商工组合中央金库[2]（1936年）合称为"政府系中小金融机构"。国民金融公库为大众提供创业贷款、维持或改善企业生产的小额贷款、升学贷款等。中小企业金融公库则为中小企业提供合理化、近代化所需长期资金。农林渔业金融公库设立于1945年，其资金主要运用于农林渔业相关的基础设施建设及维护。1950年，为改善战后住房困难问题，住宅金融公库成立，向大众提供用于改善住房的长期低息贷款。住宅金融公库提供了约40%的日本个人住房贷款。此外，日本的政策性金融机构还包括公营企业融资公库（1957年）、医疗金融公库（1960年）、环境卫生金融公库（1967年）、冲绳振兴开发公库（1972年）等。

（三）战后金融体系的特点

战后日本的金融体系具有以下几个特点。第一，以"护送舰队方式"维护金融稳定，实施严格的竞争规制。一是金融业务分离。包括长、短期金融分离，存款业务与信托业务分离，银行业务与证券业务分离，国内金融与国外金融的分离。二是担保原则。金融交易需在担保条件下进行，以确保安全性。三是利率限制。统一存款利率并设置利率上限，保证金融机构收益。但低利率导致民间金融机构"超贷"，需要依赖日本银行借款弥补不足。四是限制金融机构数量。原则上禁止新机构加入，鼓励合并。同时，金融机构的兼并、转变经营方向、开设或关闭

---

[1] 小宫隆太郎、『日本の産業政策』、東京大学出版会1984年版、第122页。
[2] 商工组合中央金库是由日本政府部分出资的协同组织金融机构，贷款对象及原则与协同组织类似。

店铺等须经大藏大臣认可。①

第二，间接金融占主导地位。资本自由化前，日本政府对债券、证券等交易进行严格限制，债券市场、证券市场发展落后，自然形成了间接金融主导的金融结构。导致企业严重依赖外部资本供应，出现"超借"。表10-1显示了日本企业外部融资分布。其中，贷款占比由1957—1959年的68.3%，增长至1970—1974年的83.3%。间接金融还体现在金融机构对家庭过度储蓄与企业过度投资的连接作用。1961年，日本金融机构吸收个人储蓄约20454亿日元，几乎全部贷给企业。②

表10-1 企业外部融资分布 （单位:%）

时间	股票	债券	贷款
1957—1959年	20.5	11.1	68.3
1960—1964年	21.2	13.6	65.2
1965—1969年	8.0	12.1	79.9
1970—1974年	6.4	10.3	83.3
1975—1979年	19.6	25.3	55.1
1980—1984年	30.0	25.1	45.0
1985—1988年	38.6	51.4	10.0

资料来源：青木昌彦、『日本のメインバンク・システム』、東洋経済新報社1996年版、第125頁。

第三，以主银行制度为核心的银企关系。主银行为企业最大的债权人及股权人，与企业保持长期、固定、互惠的交易关系。主银行为企业提供稳定的资金供给，并获得贷款利息及股本分红，同时对企业的资金运用进行监管与救济。据统计，1973年96.2%的日本企业有主银行，主银行贷款占企业外部融资的17.9%。在90.2%的日本企业中，主银

---

① 香西泰、伊藤修、日向野幹也、『昭和財政史 昭和27～48年度 第十巻』、東洋経済新報社1991年版、第98—103頁。

② 千種義人編集、『産業体制の再編成』、春秋社1963年版、第28頁。

行为前十大股东。①

二、金融自由化

20世纪70年代末，日本经济环境发生巨大变化。一方面，高速增长结束，企业资金需求减少，金融结构由过度投资转向过度储蓄。另一方面，石油危机导致财政收支恶化，需发行大量国债应对。在此背景下，以1983—1984年召开的"日美间日元美元委员会"为契机，日本踏上了金融自由化道路。20世纪80年代后期，泡沫经济下，日本金融机构及企业纷纷进军海外。20世纪90年代初，泡沫最终破灭，日本金融体系深陷危机。

（一）金融自由化的进程

1975年日本首次发行"赤字国债"，发行国债总额达15万亿日元，国债依存度急速上升至10%，1979年达35%。② 国债的大量发行推动了金融革新与规制缓和。1977年，日本政府允许发行时间超过一年的国债在市场公开销售、自由流通；1979年5月，在短期金融市场引进让渡性存款；1980年1月，开放证券公司销售中期国债基金；1981年5月后，认可了期日指定定期存款、收益到期回收型贷款信托、一次还本付息债券等新商品，实现了金融商品的多样化；1983年后，依据新《银行法》，银行可从事中长期新发国债的销售业务。

这一阶段的金融规制缓和是在既成秩序框架内进行的。1984年5月，"日美间日元美元委员会"达成协议，大藏省发布《金融自由化及日元国际化的现状与展望》，日本金融自由化的步伐开始加快。

---

① 広田真一、「日本のメインバンク関係：モニタリングからリスクヘッジへ」、『RIETI（経済産業研究所）Discussion Paper Series』2009年8月、第1—41頁。

② 渡辺雅男、「日本経済の金融化と階級的覇権の交代」、『季刊経済理論』2018年55巻1号、第25—35頁。

1. 利率自由化

1985年3月，日本政府引入市场利率联动型存款，10月起实施10亿日元以上定期存款的利率自由化。1989年，日本实现最低金额1000万日元的定期存款利率自由化。1991年11月，自由利率定期存款的限额下调至300万日元。1992年6月引入活期储蓄存款，开始流动性存款的利率自由化。1993年6月，日本实现存款期限在1个月至3年的定期存款利率的完全自由化。1994年10月完成除支票活期存款外的流动性存款利率自由化。随后，逐步缓和存款期限及利息支付方式相关限制，于1996年10月实现完全自由化。与此同时，金融债券的票面利率、贷款信托的预期分红率也逐步实现自由化。例如，1990年以前，折扣债券的发行条件根据定期存款利率统一决定，1990年11月后由各金融机构自由设定。1993年4月，日本增加短期利率作为贷款信托的预期分红率的设定基准。1988年3月，日本自由利率存款比率由1986年的11.8%上升至26.8%，其中都市银行的自由利率存款占比达34.7%。[1]

2. 业务自由化

对金融机构的分业规制得到缓和。1993年4月，依据《金融制度改革法》，银行、证券公司、信托银行可通过成立子公司实现业务兼营。1994年6月，保险业务可与银行、证券等其他金融业务相互渗透融合。1996年4月，根据新《保险业法》，生命保险公司与损害保险公司可以以子公司形式参与对方业务。

3. 金融国际化

1980年12月新《外汇法》实施后，国际资本交易规制得到大幅缓和。1984年4月，废除外汇期货交易的实际需求原则，6月废除外汇银行的日元兑换限制，1986年12月日本设立东京离岸市场。日本金融机构的国际业务随之扩张，1991年日本银行海外分行增至318家，证券公司海外分社增至32家。据国际清算银行统计，1983年末国际金融市

---

[1] 斎藤精一郎、『ゼミナール現代金融入門』、日本経済新聞社2003年版、第345页。

场中日本银行的交易余额占比为21%，1989年3月末升至39%。[1] 1989年日本四大证券公司[2]承销国际债券占世界总额的37.8%。[3] 外国金融机构也大步踏入日本市场。1986年24家外国证券公司在东京开业，200多家国际银行加入日本离岸市场。[4]

4. 产品多元化

金融自由化与国际化推动了金融产品的多元化。1985年后，日本政府先后在短期金融市场中创设了无担保看涨市场（1985年7月）、折扣短期国债市场（1986年2月）、商业票据市场（1987年11月）。日本离岸市场还紧跟欧美市场，相继开始了债券期货交易（1985年10月）、股票指数期货交易（1988年9月）、欧元日元利率期货交易（1989年6月）。

5. 金融证券化

20世纪80年代后期，大企业逐步与银行解绑，脱离间接融资方式，企业金融走向证券化。企业债券市场得以发展，实现了债券种类、偿还期限的多样化。1987年7月，废除企业债券发行相关规制，引入评级制度，符合发债标准并履行财务限制义务的企业可发行对应债券。1988年11月，约300家企业可发行无担保普通债券，500家企业可发行无担保可转换债券，700家企业可发行附担保的可转换债券。[5] 1996年1月，废除对发债企业的限制，实现企业债券发行市场的自由化。另外，资产证券化也在不断推进，资产流动性得以提高。1988年6月，住宅贷款债权可以信托形式销售。1989年7月，地方公共团体的贷款债权可以指名债权转让的方式进行流动。1992年12月，一般贷款债

---

[1] 日本銀行金融研究所編、『わが国の金融制度』、1995年4月、第51頁。
[2] 四大证券公司分别为野村证券、大和证券、日兴证券、山一证券。
[3] 白昱、赵云安：《日本金融国际化与金融危机》，《经济社会体制比较》1999年6月，第60—65页。
[4] 刘玉操主编：《日本金融制度研究》，天津人民出版社2000年版，第22页。
[5] 長谷部孝司、「1980年代日本の金融自由化の論理―産業構造の転換の遅れと金融改革の遅れ―」、『東京成徳大学研究紀要―人文学部・応用心理学部―』2009年第16号、第83—117頁。

权、由让渡贷款债权组成的信托财产收益权等均实现流动化。①

(二) 泡沫的膨胀与破灭

金融自由化阶段，低利率政策及扩张性财政政策造成日本的经济泡沫，金融资产与房地产价格飙升。1989 年，日经平均指数由 1985 年 9 月的 12716.52 日元急速膨胀至 38915.87 日元，土地资产总值达 15 万亿美元，为美国的 4 倍。② 泡沫经济下，日本的企业及金融机构拥有的剩余资金显著增长，开启大规模海外并购与投资浪潮。不动产投资方面，以海外度假村投资为例，至 1985 年，规模超过 100 亿日元的项目仅 2 项，1988 年增至 17 项，集中于美国、澳大利亚等地。③ 1989 年 10 月，三菱地所买下象征着美国财富的洛克菲勒中心。至 20 世纪 80 年代末，日本将美国约 10% 的不动产收入囊中。企业并购方面，除大量收购钢铁、汽车、计算机等制造业企业外，1988 年索尼以 46 亿美元高价收购哥伦比亚广播公司的唱片部门。次年，又以股票形式再次收购哥伦比亚电影公司。1990 年松下电器收购美国音乐公司。

非制造业投资扩张，进一步加剧了经济的泡沫化，并最终导致泡沫破灭。1990 年日经平均指数急速下跌，1992 年 7 月跌至 15910 日元，仅为 1989 年峰值的 40.9%。土地价格也急速下降，1992 年东京圈商业用地价格指数较上一年降低 6.9%，1993 年的跌幅增至 19.0%。④ 1990 年至 1992 年日本的股票及土地资产的损失金额分别为 120.5 兆日元、221.7 兆日元、368.8 兆日元。⑤ 资产价格下跌，使金融机构纷纷陷入困境，不良债权问题也逐步显现。据大藏省统计，1992 年 4 月，都市银

---

① 日本銀行金融研究所編、『わが国の金融制度』、1995 年 4 月、第 266—271 頁。
② 日本証券経済研究所編、『図説日本の証券市場　2020 年版』、2020 年 3 月、第 26 頁。
③ 小峰隆夫、『日本経済の記録：第 2 次石油危機への対応からバブル崩壊まで（1970 年—1996 年）』、佐伯印刷 2011 年版、第 364—368 頁。
④ 財務省財務総合政策研究所財政史室編、『平成財政史：平成元—12 年度 第 1 巻』、大蔵財務協会、2017 年 12 月、第 523 頁。
⑤ 財務省財務総合政策研究所財政史室編、『平成財政史：平成元—12 年度 第 1 巻』、大蔵財務協会、2017 年 12 月、第 525 頁。

行、长期信用银行、信托银行等 21 家银行合计持有 7 兆 9927 亿日元的逾期债权，10 月将破产债权计入统计后，不良债权总额达 12 兆 3000 亿日元。[1] 此外，住宅金融专门公司的不良债券问题尤其严重。1995 年 6 月，7 家住宅金融专门公司的不良资产达 9.6 兆日元，占贷款总余额的 74%，预期损失 6.3 兆日元。[2] 不良债权问题削弱了金融机构的经营管理动力，加之缺乏完善的金融监管制度，不法交易层出不穷，金融机构的信用秩序混乱，破产倒闭的金融机构相继出现。1994 年 12 月，东京两家信用组合破产，拉开了金融机构破产的序幕。1995 年宇宙信用组合、兵库银行与木津信用组合先后破产。1996 年 11 月，阪和银行清算破产。中小金融机构连续破产倒闭后，1997 年 11 月，三洋证券宣布破产。三洋证券的破产加剧了短期金融市场的混乱，山一证券、北海道拓殖银行、官城县德阳城市银行等大型证券公司及银行先后因资金周转困难而破产。[3] 1998 年长期信用银行及日本债券信用银行破产，宣告"护送舰队方式"下"银行不会倒闭"神话的终结。

三、"金融大爆炸"式改革

泡沫破灭对日本金融体系造成了重大打击。同时，日本渐进式的金融自由化已跟不上国内外经济、金融形势的变化，金融空心化问题日渐显露。如：伦敦市场日本股票交易量与东京市场日本股票交易量的比值由 1990 年的 5.5% 上升至 1994 年的 14.8%；日经 225 期货交易向新加坡市场转移；东京证券交易所上市外国企业数量减少；外国证券公司退出东京市场；东京市场外汇交易量占比下降等。1996 年 11 月，桥本内阁参照英美金融改革的经验，提出日本版"金融大爆炸"构想，对金融体系实施彻底改革，并完

---

[1] 西村吉正、『金融システム改革 50 年の軌跡』、金融財政事情研究会、2011 年 3 月、第 393 頁。
[2] 财务省财务综合政策研究所财政史室编、『平成财政史：平成元—12 年度 第 1 卷』、大藏财务协会、2017 年 12 月、第 539 頁。
[3] 鹿野嘉昭、『日本の金融制度 第 3 版』、東洋経済新報社 2013 年版、第 186—187 頁。

善对不良债权及破产金融机构的处理，维持金融体系的稳定。

表 10-2 "金融大爆炸"的主要改革内容

扩大投资者、融资者的选择范围	引入证券综合账户（1997 年 10 月）
	内外资本交易的自由化（1998 年 4 月）
	全面解禁证券衍生品（1998 年 12 月）
	解除银行等设置投资信托窗口的限制（1998 年 12 月）
	资产担保证券等债权的流动化（1998 年 9 月）
	扩大有价证券的定义（1998 年 12 月）
	解除银行等设置保险窗口的限制（2001 年 4 月）
提高中介服务质量、促进竞争	解除对金融控股公司的限制（1998 年 3 月）
	改革保险费率计算方式（1998 年 7 月）
	采用证券公司登记制（1998 年 12 月）
	废除交易所的集中交易义务（1998 年 12 月）
	引入 PTS（私人交易系统）（1998 年 12 月）
	非银行金融机构融资多样化（1999 年 5 月）
	废除对证券、信托子公司的业务范围限制（1999 年 10 月）
	股票买卖委托手续费率自由化（1999 年 10 月）
建立便利化市场	解除对未上市、未登录股票的买卖限制（1997 年 7 月）
	改善交易所交易流程（1998 年 12 月）
	强化店头市场机能（1998 年 12 月）
	完善期货交易环境（1998 年 12 月）
制定公正、透明、值得信赖的交易规则	引入早期修正措施（1999 年 4 月）
	完善金融机构的信息披露制度（1998 年 12 月）
	加强检查、监管、处罚制度（2000 年 4 月）
	完善会计制度（2001 年 3 月）

资料来源：鹿野嘉昭、『日本の金融制度 第 3 版』、東洋経済新報社 2013 年版、第 65 頁。

（一）"金融大爆炸"构想

"金融大爆炸"构想旨在通过金融大改革，改善泡沫崩溃后金融市场的停滞，使东京市场再度成为世界三大金融市场之一。改革基于"自由、公平、国际化"三原则。"自由"指建立以市场规则为基础的自由市场，促进国内金融商品及服务的多样化，国内外金融交易的自由化，以及个人金融资产的有效运用；"公平"指建立透明公正的市场，向投资者提供明确的交易规则、充分的信息披露，确立责任自负原则，完善金融监管；"国际化"指建立国际化的前沿市场，促进法律体系、会计制度、金融税制的国际标准化，扩大金融衍生业务。[1]

1997年6月13日，大藏省公布了由金融制度调查会、证券交易审议会、保险审议会、外汇审议会、企业会计审议会共同制订的金融体系改革计划。改革计划从金融服务利用者的角度出发，包括引进新的金融产品、金融服务，金融业务自由化，完善金融市场的制度建设等多个方面。[2] 1998年12月，为适应改革需要，对《证券交易法》《证券投资信托法》《银行法》《保险业法》等有关金融法律进行修改。

（二）金融体系的稳定措施

日本政府在推进"金融大爆炸"的同时，加快了对金融机构不良债权、破产问题的处理。1998年2月，日本政府发布金融安定化法律——《改正存款保险法》与《金融机能稳定化紧急措施法》。至2001年4月，由政府出资30兆日元（10兆日元交付国债、20兆日元为政府担保）依法援助金融机构。其中，17兆日元用于保护存款资金及购买不良债权，另13兆日元用于向金融机构注入资金。[3] 其目的在于维持金融体系的正常机能，确保投资者对日本金融体系的信任。2001年4月，为保证金融机构经营的健全性，预防破产，引入早期修正措施。要求自有资本率低于8%的国际（4%的国内）业务金融机构，制订经营改善

---

[1] 高原敏夫、「金融ビッグバンによる現代金融システムの変容」、『経済政策研究』2007年3月、第127—147頁。
[2] 財務省財務総合政策研究所財政史室編：『平成財政史：平成元—12年度 第6巻』、白峰社2019年版、第108—111頁。
[3] 吉井一洋、「日本の金融危機対応」、大和総研、2008年10月17日、https：//www.dir.co.jp/report/research/law‑research/regulation/08101701financial.pdf。

计划；要求自有资本率低于4%的国际（2%的国内）的金融机构，缩小经营规模、限制利息支付、禁止开展新业务等；要求自有资本率为0%的金融机构，停止部分或全部业务。① 10月，发布《金融再生法》与《早期健全措施法》，再次投入60兆日元公共资金，预防、处理金融机构的破产问题。根据《金融再生法》，由金融再生委员会对于陷入债务危机、停止支付存款等陷入经营困境的金融机构进行破产认定。被认定的破产金融机构交由金融整理管财人管理，或实施暂时性国有化。破产金融机构的不良债权由整理回收机构②以折扣价格收购，剩余部分以健全金融机构再生，并在一年内让渡至其他金融机构，或与其他金融机构合并。③早期健全措施为政府通过购买金融机构发行的优先股票、次级债券等产品，充实其资金。1999—2002年，日本政府共计向32家金融机构注入了8.6兆日元。④

20世纪90年代末日本的金融体系稳定措施初见成效，但不良债权问题并未得到根本解决。2002年10月，金融担当大臣竹中平藏提出金融再生计划，主要内容包括：金融机构的资产评估严格化；充实自有资本，加强对递延所得税资产的监察；加强金融治理，强化外部监察人机能；利用整理回收机构，设立债权交易市场，帮助企业再生。2003年3月末，日本主要银行的不良债权余额降至20.7兆日元，较上一年度下降7.7兆日元。2005年降至7.6兆日元，贷款不良率下降到2.9%。⑤

（三）"金融大爆炸"后的金融市场

证券市场中，出现了转向控股公司体制、系列证券公司的整合、国

---

① 小峰隆夫编集、『日本経済の記録：金融危機、デフレと回復過程（1997—2006年）』、佐伯印刷2011年版、第26—27頁。
② 1999年4月由整理回收银行与住宅金融债权管理机构合并而成。
③ 鹿野嘉昭、『日本の金融制度　第3版』、東洋経済新報社2013年版、第188頁。
④ 小峰隆夫编集、『日本経済の記録：金融危機、デフレと回復過程（1997—2006年）』、佐伯印刷2011年版、第29頁。
⑤ 鹿野嘉昭、『日本の金融制度　第3版』、東洋経済新報社2013年版、第200—201頁。

内外机构的业务及资本合作等变化。1998年7月，大和证券宣布与住友银行全面合作，1999年11月大和证券与住友银行旗下证券公司合并，转为控股公司（株式会社大和证券集团总公司）。1999年野村证券与日本兴业银行成立合资公司，同年10月同系列的国际证券宣布与东京三菱银行进行业务合作。2001年10月，日兴证券①与野村证券改组为控股公司体制。1999年10月，股票交易委托手续费自由化及撤除对银行证券子公司的业务限制后，银行系列证券公司进行了大规模重组。2000年4月，兴业银行旗下新日本证券与和光证券合并为新光证券，三和银行旗下的太平洋证券、东和证券、第一证券、环球证券合并为翼证券。瑞穗金融集团成立后，第一劝业证券、富士证券、兴银证券宣布合并。此外，松彦证券、中村证券等公司自主停业，东洋信证券、三井信证券、横滨城市证券等以子公司形式加入其他证券公司。证券公司的业务内容也呈多样化。1999年9月末，34家证券公司可进行线上交易，2000年9月增至64家。1998年9月，仅9家大型证券公司承认衍生金融商品交易，2000年3月增至44家。②

保险市场的结构也发生了巨大变化。战后以来，日本的生命保险公司与损害保险公司均维持"20社体制"③。1995年《保险业法》修改后，解除了对生命保险及损害保险业务分离的限制，新增11家生命保险子公司、6家损害保险子公司。2000年，生命保险公司数量增至48家，损害保险公司数量增至35家。④ 同时，"金融大爆炸"还引发了保险公司的不赔付问题。保险费率自由化激化了保险公司间的价格竞争。由于基本保险费用的减少，损害保险公司采用附加特别合约的方式增加收入。然而该方式导致条约频繁修改，从业人员因无法掌握签约进度而拖欠赔付。生命保险公司为扩大利润，大量招募新客户，向代理人员支

---

① 1998年6月与美国花旗集团成立合资公司，进行业务合作。

② 平财务省财务总合政策研究所财政史室编，『平成财政史：平成元—12年度 第6卷』、白峰社2019年版、第435—437頁。

③ 生命保险公司与损害保险公司各20家。

④ 茶野努、「ビッグバンは保険市場を競争的・効率的にしたか」、『武蔵大学論集』2009年8月、第37—69頁。

付高额代理费用，出现无力支付正常保险事故赔付的情况。① 2005 年，29 家保险公司受到金融厅的行政处罚，明治安田生命保险、三井住友海上损害保险、损害保险日本等公司均被暂停业务。日本政府对于保险公司的金融监管随之加强。

"金融大爆炸"对银行业的影响更为显著。一方面，业务范围的扩大使银行发展成为综合性金融服务机构；另一方面，大规模的重组合并，促成了巨型银行的诞生。1999 年 8 月，第一劝业银行、富士银行、日本兴业银行宣布合并，成立瑞穗金融集团，为战后最大规模的银行整合，标志着银行大规模重组的开始。② 2001 年 4 月，东西旧财阀系都市银行（住友银行、樱花银行）合并为三井住友银行，2002 年 12 月三井住友金融集团成立。③ 1996 年东京银行与三菱银行合并为东京三菱银行，2001 年受其他金融控股公司多元化经营改革的影响，东京三菱银行与三菱信托银行、日本信托银行结成三菱东京金融集团。三和银行、东海银行、东洋信托银行在同一时期结成日联金融集团。2005 年 10 月，三菱东京与日联金融集团合并，结成三菱日联金融集团。④ 至 2006 年，日本的银行结构由 13 家都市银行演变为三大巨型金融集团（瑞穗金融集团、三井住友金融集团、三菱日联金融集团），四家主要银行（三菱东京日联银行、三井住友银行、瑞穗银行、理索纳银行）。

四、政策性金融机构民营化

2001 年小泉内阁延续了"金融大爆炸"改革思想，开启了邮政民

---

① 高原敏夫、「金融ビッグバンによる現代金融システムの変容」、『経済政策研究』2007 年 3 月、第 127—147 頁。
② 野崎哲哉、「現代の金融改革とメガバンクの対応」、『三重大学法経論叢』2009 年第 2 号、第 45—61 頁。
③ 三井住友銀行総務部行史編纂室、『三井住友銀行十年史』、三井住友銀行、2013 年 3 月、第 208 頁。
④ 野崎哲哉、「金融大再編下の銀行経営」、『三重大学法経論叢』2012 年第 2 号、第 1—21 頁。

营化改革。2005年9月，小泉内阁再次指出要对作为资金"出口"的政策性金融机构进行全面改革，引导资金流向由"官"向"民"转移。

邮政民营化改革主要目的包括：一是创造公平竞争条件。邮政储蓄、简易保险等机构长期享受政策优惠，与民间金融机构间的竞争有失公平。二是提高资金利用效率。由于不考虑是否盈利、财务状况非公开，邮政机构经营效率低下。据日本全国银行协会及生命保险协会推算，20世纪90年代邮政储蓄与简易保险分别造成5.4万亿日元和2.5万亿日元损失。

2003年4月，邮政事业厅被废除，简易保险事业团体被解散，政府另设特殊法人日本邮政公社。同时，废除简易生命保险特别账户、邮政储蓄特别账户，邮政公社独立核算、自主经营。2005年10月，日本政府颁布《邮政民营化法》。基于《邮政民营化法》，2007年日本邮政公社转为日本邮政集团，下设邮储银行、简保生命、日本邮便、邮便局四家子公司。按照计划，政府持有的邮储银行、简保生命股份须于2017年9月全部售出，完全实现民营化。受政局变动、"雷曼冲击"、东日本大地震等因素影响，邮储银行、简保生命上市时间再三拖延，最终于2015年11月正式上市。经三次股份出售后，2021年5月日本邮政集团持有的邮储银行、简保生命股份分别为88.9%和49.9%。

2002年8月，日本政府经济财政咨询会议提出"原则上废除政策性金融机构，或实行民营化"建议。邮政民营化实施后，日本政府2005年12月颁布"政策金融改革的重要方针"，决定实现政策性金融功能最小化，除支持中小微企业、确保海外资源及国际竞争力、援助性日元贷款外，废除全部政策性金融业务。

2006年6月，行政改革推进本部确定了最终改革方案，至2008年实现政策性金融机构形式上的民营化。改革方案包括：实现商工组合中央金库、日本政策投资银行①民营化；公营企业金融公库移交地方管理；合并其他政策性金融机构。基于该方案，2008年10月，中小企业

---

① 1999年10月由日本开发银行与北海道东北开发公库合并而成。

金融公库、农林渔业金融公库、国民生活金融公库[①]、国际协力银行[②]的国际金融部门合并为日本政策金融公库，国际协力银行的日元借款部门与国际协力机构合并，日本政策金融公库、商工组合中央金库、日本政策投资银行股份公司化，并计划在5—7年内完全实现民营化。日本政策金融公库、商工组合中央金库、日本政策投资银行作为应对"雷曼冲击"与东日本大地震的指定金融机构，民营化进程遭两次延期。新冠肺炎疫情期间，商工组合中央金库和日本政策投资银行再度承担危机应对责任，至2021年5月分别提供了2.3万亿日元和2.2万亿日元贷款，民营化之路还需假以时日。

五、"雷曼冲击"后的金融扩张

2008年"雷曼冲击"引发金融海啸，击溃了众多发达国家的金融巨舰，曾活跃于全球金融市场的美欧金融资本受重创。而经历金融大变革后的日本金融机构展现出了更强的韧性和扩张能力，通过海外扩张显著提高了国际竞争力。

（一）银行积极扩张

"雷曼冲击"下，深陷次贷危机的美欧金融机构向日本寻求帮助。此背景下，日本大型金融集团看到全球金融重组可能性。2008年1月，瑞穗实业银行向美国美林集团出资12亿美元；6月，三井住友银行向英国巴克莱银行出资5亿英镑；8月，三菱日联金融集团宣布收购美国加州联合银行；10月，三菱日联金融集团出资90亿美元购买美国摩根士丹利约20%股份。

此外，能源、原材料价格上升挤压了日本企业的国内投资收益，日本企业海外投资规模不断扩大。为支持日本企业全球扩张，把握机遇渗

---

① 1999年10月由国民金融公库与环境卫生金融公库合并而成。
② 1999年10月由日本进出口银行与海外经济协力基金合并而成。

透国际金融,尽管金融危机下经营环境恶化,大型金融集团仍决定大规模向海外扩张。时任三菱东京日联银行行长的永易克典表示,将以亚洲第一银行为目标积极开拓亚洲市场业务。日本三大金融集团纷纷积极部署亚洲战略。

2010年前,日本大型金融集团海外扩张目标集中于离岸金融中心,如新加坡、中国香港或经济规模较大的中国内地、印度。除不断增设海外据点、扩大海外业务外,还积极投资、收购当地银行。

三井住友银行通过加深与东亚银行的关系,强化在华金融网络,既加强了对当地日本企业的支持,又拓展了非日系企业的业务,以扩大中国市场业务。2008年11月,三井住友银行与香港东亚银行签订商业合作备忘录;2010年1月,出资约170亿日元购买该银行4.05%已发行股票;2012年,通过第三方配售方式认购该银行约350亿日元股份,持股比例达9.5%;2014年9月,考虑到中国市场潜力,再度向该银行注资1000亿日元。2010年3月,日本金融机构首次参与中国信托业务,住友信托银行宣布以15.8亿日元购买南京信托投资公司19.99%股权。

2008年初,三菱日联金融集团向新加坡金英控股公司出资200亿日元,并成立资产运用合资公司。2010年6月,三井住友银行向印度第四大民间银行——科塔克马辛德拉银行投资约270亿日元,以扩展当地业务。2010年后,日本企业对东南亚的投资欲望增强,日本大型金融集团纷纷抢占东南亚市场,以弥补国内金融市场发展空间不足。

此外,为建立针对中小企业的海外支持体系,日本政府开始推动地方银行的海外发展。地方银行与相关部门和金融机构合作,为中小企业提供信息支持、资金调配等服务。一方面,通过向日本贸易振兴机构、国际协力银行的驻外外事处派遣职员,获取当地政经和商业情报;另一方面,通过签订国际合作备忘录、利用备用信用证制度、建立商业关系网等方式为中小企业提供海外贷款。

表10-3 日本大型银行在东南亚地区的扩张概况

国家	当地合作/收购银行	日本的银行	合作形式	具体内容
马来西亚	联昌国际银行	三菱日联金融集团	业务合作	2006年10月收购4%股份，2017年9月全部出售，仅留业务合作
	马来亚银行	瑞穗实业银行	业务合作	2010年12月开始业务合作
泰国	大城银行	三菱日联金融集团	收购	2013年12月出资约5360亿日元收购72.01%股份，2015年1月将其与泰国分行合并，持有76.88%股份
	汇商银行	瑞穗实业银行	业务合作	2014年11月开始业务合作
印度尼西亚	南沙塔拉银行	三菱日联金融集团	资本合作	2013年5月收购9.35%股份
	印度尼西亚国家银行	瑞穗实业银行	业务合作	2013年2月开始业务合作
	年金储蓄银行	三井住友银行	收购	2013年5月收购24.26%股份，2014年3月追加1500亿日元投资，持有40%股份，2019年将其与印度西尼西亚子公司合并，持有92.43%股份
	印度尼西亚金融银行	三菱日联金融集团	收购	2017年12月出资1334亿日元，后逐步追加投资，2019年4月完全将其变为子公司
菲律宾	菲律宾群岛银行	瑞穗实业银行	业务合作	2012年12月开始业务合作
	安全银行	三菱日联金融集团	资本合作	2016年4月出资约910亿日元收购20%股份
越南	越南进出口银行	三井住友银行	资本合作	2008年5月出资约230亿日元收购15%股份
	越南外贸银行	瑞穗实业银行	资本合作	2011年9月出资约430亿日元收购15%股份
	越南工商银行	三菱日联金融集团	资本合作	2013年5月出资约630亿日元收购19.73%股份

续表

国家	当地合作/收购银行	日本银行	合作形式	具体内容
柬埔寨	加华银行	三菱日联金融集团	业务合作	2013年12月开始业务合作
		瑞穗实业银行	业务合作	2013年9月开始业务合作
	马来亚银行	瑞穗实业银行	业务合作	2013年9月开始业务合作
	爱喜利达银行	三井住友银行	资本合作	2014年9月出资持有12.25%股份，2015年8月追加约200亿日元投资，持有18.25%股份
	哈塔伽赛高小额信贷	大城银行（三菱日联金融集团子公司）	收购	2016年9出资约150亿日元全资收购
缅甸	坎巴扎银行	三井住友银行	业务合作	2012年5月开始业务合作
	合作银行	三菱日联金融集团	业务合作	2014年12月开始业务合作
老挝	老挝外贸银行	瑞穗实业银行	业务合作	2012年12月开始业务合作

资料来源：矢口満・山口綾子・佐久間浩司，「日本とアジアの金融市場統合：邦銀の進出に伴うアジアの金融の深化について」、『フィナンシャル・レビュー』2018年第3期。

（二）证券公司加快发展

日本证券公司同样紧跟全球金融重组浪潮，积极发展海外业务。2008年9月，野村控股宣布收购美国雷曼兄弟的亚洲太平洋部门和欧洲中东地区部门。2009年4月，三井住友金融集团与美国花旗集团达成协议，以超5000亿日元价格收购花旗集团旗下日兴柯迪证券和日兴花旗集团证券。2010年，大和证券以10亿美元收购比利时联合银行的附加新股认购债券部门和亚洲股票衍生品部门,以扩大亚洲市场业务。2011年12月,三井住友信托出资海通证券,加强双方业务合作。

为配合海外业务拓展、实现筹资币种多样化,野村控股积极参与海外外币债券交易发行。2009年12月,野村控股发售了第一支以欧元计价的大型公司债,2010年2月共发售了20亿—30亿美元的美元计价债券。

在国内市场低迷背景下,海外事业的发展提升了证券公司业绩。2017年,野村控股海外收益占总收益近三成,大和证券总收益下降但海外部门盈利上升,瑞穗证券通过重组美国分店实现净利润三倍增长。

日本的互联网券商也积极抢占海外市场。2008年,摩乃科斯集团在北京设代表处,随后收购宝盛证券、美国交易平台证券、索尼银行证券,加强国际服务能力和国际影响力。思伯益证券则更加注重亚洲市场,2010年收购越南领先科技证券20%股权,2011年收购印度尼西亚国家银行证券25%股权,2015年与泰国券商合资成立思伯益在线。在中国市场,思伯益证券与《中国证券报》合资组建上海新证财经信息咨询有限公司,向海通证券投资3000万美元,与陆家嘴集团和新希望集团共同打造互联网金融服务平台。

为提高全球证券市场竞争力,日本推动东京证券交易所与大阪证券交易所合并。2013年1月,合并而成的日本交易所集团正式成立,上市企业市值超过伦敦证券交易所,居世界第三位。2019年10月,日本交易所集团收购东京商品交易所97.15%股权,成为囊括商品期货与证券的综合交易所,提高了投资便利性。据日刊《工业新闻》报道,参与商品期货交易的外资证券占比明显扩大,将在新冠肺炎疫情平息后进一步开拓国际市场。

(三)保险公司拓展海外

伴随少子老龄化问题日益突出,2000年后日本保费收入在世界中的占比逐年下降,生命保险企业的海外事业趋于活跃。

2007年,第一生命保险收购越南宝明CGM并成立全资子公司——

"第一生命越南";2008年,投资泰国海洋生命保险,出资占比24%;2009年,投资印度星盟第一生命,出资占比26%;2010年,收购澳大利亚移民保险;2013年,投资印度尼西亚泛印寿险,出资占比40%。2010年,明治安田生命保险正式进军海外,先后投资了中国、印度尼西亚、波兰、泰国等地的保险公司,分散投资区域规避风险。住友生命保险重视人口基数大、有经济增长潜力的东南亚市场:2012年出资约284亿日元收购越南最大保险公司——保越控股18%股份,2019年追加约190亿日元投资,增持5.91%股份;2014年,通过第三方配股方式获得印度尼西亚国家银行寿险40%股份。

损害保险企业的海外扩张集中于2011年东日本大地震后。日本地震、洪水、台风等自然灾害发生率高,进入海外市场可防止风险敞口过于集中。"雷曼冲击"后,东京海上控股全资收购了英国KILN保险、美国费城保险和德尔福金融集团,2015年再次收购美国华夏保险控股,其美欧市场保费收入约占海外总收入71%。三井住友海上保险将亚洲列为海外战略第一位:2010年出资约24亿日元收购信泰人寿7%股份,正式进军中国保险市场;同年,马来西亚子公司合并兴隆集团损害保险业务,持有30%股份;2011年收购印度尼西亚金光人寿50%股权;2012年收购印度最大纽约人寿26%股权;2017年收购新加坡第一资本保险。损保日本的海外业务发展相对滞后,2013年前仅在巴西、土耳其等开展过小规模业务。损保日本2013年出资约992亿日元收购伦敦保险市场交易商劳合社下属的卡诺皮亚斯损害保险;2017年并购了美国财产与意外保险。海外业务发展极大地提高了日本损害保险企业收益。2017年3月,东京海上控股、三井住友海上保险、损保日本的海外收益分别占当期总收益的49.5%、11.4%、11.7%。

六、日本金融的新课题

日益成熟的大数据、云计算等信息技术,给传统金融领域带来革命性变化。如何在金融科技(Fintech)上展开创新,成为关乎各国金融发展的重大问题。日本金融厅发布的 2015 年度金融行政方针中指出，日本在金融科技上已处于落后地位。[①] 与此同时，在长期低利率与人口减少的背景下，地方金融机构的经营环境日渐艰难。2019 年底，新冠肺炎疫情的暴发，再度加剧地方金融的脆弱性风险。另外，疫情以来日本出口贸易显著下滑，加之宽松的货币政策、俄乌冲突导致的国际能源及粮食价格上涨，使得日元贬值加速，日本金融市场不确定性增大。

（一）金融科技时代的挑战

金融科技为金融与技术的结合，指金融服务业与信息技术结合带来的创新活动。近年来，金融科技浪潮在以欧美为中心的全球范围内兴起，2014—2015 年全球金融科技市场投资额大幅增长，达 2 兆日元。[②] 受消费者传统观念、人口老龄化等因素影响的日本金融机构过于重视安全性与稳定性，对金融科技的使用率较低，金融科技发展落后。以非现金支付为例，2015 年中国、韩国、美国的非现金支付率分别为 55%、54%、41%，而日本仅为 18.3%。[③] 对此，日本政府从供给面出发，积极推动国内金融科技的发展。2015 年 10 月经济产业省成立"产业·金融·IT 融合研究会"（Fintech 研究会），12 月金融厅开设"Fintech 支援服务台"，2016 年 4 月日本银行成立"Fintech 中心"，为相关企业提供信息、指导。[④] 2017 年 9 月，金融厅还设立了"Fintech 示范实验中心"，帮助金融技术企业及金融机构测试新技术与业务推出后可能面临的合规或监管风险，为金融创新提供保障。此外，日本政府还于 2016 年 12 月及 2017 年 5 月先后颁布《官民数据活用推进基本法》《个人信息保护法》修正案及《银行法》修正案，在保障安全性的同时，完善

---

① 「平成 27 事务年度金融行政方針」、金融庁、https：//www.fsa.go.jp/news/27/20150918 – 1/01.pdf。
② 「フィンテック新時代へ（下）実証から実用化へFIFJ、ビジネス創造提案」、『日刊工業新聞』、2017 年 3 月 31 日。
③ 山本貴之、「進展するフィンテックの全体像」、『Best Value』2018 年増刊号、第 2—5 頁。
④ 「日銀、Fintechセンターを設立」、『日本経済新聞』、2016 年 4 月 1 日。

电子支付代行等行业规定，扫清金融科技发展法律层面的障碍。

在政府的积极推动下，2018年日本金融科技市场规模达19.5亿美元，较上年增长42.6%，2019年扩大至32.73亿美元，涨幅达67.8%。[①] 日本金融科技市场进入"战国时代"。2018年10月日本软银与雅虎合作推出"PayPay"，2019年7月日本全家便利店推出"Fami-Pay""Line Pay""Rakuten Pay"等线上支付服务也陆续上线。[②] 积立NISA、iDeCo、SBI移动证券、LINE证券服务的开启，降低了投资成本，简化了投资手续。2019年日本35岁以下人群的有价证券持有量较2014年大幅提升。[③] 此外，融资贷款、会计财务、保险、个人资产运用、金融信息等众多金融服务场景中均新增大量金融科技相关企业，至2018年日本Fintech协会会员数超250家。

2019年末，新冠肺炎疫情的暴发，线下产业受限，迫使金融科技的应用与发展加速。尽管疫情对融资造成了一定负面影响，但电子交易明显增长。[④] 日本传统金融机构纷纷展开数字化金融平台战略，发展非接触式支付、远程营业、线上销售等金融服务。例如，三菱日联金融集团决定以零售商业服务为起点，推动整体数字化转型，建立"金融数字平台"；三井住友金融集团以商贸配对、电子合约为数字化服务发展重心，为企业提供数字化支援。同时，还计划建立面向个人用户的"一揽子服务"，使用户能够在手机上集中管理储蓄、贷款、资产应用等服务。[⑤] 尽管日本的金融科技发展处于上升阶段，但2020年日本民间消费

[①] 「日本における Fintech 市場」、https：//fincity.tokyo/wp-content/uploads/2021/01/1611286774-354b35b7d1326c2558a1a9fb1c56469b.pdf。

[②] 高鹤、谷口洋志：《日本是非现金化发展落后的国家吗？》，《日本学刊》2020年第3期，第128—160页。

[③] 長内智、中村華奈子：「スマホ証券が育む若年層の資産形成と今後の課題」、大和総研、2021年8月10日、https：//www.dir.co.jp/report/research/capital-mkt/asset/20210810_022447.pdf。

[④] 「成長続くフィンテック　コロナ後占う4つの潮流」、『日本経済新聞』、2020年9月4日。

[⑤] 内野逸勢、「メガバンクの金融デジタル・プラットフォーム戦略の現状と課題」、大和総研、2021年6月8日、https：//www.dir.co.jp/report/research/capital-mkt/it/20210608_022328.pdf。

的非现金支付率仍仅有29.7%,未来仍有很大发展空间。

(二)地方金融再担重任

地方金融与地方经济紧密相连。与都市银行相比,地方金融机构收益来源本就有限,同时还面临着"规模缩小""收益性低下"的双重困境。一方面,在长期老龄化、人口减少背景下,地方经济不断萎缩;另一方面,长期超低利率政策限制着地方金融机构的贷款收益。2005—2015年,地方银行资金收益显著下降。2017年,106家地方银行中过半数银行在贷款等主营业务上连续两年以上出现赤字。[①] 许多金融机构通过关闭门店、裁员、经营统合、合并等方式削减成本。据日本全国银行协会统计,2010—2020年间共计发生了13件地方金融机构的重组合并。

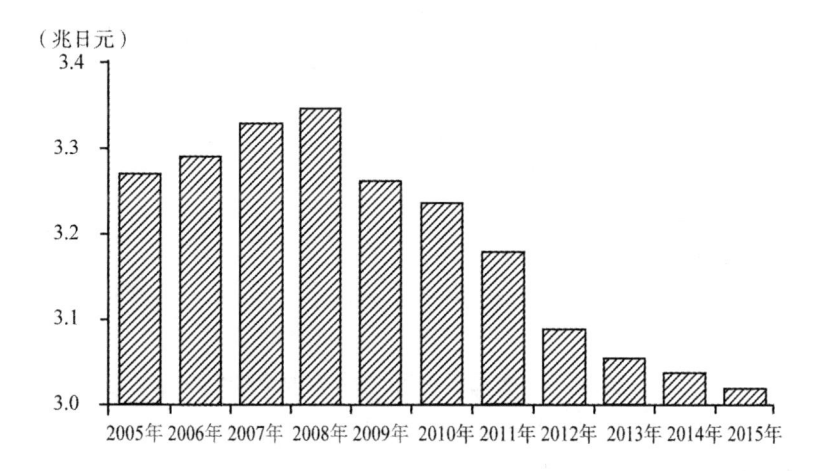

图 10-1 地方银行资金收益的变化

资料来源:菅谷幸一、「今、地方銀行に何が起こっているのか」、2017年1月16日,https://www.dir.co.jp/report/research/introduction/financial/regionalbank/20170116_011580.pdf。

新冠肺炎对日本地方经济的打击,使得地方金融机构的经营环境更

[①] 「大規模緩和と金融システム(十字路)」、『日本経済新聞』、2018年1月23日。

加严峻。截至2021年8月,受疫情影响而破产的1714家日本企业中,88.1%为员工数量不足20人的中小企业。① 同时,为救助经济,金融厅要求民间金融机构为企业提供资金周转支援,灵活制订债务还款条件。2020年5月,经产省要求民间金融机构向中小企业提供最长5年期限的实际无息、无担保贷款,以减轻企业的利息负担及还款负担。② 2020年9月,地方金融机构融资贷款额由5月的3.18兆日元升至14.15兆日元。③ 疫情及疫情救助措施使地方金融机构的负担成倍加重。为防范地方金融机构的崩溃,促进地方经济发展,2020年12月,日本开始实施反垄断特例法,对地方银行的合并整合"开绿灯",规定在地方经济低

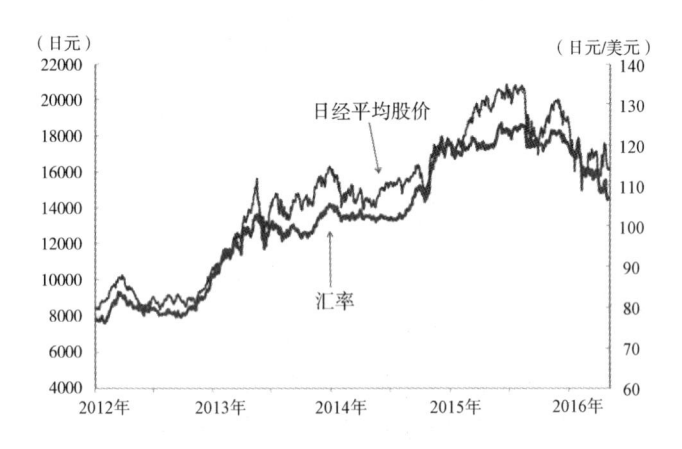

图10-2 日元汇率及日经平均股价的变化

资料来源:日経の指数公式サイト、https://indexes.nikkei.co.jp/nkave/archives/data? list = daily;日本銀行、「外国為替市況」、https://www.boj.or.jp/statistics/market/forex/fxdaily/index.htm/。

---

① 「『新型コロナウイルス』関連破たん1,916件」、東京商工リサーチ、https://www.tsr-net.co.jp/news/analysis/20210812_04.html。

② 「元本返済、最長5年先延ばし 地銀や信金も無利子融資」、『日本経済新聞』、2020年4月7日。

③ 金本悠希、「コロナ禍における地域銀行の経営課題」、大和総研、2020年11月24日、https://www.dir.co.jp/report/research/law-research/regulation/20201124_021916.pdf。

迷、金融业收益持续恶化情况下允许地方各县级金融机构合并整合，不受反垄断法限制。2021年5月，日本政府设立《改正金融机能强化法》，由政府提供合并所需的初期费用，推动地方金融机构整合再编。①

（三）日元贬值行情再上演

2013年，为刺激经济增长，安倍政权效仿欧美量化宽松政策，实施了一些扩张性经济政策，试图利用货币贬值，促进出口扩大。2013—2015年间，表面上"货币宽松→日元贬值→股价上涨"的引擎在一定程度上拉动了日本出口增长，2013年各季度出口贸易增长率均高于10%。然而在始于2012年的"安倍经济学"带来的日元贬值局面下，出口数量的增加仅为一成。②

进入2021年后，日元再次进入贬值通道，在制造业海外转移及疫情的影响下，贬值对出口的促进效果大打折扣，已变成"恶性日元贬值"。2022年3月后，受美国加息及俄乌冲突的影响，日元贬值进一步加速。2022年4月底，日元汇率达1美元:130日元，重返2002年以来最低水平。③ 日元贬值带来的物价走高，给企业生产及家庭收支带来沉重负担。2021年7月至9月，日本企业间交易的进口物价指数较上年增长30%，贸易条件的恶化幅度为2005年以来最大。④ 经济乏力、物价上涨以及疫情反复，不仅打击消费者的消费欲望，还增加家庭生活成本。2021年日本的恩格尔系数达25%，为20世纪80年代中期以来的最高水平。⑤ 据明治安田生命保险公司的调查问卷显示，87.7%的民众感到物价上升对生活成本的影响，61.5%的民众为"以防万一"选择

---

① 「改正金融機能強化法が成立　地銀合併、交付金で支援」、『日刊工業新聞』、2021年5月20日。
② 《日元贬值（上）源于竞争力下降》，日经中文网，2022年4月19日。
③ 「円、20年ぶり130円台　日経平均から振り返るニッポン」、『日本経済新聞』、2022年4月30日。
④ 《日元贬值给日本人的生活带来重压》，日经中文网，2022年2月8日。
⑤ 「円安の重圧、暮らしに　10年で婦人服の価格13％上昇」、『日本経済新聞』、2022年1月30日。

增加储蓄。① 2021 年底，日本的家庭金融资产总额在连续 7 个季度增长后首超 2000 兆日元，其中 1092 兆日元为现金存款。② 如何避免日元贬值带来的"家庭资本外逃""贫困化"问题，告别制造业对贬值的依赖，提高国内产业活力，是今后日本面临的重大课题。

---

① 明治安田生命、「『家計』に関するアンケート調査を実施」、https：//www.meijiyasuda.co.jp/profile/news/release/2022/pdf/20220425_01.pdf。
② 「家計の金融資産、21 年末に初の2000 兆円超　現預金滞留」、『日本経済新聞』、2022 年 3 月 17 日。

第十一章　公司治理平成改革

日本平成时期的公司治理改革可以分为两个阶段，分界点是第二次安倍组阁后《日本再兴战略》提出的将日本公司治理的改革目标从"重视'符合国际标准'的形式与'加强监督经营者'的'负面的减少'（防守型）"向"促进'企业可持续发展'与提升'中长期企业价值'的'正面的增加'（进攻型）"的转变。①

一、日本公司治理平成改革的背景

在泡沫经济破灭前，由于日本经济及公司业绩持续保持着良好发展的势头，所以公司治理中的形式化、失效问题并未被重视，反而被认为是日本式经营的特征之一而受到赞赏。但随着泡沫经济的崩溃，企业业绩的下滑，负面问题的频繁发生，日本经济陷入长期低迷，形式化公司治理的正当性与合理性开始受到质疑。公司治理问题开始在日本社会得到广泛关注与讨论。

（一）公司治理的形式化

日本商法同世界其他国家一样也是以股东主权主义为基础，上市大公司的权力路线为"股东大会—董事会—经理层"。日本公司治理具有董事会和监事对公司经营者进行双重监督的双层治理结构的特征。

---

① 平力群：《日本公司法与公司治理》，社会科学文献出版社2021年版，第9页。

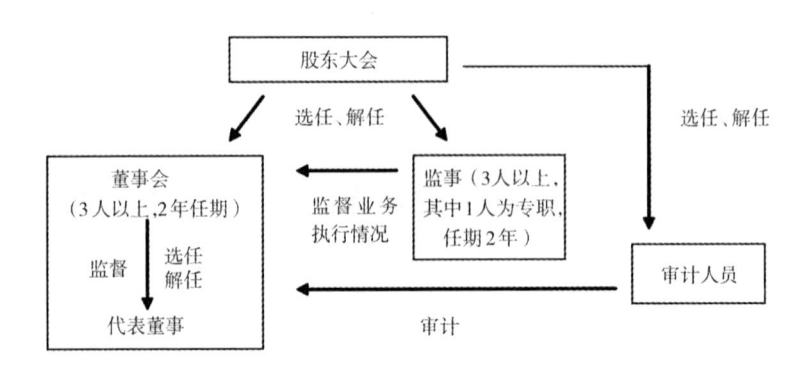

图 11-1　1993 年前日本公司内部治理结构（商法特例法的大公司）

资料来源：佐久間信夫、浦野倫平編、『経営学総論』、学文社 2008 年版、第 32 頁。

　　股东大会、董事会、监事会是公司治理中对公司经营者发挥重要制约作用的法定公司机关。董事会的意义在于股东可以通过它解雇不关心股东利益的现职经理，雇用更关心股东利益的新经理。[①] 但是，以 1951 年实施《商法修订实施法》为起点，通过允许企业经营者与董事的兼职，日本公司的董事会就不能再发挥代表股东利益监督经营者的作用了，更不要说解雇了。在日本公司参加股东大会的是法人大股东互派的企业经营者代表；董事会成员几乎全由公司内部员工晋升而来；公司最高权力者是由董事会选举的董事长（社长），其掌握着董事与监事的人事权。这就形成了一个奇特的循环：选董事的是社长，选社长的是董事会，社长选举董事，董事必然选举社长，即社长自己选任自己。[②] 如此，日本公司的权力核心并不是董事会，而是由董事会核心成员即会长、社长、副社长、执行董事组成的经营会议、常务会等非法定机关。在日本公司的实际运作中，其权力路线变为了"董事长（社长或会

---

① [美] 理查德·A. 波斯纳著，蒋兆康译：《法律的经济分析》，中国大百科全书出版社 1997 版，第 536 页。
② [日] 奥村宏著，张承耀译：《股份制向何处去——法人资本主义的命运》，中国计划出版社 1996 年版，第 45 页。

长）—常务会—董事会追认—股东大会追认",这明显背离了日本商法规定的以股东主权主义为基础的权力路线：股东大会—董事会—社长。日本公司治理实践偏离商法规定的原因是形式化公司治理下"内部人控制"的形成。"内部人控制"包含两层含义,一是管理层对公司的控制性,二是构成管理层人员身份的内部性。

受历史教训和发展主义的影响,日本社会对股东权力保持着警戒。为防止企业在"短视的资本市场"压力下陷入"短期性陷阱"[1],在日本形成了各种形式化公司治理的制度安排。日本形式化公司治理的特征化事实是在间接金融制度下,主银行替代资本市场为公司提供资金,通过法人间相互持股屏蔽普通股东实施约束公司经营者的股东权利,改变日本公司经营者选拔机制,使公司最高管理者自己选择后继者成为惯例。其结果是日本大公司的管理者的选拔几乎是在公司内部进行的。[2] 以终身雇佣、年功序列为特征的日本型雇佣制度强化了上述结果导致公司内部治理——股东大会、董事会、监事会等公司治理机关形式化,公司外部治理——公司控制权市场与经理人市场无法形成,和"内部人控制"下的公司行为特征,即以增加市场占有率为经营目标,采取不反映企业经营业绩低的稳定的分红政策,尽可能增加公司留存收益,而不是将剩余利润分配给股东,偏好投资"低风险、低收益"项目等。

以本书采用的公司治理的狭义概念,即"在公司财产权与经营权分离的情况下,基于契约的非完全性、信息的非对称性,公司治理的制度设计主要是为了确保董事和经理按照股东的意愿,实现股东利益最大化开展企业经营"为参照,我们可以观察到日本社会的相关制度安排不是为提升公司治理的有效性,而是弱化股东的权利,避免股东通过商法规定的公司治理机关行使权力来限制、约束经营者,形式化公司治理。可以说,日本公司治理的失效是受发展主义影响在非市场治理机制与法律

---

[1] 宫島英昭、『産業政策と企業統治の経済史——日本経済発展のミクロ分析』有斐閣2004年版、第473—474頁。
[2] [日]野口悠纪雄著,张玲译：《战后日本经济史》,民主与建设出版社2018年版,第31页。

规定的有机组合下实现的。

但需要指出的是，所谓"治理失效"是指"股东的治理失效"，是以本书所采用的"公司治理"的狭义概念为前提的，即为股东监督制约经营者的一套保证经营者以股东利益最大化的监督、制约与激励机制的失效，并不是公司经营者不受监督与制约。市场竞争机制和政府、主银行、企业集团、员工等利益相关者在非市场治理机制支持下对经营者行为进行着全方位的监督与制约。而形式化公司治理的成功，是以日本经济发展处于工业化追赶阶段，且日本金融制度的规制性、封闭性为前提的。一旦日本进入先进国家俱乐部，企业登上国际资本市场的竞技场，国家相对于企业在信息、资源方面的优势消失，实施金融开放与规制放松，构成非市场治理机制的子系统开始弱化和瓦解，被形式化的公司治理问题就会暴露。

(二) 治理缺位的表面化

1991年泡沫经济的破灭给日本国民财富带来巨大损失。日本股票和房地产市值的下降，造成日本1330兆日元的资产损失。[1] 1992年，在野村综合研究所的渡边茂与山本功发表的《日本企业的公司治理》一文中使用了"治理不景气"一词。该文成为了日本公司治理改革的导火索。[2]

1. 负面事件频发

公司治理最基本的功能是防止经营者的违法行为或不当行为导致的公司负面问题的发生。经营者的违法行为、不当行为会直接或间接影响公司的利益，与股东的长期利益具有相关性。因此，公司治理直接影响公司效率。[3] 利益输送、贿赂、虚假决算、违法分红等企业丑闻频发，

---

[1] 金森久雄、香西泰、大守隆编、『日本経済読本（第16版）』、東洋経済新報社2004年版、第50頁。

[2] 武井一浩编、『企業法制改革論Ⅱ コーポレート・ガバナンス编』、中央経済社2013年版、第88頁。

[3] 末永敏和、『コーポレート・ガバナンスと会社法日本型経営システムの法的変革』、中央経済社2000年版、第17頁。

及大企业倒闭等引发了社会对日本公司治理有效性的质疑。

1991年后，日本企业的负面报道增加。证券公司围绕大企业的损失填补问题，与暴力团进行的不透明交易问题，债券造假等的担保与巨额融资，无担保的巨额债务保证，在决算期向其他企业转移贬值的有价证券、房地产、债权等的粉饰行为，向总会屋提供利益，使用不明资金，在竞标前私下商量标的归属等问题不计其数。从而出现了需要重新修改现存商法与经营监督制度相关规定的意见。① 特别是过去被认为通过"相机治理"监督企业的金融机构屡屡发生的不良事件，更是增加了日本社会对日本企业经营制度的不信任。如1990年10月，住友银行会长由于不正当巨额融资事件而引咎辞职；1991年6月，四大证券公司的损失填补问题被曝光，稻川会向野村、日兴提供资金；1991年7月富士银行利用虚假存款证明开展不正当融资；1991年8月，兴业银行违规向大阪饭店提供巨额贷款。② 负面问题频发反映出日本公司治理的缺陷。

2. 股价低迷

公司治理的本质功能是通过优化经营有效提升资本效率。股价长期低迷、投资回报率低，反映了公司治理的失效。股东开始关注公司经营的目标，并推动公司经营向重视股东经营的方向转变。

第一，分红方式改革。对投资收益敏感的国内外机构投资者、个人股东开始关注企业的分红政策，要求公司改变长期以来的稳定分红方式，并提出"应终止轻视向股东分配利益的做法，必须重视向股东分配利益"，进而引起了股东对企业经营目标的关注。③ 第二，推动经营目标转变。在重视分红的同时，反映经营指标的净资产收益率也开始受到关注。净资产收益率可以反映股东权益的收益水平，衡量公司运用自有

---

① 受川環大、「役員等の株式会社に対する損害賠償責任」、稲葉威雄・尾崎安央編『改正史から読み解く会社法の論点』、中央経済社2009年版、第135頁。

② 伊丹敬之、『平成の経営』、日本経済新聞出版社2019年版、第30頁。

③ 加護野忠男・砂川伸幸・吉村典久、『コーポレートガバナンスの経営学——会社統治の新しいパラダイム』、有斐閣2012年版、第146頁。

资本的效率。净资产收益率越高，说明投资带来的收益越高，体现了自有资本获得净资产收益的能力。作为直接反映股东收益的指标，股东要求经营者重视该指标。①

企业经营目标与公司治理高度相关。只有通过公司治理改革，提升股东对经营者的影响力，才能真正实现向重视股东利益的公司经营目标的转变。

（三）外部治理加强

股份公司形态的重要作用之一就是筹集资金。那些没有投入成本来保护投资者的公司，其发行证券所筹得的资金要少得多。这样，最终是企业家和公司经理，而不是投资者付出了代价。② 在金融自由化过程中，在日本大公司从间接融资向直接融资转变、国外资金不断进入日本股票市场与法人间相互减持股份的三重作用下，日本公司的融资结构、股权结构发生了巨大的变化。日本的民间企业迎合海外机构投资者依据国际标准改革公司治理机制。从某种程度上说，海外机构投资者通过"用脚投票"与行使决议权或对话的方式推动了日本公司治理改革的国际化。外部治理的加强，对经营者构建符合国际标准的公司治理机制产生了巨大的压力。③

1. 融资结构的改变

融资结构反映了资金来源。公司所有权与经营权分离后，拥有经营权的公司经营者之所以能够主动构建监督与约束自己行为的公司治理机制，其目的及动力之一就是在资金筹集的竞争中获胜，吸引资金持有者向公司投入资金。因此，不同的资金来源就会产生不同的治理机制。可以说，融资结构是公司治理的基础，有什么样的融资体制就会有什么样

---

① 加護野忠男・砂川伸幸・吉村典久，『コーポレートガバナンスの経営学——会社統治の新しいパラダイム』，有斐閣 2012 年版，第 146 頁。

② ［美］弗兰克・伊斯特布鲁克、丹尼尔・费希尔著，罗培新、张建伟译：《公司法的经济结构》（中译本第二版），北京大学出版社 2014 年版，第 296 页。

③ 平力群：《日本公司法与公司治理》，社会科学文献出版社 2021 年版，第 212 页。

的公司治理模式。这是因为公司的融资体制与治理模式的选择与治理效率的高低之间存在着极其密切的逻辑联系,宏观的融资体制决定了微观的公司融资结构,进而对治理机制的选择以及治理效率的提升起到了传导作用。[1]

石油危机、《广场协议》、泡沫经济的破灭、金融自由化以及企业实力的增强等因素使日本大企业的融资结构逐渐发生了改变。进入20世纪80年代,一方面,金融自由化为企业融资提供了多元化的渠道;另一方面提高了企业从银行融资的成本。其结果是大企业出现了渐渐远离银行的所谓"脱银行"现象。表11-1中的数据是日本银行调查统计局对500家主要企业(随着时代的不同而改变)的统计。从这组数据可以观察到日本大企业在从依赖银行的间接融资向利用资本市场的直接融资方式转变。从20世纪80年代开始,与公司债占比显著提升相对的是贷款比例不断下降,由20世纪70年代达到峰值的48.84%后,20世纪80年代后期占比已低于10%。[2]

表11-1 日本企业新增资金的来源 (单位:%)

年份	内部资金	外部资金			
		总和	股票	贷款	公司债
1967—1969年	43.85	56.15	4.74	45.97	5.44
1970—1974年	41.37	58.63	3.80	48.84	5.99
1975—1979年	50.33	49.67	8.78	29.25	11.64
1980—1984年	61.18	38.82	11.45	18.14	9.23
1985—1989年	54.12	45.88	18.25	8.08	19.55
1990—1994年	80.68	19.32	4.24	4.82	10.26

资料来源:「主要企業経営分析」(日本銀行調査統計局)、伊藤史郎等、『日本の経済發展と金融』、昂洋書房1997年版、第140頁。

---

[1] 剧锦文:《银企关系模式比较》,《经济学动态》1997年第6期,第72—76页。
[2] 伊藤史郎等、『日本の経済發展と金融』、昂洋書房1997年版、第140頁。

同时，随着日本企业竞争力的提高，某些企业资金由匮乏变为充裕。资金充盈的企业开始从"外部融资模式"转变为"内部融资模式"。为减轻利息成本，资金充盈的企业开始返还贷款并将留存收益和计提折旧作为内部资金，积极采用"内部融资模式"，自我调配设备投资资金。[①] 另外，"护送船队"金融政策的终止，金融系统的不良债权问题，使银行无法继续履行为陷入困境的客户企业提供贷款的承诺，降低其对客户企业的保险作用，也减少了企业为在困境中获得银行救济而增加银行贷款的激力。

但并不是所有的企业都有采用"内部融资模式"的能力，企业之间存在很大的差别，还有许多企业需要从外部筹集资金。从银行融资依旧是企业比较稳定的资金来源，而利用资本市场发行债券与股票方式增资的金额变动较大。[②] 但一般认为从1989年左右，银行与资本市场对企业的影响力开始发生转变。随着对企业发行债券规制的放松，企业越来越偏好通过发行公司债筹集资金，因此企业开始关注市场的评价。而信息技术水平的提高，使公司的财务数据越来越容易被投资银行、基金、信用评级机构和证券分析师等中介机构和经纪人获得。这些中介机构和经纪人以数据分析为基础评价企业，并将信息提供给投资者，从而降低了投资者与企业间的信息不对称性。

资本市场对这些信息的汇集会直接影响股票价格和公司债评级。企业为降低融资成本就需要关注资本市场对企业行为的评价。因为业绩良好、信用评级较高的企业不但能以低利率发行公司债，而且股价也会稳中有升。以债券市场为例，债券市场对企业的压力主要来自对公司债的评级。如果公司债评级下调，不仅公司债发行的利息要上升，还会影响其参与各种经营的资格。公司债评级下调导致的经营业务或参与竞标资

[①] [日]堺宪一著，夏占友等译：《战后日本经济——以经济小说的形式解读》，对外经济贸易大学出版社2004年版，第58页。
[②] 堀内昭義・花崎正晴・松下佳菜子、「日本の金融経済と企業金融の動向」、堀内昭義・花崎正晴・中村純一編『日本経済変革期の金融と企業行動』、東京大学出版会2014年版、第48頁。

格的丧失，会对公司的交易条件产生不利影响。公司财务体制的安全性对公司债等级的评定具有重要的影响，因此为提升公司债等级有必要提升自有资本比例。① 随着资本市场对日本公司影响力的提升，公司越是拥有与国际标准趋同的公司治理机制，筹资的成本越低。从资本市场获取低成本融资是按照国际标准改革公司治理机制的内在动力。

2. 股权结构的变动

股权结构是指各股票投资主体（包括自然人和法人）所持有股票的种类和数量在目标投资企业全部股份中的分布状况，表现了以财产所有权为基础的各不同持股主体之间的所有权构成，它包括股权集中度与持股者身份特征两层含义。日本上市公司股权结构的变化是从20世纪90年代中后期开始的。法人间相互减持股份与外资进入日本资本市场推动了日本公司股权结构的改变。

根据东京证券交易所的统计，银行、企业法人的持股比例从20世纪90年代达到70%左右的最高点后，开始出现由于法人间相互减持所持股份而引起的下降，相对的是外国人持股则从20世纪90年代前的不足5%提升至1998年的10%以上，再到2005年的20%以上。

按照2011年东京证券交易所的调查结果，与经营者具有良好关系的大股东（包括城市银行、地方银行、生命财产保险公司及其他金融机构、事业法人等）加上员工持股会的持股，占到上市公司总股份的33.2%。非稳定股东的大股东（包括投资信托、公共年金、私人年金、信托银行名义的其他基金等）加上外国投资者的持股，占到总股份的45.2%。而且，公司规模越大，非稳定股东持股比越高。越是大企业，对经营者施加压力的大股东越多。② 在日本股票市场，海外投资者的交易占到百分之六七十；国内投资者，包括个人与机构投资者的交易超

---

① 伊丹敬之、『平成の経営』、日本経済新聞出版社2019年版、第216页。
② 武井一浩、『企業法制改革論Ⅱコーポレート・ガバナンス編』、中央経済社2013年版、第12页。

过 30%。[1]

3. 外部治理加强

公司的筹资方式和所有权结构被视为决定一个国家公司治理机制最主要的决定因素。[2] 战后，银行代替了资本市场成为资金循环的中心，随着主银行成为客户企业的"最后提供贷款者"，主银行制度在日本得到了确立。以主银行为中心的间接金融在日本经济赶超阶段发挥了重要作用，但在经济全球化和金融自由化下，日本金融机构在经历了 20 世纪 90 年代初泡沫经济破灭和 1997 年亚洲金融危机的冲击后，暴露出银行大量持有法人企业股份对整个银行安全系统造成威胁的问题，从而出现以银行为中心的开始减持法人间相互持有股份的动向。而 2003 年 3 月决算期内赶上的股市低迷，使企业通过重组、减员的努力瞬间在下落的股价中化为泡影，即所谓的"低股价压迫企业业绩"，更导致银行大幅度减持企业股份。银行持股比例从 1989 年的 46% 逐年下降，到 2005 年已减少到了 19.1%。金融自由化增大了银行持有企业股份的危险，并加剧了银行间的竞争。在日本银行发生大规模重组、大幅度减持法人股份后，在以主银行制度为代表的非市场治理机制的相机治理趋于弱化的同时，市场治理开始抬头。"积极投资者"的出现、控制权市场的启动都反映出日本外部治理正向市场中心型治理结构——"盎格鲁-撒克逊"的公司外部治理结构趋同。

第一，积极投资者的约束。作为"积极投资者"的海外机构投资者持股比例的增加，使日本公司告别了"沉默股东时代"。所谓"积极投资者"，并不是指那些沉溺于频繁买卖证券的人，而是确实对公司经营进行监督、在董事会有一席之位、有时会参与经理的解雇、经常参加制定公司的战略方针，有时甚至直接参与公司经营的投资者。[3] 简而言

---

[1] 武井一浩、『企業法制改革論Ⅱコーポレート・ガバナンス編』、中央経済社 2013 年版、第 49 页。

[2] [英] 吉尔·所罗门、阿瑞斯·所罗门著，李维安、周建译：《公司治理与问责制》，东北财经大学出版社 2006 年版，第 137—138 页。

[3] [美] 迈克尔·詹森著，童英译：《企业理论——治理、剩余索取权和组织形式》，上海财经大学出版社 2008 年版，第 63 页。

之,"积极投资者"就是指通过行使表决权或与经营者对话制约经营者行为,影响企业经营的股东。

"积极投资者"的影响表现为提案、发言及否决议案的增加。从而提升了股东大会的活力,有利于唤醒其治理功能。根据《日本经济新闻》2001年10月17日报道,美国加利福尼亚州公务员退休基金已经对127家日本上市公司行使了股东投票权,其中包括对60家公司的反对票。该基金对日本企业投票数几乎一半都是反对票,其中包括对28家企业监事选举的反对票。而且具有股东主权意识的外国机构投资者作为"积极投资者",通过行使表决权制约经营者行为呈现不断增强的趋势。1993年7月至1994年6月,上市公司的股东大会中,股东发言的公司仅占总体的14.12%,对于公司提案有疑问的仅占8.17%,而2003年7月至2004年6月之间这一数字分别上升至45.15%和27%。[1]

表11-2 股东大会上外国投资者投否决票企业的比例 （单位:%）

年份		1997	1998	1999	2000	2001	2002	2003	2004	2005
平均值		11.5%	17.5%	19.2%	21.2%	22.9%	29.7%	43.7%	54.9%	55.7%
企业资本金	300亿—500亿日元	22.7%	39.6%	44.0%	46.9%	48.7%	49.2%	73.3%	84.1%	89.0%
	500亿—1000亿日元	26.7%	52.3%	61.7%	61.3%	73.8%	77.2%	86.0%	93.1%	84.1%
	1000亿日元以上	55.3%	66.7%	73.2%	79.1%	73.8%	77.2%	82.9%	82.2%	89.4%

资料来源:「旬刊 商事法務」、转引自:岩壺健太郎、外木好美、「外国人投資家の株式所有と企業価値の因果関係——分散不均一性による同時方程式の識別——」、『経済研究』2007年第1期、第48頁。

在外国投资者的影响下,日本国内投资者告别"沉默股东的时代",进入"积极股东的时代",开始通过实施股东的权力,影响企业的经营决策。股东权利意识的觉醒促使公司管理者不得不重视股东利

---

[1] 角田大憲、「変わりゆく会社と株主の関係」、神田秀樹主編、『コーポレートガバナンスにおける商法の役割』、中央経済社2005年版、第114頁。

益。2002年的有关调查表明，公司中重视净资产收益率的占26%，不太重视的占2.4%，重视股东的比例占83%，这些数字某种程度上也表明越来越多的日本公司重视净资产收益率，对股东的重视程度也在增加。①

第二，日本公司控制权市场的启动。公司控制权市场又称外部接管市场。公司控制权市场机制是指投资者通过收集投票代理权与股权，取得对公司的控制权，以便接管公司和更换经营不善的经营者的一种制度设计，是解决委托代理问题的一种重要手段。获取公司控制权的最主要手段就是代理权争夺与企业并购。因此，代理权争夺、企业并购与公司治理具有高度的相关性。通过市场压力，替代非效率经营者的持续外部性威胁是提升公司治理有效性所不可缺少的。

日本虽然存在企业间并购市场，而且对日本经济的发展发挥了重要的作用，但从公司治理角度来说，日本在很长一段时期内并不存在控制权市场。与美国等其他发达国家的并购案不同，过去日本的并购通常是以友好收购的方式进行，而不是敌意收购，特别是有许多并购交易发生在集团公司及其子公司之间。日本并购的传统做法是计划进行收购的企业私下里与目标公司的经营者进行接触和谈判，共同商定股份转让价格。日本通过公开收购进行的并购交易非常少见。公开收购方式的缺失，不仅使日本并购交易中企业股票的溢价保持在极低水平，而且也使并购失去了震慑经营者的公司治理功能。

日本社会对敌意并购的态度在1999年左右发生了变化。为了扭转日本企业的长期不振，日本政府开始倡导企业通过资源集中强化核心业务的竞争力，并通过修改商法支持公司重组，日本社会逐渐接受了为了使股东利益最大化而进行的敌意并购行为。② 再加上稳定股东比例的降低，股权分散化，为日本控制权市场的启动提供了条件。

---

① 十川廣国、『CSRの本質』、中央経済社2005年版、第68頁。
② 鈴木一功、「敵対的買収者と企業経営」、新井富雄、日本経済研究センター編、『検証日本の敵対的買収』、日本経済新聞出版社2007年版、第139—142頁。

(四)"标准股东中心模式"成为主流

20世纪80年代美国开始推动公司治理改革并将其理念向全世界传播。在资本市场全球化竞争压力，以及在以股东为中心的公司治理理论的支持下，以美国在新经济推动下经济绩效好转为契机，从20世纪末到21世纪初，"标准股东中心模式"占据了统治地位。在20世纪80年代，美国加利福尼亚州公务员退休基金等大型机构投资者成为公司治理改革的主要倡导者与推动力量。美国加利福尼亚州公务员退休基金倡导的投资者激进主义、繁荣的公司控制权市场以及股东价值观念，在企业界和学术界引起强烈反应。在他们看来，企业的主要目标，甚至是唯一的目标就是股东利益的最大化，而通过强大、独立的董事会和适当的经理激励产生的有效率的公司治理，是保护股东利益的最佳方法。在这一背景下，美国机构投资者开始要求非美国公司采用美国式的公司治理制度，尤其强调董事会结构与独立性。而日本形式化公司治理不仅不符合甚至北离了新自由主义思潮下股东中心论的"标准股东中心模式"。

为解决日美贸易不平衡问题，1989年举行了日美结构问题首脑会谈。在美方提出的改革建议中包括建立支持"股东重视"型经营的机制，以改变日本企业不重视股东利益经营的现状，并明确提出应通过修改商法来实现重视股东经营的转变。[1] 以包括日本政府在内的日本社会认识到形式化公司治理对企业竞争力与日本经济发展的不良影响为前提，借助《日美构造协议》的外压，日本开始通过修改商法、公司法法典化来支持日本开展"符合国际标准"的公司治理改革。如何以最低的社会成本，对公司治理机制实现既符合国际规范，又能保持企业竞争优势与可持续发展的改革，成为日本政府与立法机关的重要课题。

以股东至上理论与利益相关者理论为依据的"公司应以股东利益最

---

[1] 加護野忠、砂川伸幸、吉村典久、『コーポレートガバナンスの経営学——会社統治の新しいパラダイム』、有斐閣2012年版、第144頁。

大化为经营目标"与"公司不应只关注股东利益，而应关注所有与公司有关系的主体的利益"两种观点的争论持续了十几年。该问题的另一种表达方式是"公司是为谁的利益而经营"。只有明确了"公司属于谁的""公司是为谁的利益而经营"才能形成公司治理改革方向的社会共识。在美国极优的经济绩效与公司治理改革全球化趋势的背景下，股东主权主义开始影响日本社会。在2000年左右，"公司属于谁的？"在媒体报道中频繁登场。其中不乏"公司是股东的，应回归股份公司"的声音。使"企业是员工的"这一长期形成的社会共识遭到了挑战。[1] 受1999年出台的《OECD公司治理原则》影响，2004年东京证券交易所公布了《上市公司公司治理准则》，投资家与上市公司之间关于公司治理的目标与作用终于找到共通的语言。[2]《上市公司公司治理准则》明确了公司治理被期待发挥的四项功能：股东的作用，利益相关者的作用，信息公开的功能，董事会、监事会的功能。上述功能现在被认为是理所当然的，而当时却不得不通过《上市公司公司治理准则》进行明确。[3]

二、符合国际标准的公司治理改革

正如原正行等人在《全球化时代的日本经济——企业国际化视角的考察》一书中所指出的："当日本在国际经济中的影响力不太大时，日本特有的社会、经济体制就不会成为深刻的国际经济问题，一旦影响进一步扩大，日本的独特体制也就很难被接受……无论提出怎样的反驳，国际经济社会普遍认为日本的社会经济体制是'封闭的、不透明的、不

---

[1] 伊丹敬之、『平成の経営』、日本経済新聞出版社2019年版、第56頁。
[2] 静正樹、「上場企業に求められるコーポレート・ガバナンスの向上」、神田秀樹、小野傑、石田晋也編、『コーポレート・ガバナンスの展望』、中央経済社2011年版、第14頁。
[3] 静正樹、「上場企業に求められるコーポレート・ガバナンスの向上」、神田秀樹、小野傑、石田晋也編、『コーポレートガバナンスの展望』、中央経済社2011年版、第14頁。

公正的'。"① 为了改变这一形象，解决治理缺位的问题，也为了有利于日本企业以低成本利用国际资金，在新的约束条件下，日本开始开展符合国际标准的公司治理改革。

（一）改善股东大会运营

股东大会是股东通过依法行使提案权和决议权参与公司事务的会议，是决定股份公司重要基本事项的法定机关，是公司最高权力机关。从治理的角度看，股东通过在股东大会上行使法律赋予的投票权与提案权，反映股东的意志，行使股东权力，保护股东利益，影响经营者的继任及报酬，是向经营者施压、约束经营者按照股东意志为股东利益最大化开展公司经营的有效路径之一。股东大会是公司治理机制的重要组成部分，是股东治理的中心。但在内部人控制下，股东已无力在股东大会上行使权力，股东大会的治理功能失效。

日本公司为了改善公司形象，提高外界对公司治理的评价，开始主动完善股东大会运营。如避免选择在同一天集中召开股东大会，增加股东利用股东大会表达意见的机会等。在日本还出现了支持股东行使表决权的组织和结构。为提高股东行使表决权的效率，相关机构和组织还开发并普及公司治理指标。② 为方便股东行使表决权正在逐渐完善基础设施。东京证券交易所建立了"面向机构投资者行使电子决议的平台"，这一服务从2005年12月的决算期开始。

在2005年的股东大会上，有外国投资者股东提出反对议案的公司占到企业的55.7%。资本金1000亿日元以上的大公司达到了89.4%。让日本企业经营者意识到，要使重要议案在股东大会上获得通过，就必须取得外国投资者的理解。为此，经营者积极在海外举办研讨会，直接

---

① ［日］原正行、朴松爱著，何为译：《全球化时代的日本经济——企业国际化视角的考察》，东北财经大学出版社2003年版，第1—2页。
② 新保博彦、『日美コーポレート・ガバナンスの歴史の展開』、中央経済社2008年版、第204—205页。

访问外国投资者，对股票市场的认识、经营内容进行说明和意见交换。[1]

从 2006 年开始，股东大会通过行使决议权，反对公司提案的票数开始增加，而且决议权行使的标准非常明确。特别是对有关经营政策的批评，从董事选任议案中得到清楚的反映。如果对董事选任议案投了 20% 以上的反对票，经营团队就会重视这一结果，并有可能成为调整经营政策的契机。

（二）推动"业务执行"与"监督"分离

在公司内部治理机制中，董事会发挥着核心的作用。首先，应该把董事会看作为治理结构的保护者，以维护企业与股份资本所有者之间的关系；其次，是看作维护企业与其经营者之间关系的一种方式。[2] 由于日本董事会大多是由公司内部人员晋升者构成，构成董事会的董事与经营管理团队的成员高度重叠，从而造成日本董事会缺乏相对于管理团队的独立性，进而造成董事会决议与对经营管理团队监督的形式化。董事会监督功能的弱化不仅降低了投资者对日本公司的投资信心，也直接导致日本公司企业价值的损毁。为了符合董事会的国际标准，提升投资者对日本公司的信任，在国际资本市场竞争中获得筹资优势，提高日本企业国际竞争力，提升企业价值，日本商法、公司法在保留监事会设置公司的同时，仿效美国模式引入了委员会设置公司。日本商法、公司法对董事会制度规定的修改，为日本公司治理的多元化提供了制度空间。

2002 年商法改革，为通过提升董事会的独立性加强董事会发挥监督作用，在商法中引入了委员会等设置公司。通过 2002 年对商法的修订，在保留了传统的平行设置公司监事会的公司董事会制度的同时，导

---

[1] 福田順，『コーポレートガバナンスの進化と日本経済』，京都大学学術出版社 2012 年版，第 91 页。

[2] [美] 奥利弗·E. 威廉姆森著，段毅才、王伟译：《资本主义经济制度：论企业签约与市场签约》，商务印书馆 2002 年版，第 413 页。

入了设置委员会的公司董事会制度，使日本公司可以根据自身运营的实际情况选择设置监事会还是设置委员会，为日本股份公司设计不同的董事会结构提供了可能。立法者也希望通过委员会设置公司制度与监事会设置公司制度间的竞争，推动日本公司治理水平的提升。①

2002 年商法修订后，没有选用委员会等设置公司制度的大公司，为了提升公司决议的灵活性，提升经营会议在法律层面的地位，采用了设立重要财产委员会制度。如果满足董事会成员 10 名以上，其中 1 名以上为独立董事的条件，公司重要财产的处分、转让，大额借贷的决定权限可以委托给由 3 名以上董事组成的重要财产委员会。重要财产委员会的成员并不要求一定有独立董事。重要财产委员会制度，在 2005 年制定公司法时，修订为特别董事制度。② 委员会等设置公司伴随着 2005 年公司法法典化，更名为委员会设置公司。下面主要介绍委员会设置公司（2014 年公司法修改更名为提名委员会等设置公司）制度。

新公司法增加委员会设置公司的董事会机关设置选择，是为了实现"业务执行"与"监督"的分离，强调监督型的特征，与日本传统的合意型、具有管理型特征的董事会有显著不同。③ 由于该机关设计实现了监督与业务执行的分离，董事可以专心监督执行官的业务执行，所以委员会设置公司也被认为属于监督型董事会。

委员会设置公司是指股份公司根据公司章程在董事会内设置委员会[提名委员会、审计委员会及报酬委员会（公司法第 2 条第 12 款）]的公司（公司法第 326 条第 2 款）。各委员会由 3 人以上委员组成；各委员会的委员，依董事会决议从董事中选出；各委员会的过半数委员，必须为独立董事④；审计委员会委员不得兼任设置委员会公司或其子公司

---

① 森本滋、『企業統治と取締役会』、商事法務 2017 年版、第 33 頁。
② 和田宗久、「公開型株式会社にかんするガバナンス制度の変遷と課題」、稲葉威雄、尾崎安央編、『改正史から読み解く会社法の論点』、中央経済社 2009 年版、第 83 頁。
③ 森本滋、『企業統治と取締役会』、商事法務 2017 年版、第 32 頁。
④ 该董事不能是曾任或现任的同类公司的执行董事、执行官、决策人员或其他的任职人员（公司法第 2 条第 15 款）。

的执行官、业务执行董事或设置委员会公司子公司的外聘会计审计员（外聘会计审计员为法人的，应为执行其职务的成员）、经理及其他使用人（公司法第400条）。但董事会的非审计委员会委员可以兼任执行官（公司法第402条之6）。各委员会的委员可依董事会决议随时被解除职务（公司法第401条之1）。在设置委员会公司中，须设置1或2人以上的执行官。执行官经董事会决议选任（公司法第402条之1、2）。董事会须从执行官中选定代表执行官。此时，执行官为1人的，选定该人为代表执行官（公司法第420条之1）。设置委员会公司的内部治理结构如下图所示，其为单层治理结构。委员会设置公司与监事会设置公司内部治理结构特征的差异参见表11-3。

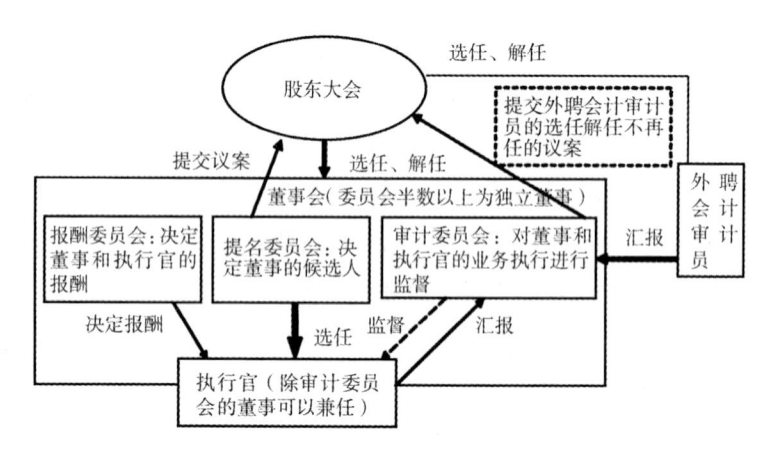

图11-2 设置委员会公司的内部治理结构

资料来源：根据日本公司法股份公司编有关规定做成。

表11-3 监事会设置公司与委员会设置公司内部治理结构特征的比较

	监事会设置公司	委员会设置公司
治理结构	双层	单层
经营执行和监督的分离情况	不分离	分离

续表

	监事会设置公司	委员会设置公司
公司外人员	独立监事为监事总数的半以上	各委员人数的半数以上的合计
董事会人数	3人以上	3个委员会各3人以上
监事会人数	3人以上	—
监事任期	4年	—
股东代表诉讼对象	董事、监事、会计参与、会计审计员、发起人、清算人、募集股份的认购人、行使新股预约权的新股预约权拥有者、在行使股东权利时获得利益者	同监事会设置公司
董事任期	2	1年
董事会需要执行的职务	业务执行决定、董事职务执行的监督、代表董事的选定及解职（公司法362条之2）	业务执行决定、选定各委员会委员（公司法400条之2）、选任执行官（公司法402条之2）
业务执行	代表董事、业务执行董事（必须至少每3个月向董事会报告1次自己的职务执行情况，公司法363条）	执行官
利润分配决定	股东大会	董事会

（三）激励机制改革

在公司治理机制中报酬制度的设计与董事会机关的设计同样重要。公司治理的一个主要焦点是经理人员的报酬问题。[①] 与业绩不挂钩的薪

---

① ［美］罗伯特·A.G.蒙克斯、尼尔·米诺著，李维安、牛建波等译：《公司治理（第五版）》，中国人民大学出版社2017年版，第190页。

酬无法确保治理的有效性。报酬制度是连接管理层与股东利益的激励机制。公司通过选择"激励相容"的制度安排，将经理人与投资者的命运自动地联系在一起，[1] 使经理人像股东一样关注公司的绩效。[2]

固定报酬是以公司过去业绩为基础形成的，所以缺乏对经营者的激励，导致经营者回避风险，努力不足。而业绩联动型报酬机制使经营者与企业业绩发生联动效应，即与股东一起分享利润、分担风险。这可以在一定程度上降低委托—代理成本，使经营者与股东利益保持一致。依据业绩的奖励、与股价连动的报酬，或股份的持有，都有助于提升经营者的努力程度，对促进经营者开展提升股东利益的经营具有激励作用。股票期权制度是报酬激励机制的重要组成部分。为消除建立业绩型报酬机制的法律障碍，日本对商法相关规定进行了修改，解禁了公司股份取得制度、股票期权制度，引入了新股预约权。

日本经营者的报酬与国外相比，虽然基本报酬大体一致，但总报酬大大低于其他国家，并且缺乏与当期业绩的联动。如1985年，日本公司社长平均报酬为4400万日元，是员工平均工资的13倍，而美国则是1.04亿日元，是员工平均工资的35倍。[3] 与日经225家公司社长的年平均报酬为5000万日元相比，标准普尔500指数公司首席执行官的平均报酬为14亿日元。[4] 日本传统企业制度中的终身雇佣制和年功序列的激励作用弥补了较低的金钱报酬激励。但随着日本雇佣制度的改革，特别是董事会的改革，不仅缩小了董事会的规模，还由于引入独立董事，使得内部晋升的机会大幅度减少，进入董事会的希望变得渺茫。日本长期奉行的传统激励机制的弱化，在一定程度上滋生了经营者的机会主义

---

[1] [美] 弗兰克·伊斯特布鲁克、丹尼尔·费希尔著，罗培新、张建伟译：《公司法的经济结构》（中译本第二版），北京大学出版社2014年版，第264页。

[2] [美] 罗伯特·A.G. 蒙克斯、尼尔·米诺著，李维安、牛建波等译：《公司治理（第五版）》，中国人民大学出版社2017年版，第208页。

[3] 宮島英昭、「企業統治制度改革の20年」、宮島英昭編、『企業統治と成長戦略』、東洋経済新報社2017版、第22頁。

[4] 宮島英昭、齋藤卓爾、胥鵬、田中亘、小川亮、「日本型コーポレート・ガバナンスはどこへ向かうのか?:『日本企業のコーポレート・ガバナンスに関するアンケート』調査から読み解く」、2013年6月、https://www.rieti.go.jp/jp/publications/pdp/13p012.pdf。

行为，使日本企业经营管理问题频出。为解决日本公司制度中激励机能弱化的问题，报酬激励机制的改革越发重要。但商法对发行股票期权及公司取得本公司股份的限制，制约了报酬激励机制的设计与实施。为此，从1997年开始，商法对股票期权及公司取得本公司股份的相关规定进行了渐进式修改，使日本公司设计与实施"业绩连动型报酬"制度成为可能。

1997年，商法为了支持股票期权制度的实施，提供了自己股份取得方式与新股接受权两种方式。为此，需要对自己股份取得制度与新股接受权制度的相关规定进行修改。与自己股份方式相关的商法规定的修改从1997年6月开始实施，新股接受权的规定从1997年10月1日开始实施。[①] 一定价格购买公司股票的权利，是一种将雇员薪酬和动机与股东利益连结在一起的方式。股票期权的特点是：如果股价提升，被授予股票期权的管理者就能有巨额收入，而如果股价下跌，也没什么损失。所以股票期权制度对管理者投资风险高的项目具有激励性。这通常意味着管理者可以获得在未来十年间以目前的交易价格购买公司股票的权利。假如股票在这个时期上涨了，管理者就能够以股票交易价格"兑现"增加的部分。[②] 日本的新股预约权制度是从股票期权激励制度发展演变而来的。[③] 股票期权是建立业绩连动型报酬机制的重要制度安排。

在终身雇佣制下，日本经营者的传统型报酬体系主要由年功工资、退职金和奖金构成。另外还有住房、专车等非金钱报酬随着工作年限的增加而递增。奖金在报酬总额中的比例较低。随着日本雇佣制度的改革，法律对股票期权的解禁，奖金可以计入成本等的修改，绩效型报酬制度逐渐取代传统的报酬体系，奖金在报酬总额中的比重得到大幅度提高。

---

① 久保田安彦、「自己株式と平成改正——バブル崩壊とファイナンス理論と規制の整理——」、稲葉威雄、尾崎安央編、『改正史から読み解く会社法の論点』、中央経済社2009年版、第181页。

② ［美］罗伯特·A.G.蒙克斯、尼尔·米诺著，李维安、牛建波等译：《公司治理（第五版）》，中国人民大学出版社2017年版，第52页。

③ 吴建斌：《最新日本公司法》，中国人民大学出版社2003年版，第237页。

过去，工资在损益计算表中作为销售费用和一般管理费处理，而奖金和退职慰问金作为利润分配。工资和退职慰问金与企业业绩的联动性较低，而奖金的多少一般与公司利润有较大的关系。但由于奖金不计入费用，所以奖金在经营者的所得中比例很小。[①] 通过2002年商法改革，明确了对经营者可以采取利润联动型报酬制度（旧商法第269条）。新公司法沿用了这一规定，并且规定可以通过股东大会决定利润联动型报酬的具体计算方法，并且根据这一方法可以向董事支付固定报酬外的奖金（公司法第361条）。而2006年的税法改革规定在满足一定条件下可以作为亏损处理。在日本退职慰问金是经营者的主要报酬之一，但由于其具有很强的年功色彩，所以已有许多企业废止了这一制度，取而代之的是股价联动型的股票期权。[②]

三、国际化公司治理改革的形式化表现

尽管外部治理持续强化，但在"重视企业的真实原则"和"重视股东的表面原则"的支配下，受到制度演化路径依赖特性的影响，日本开展的符合国际化标准的"重视股东利益"的公司治理改革趋于形式。缺乏"实效性"改进的公司治理受到国内外投资者的批评。

（一）公司治理机关的问题

尽管在商法、公司法推动下，经营者对股东大会、董事会、监事会运营进行了一系列改革，但依然很难改变海外投资者对日本董事会无法发挥监督功能的看法。经常被海外投资者批评的日本公司治理机制主要包括以下几点：（1）独立董事人数少，独立性低；（2）传统型的监事制度不能发挥监督作用，而采用委员会设置公司的公司数量又太少（占

[①] 須田一幸、「契約の経済学とディスクロージャー」、柴健次、須田一幸、薄井彰編、『現代のディスクロージャー』、中央経済社2008年版、第43—44頁。
[②] 乙政正田、「経営者報酬の決定要因——利益情報の役割を中心として——」、柴健次、須田一幸、薄井彰編、『現代のディスクロージャー』、中央経済社2008年版、第475頁。

东京证券交易所上市的2%左右);(3)超过一半的公司中社长与董事会议长为兼职(占东京证券交易所上市公司的80%)。①

1. 董事会业务执行与监督分离的不完全

尽管公司法规定了委员会设置公司制度,但日本公司对独立董事制度的排斥、无法容忍公司外部人来决定公司董事任免及经营者报酬等的固有观念,且公司机关设置的选择权由公司经营者掌握,使得日本公司很少采用委员会设置公司的机关设置,依然保持监事会设置公司的机关设置。所以业务与监督一体化的董事会特征依然在日本公司中占据主流,董事会监督功能的弱化问题依然有待解决。

另外选择委员会设置公司的董事会没有将业务执行权限尽可能地委托给执行官。所以即使是委员会设置公司董事会带有业务执行机构的特征,但并未完全实现业务执行与监督的分离。②

2. 独立董事问题

独立董事人数少、独立性低且公司没能为独立董事提供发挥独立董事作用的工作条件。

日本企业的独立董事不仅因人数少受到了投资者的批评,而且其独立性也受到了怀疑。尽管委员会设置公司要求董事会内设置的各委员会中要保持一定比例的独立董事,但由于公司法对独立董事选任的条件比较宽松,所以独立董事缺乏独立性。"独立董事"的独立性值得怀疑是因为现实中独立董事多为大股东、母公司、关联公司、企业集团、主要业务单位、金融机构相互派遣的人员,以及有合同关系的律师、会计师等。③ 经营者在法律规定的范围内选择具有友好关系的独立董事,并支付高额报酬。如奥林巴斯公司尽管选任了三位独立董事,但由于缺乏独立性等因素没能充分发挥检查与监督的职能,公司还是发生了财务造假

---

① 杉浦秀德、「金融・資本市場の発展に向けたガバナンスの役割」、神田秀樹、小野傑、石田晋也編、『コーポレート・ガバナンスの展望』、中央経済社2011年版,第201頁。

② 和田宗久、「公開型株式会社にかんするガバナンス制度の変遷と課題」、稲葉威雄、尾崎安央編、『改正史から読み解く会社法の論点』、中央経済社2009年版,第96頁。

③ 八田進二編、『外部監査とコーポレート・ガバナンス』、同文館2007年版,第161頁。

事件。① 许多公司引入独立董事，追求更多的还是一种广告效应。正如伊藤忠商事前会长丹羽宇一郎对《日本新闻》感叹道："感觉日本的公司治理只是建立了制度，没有注入灵魂。"②

另外，独立董事无法获得发挥监督作用所需要的信息。董事会会议资料不详实，缺乏充分的讨论，记录简单。

3. 社长与董事会议长兼职问题

以董事会议长的出身为例，就总体而言，社长兼任董事会议长的比例最高。在东京证券交易所上市的公司中，有 79.9% 是由社长兼任董事会议长（比上次调查降低了 0.7%），其次是由会长兼任的，占 19.0%（比上次调查增加了 0.5%），也就是说社长和会长兼任董事会议长的合计达到了 98.9%。③ 所以，董事会是掌握在经营者手中的。

4. 经营者任职与公司业绩相关度低

具有实效的公司治理应该发挥在公司业绩低迷时撤换不合格的经营者，任命能力高的新的经营者。这是董事会的基本工作，也是为了董事会发挥这一作用，股东们才会选举董事。海外投资者认为，当公司业绩欠佳时，董事会应该及时更换经营者。

日本公司社长的更换与公司业绩的相关性并不大。最可能的理由是不存在公司业绩不良时解聘社长的机制。而且日本许多公司存在一个惯例就是，即使业绩不恶化，一般公司社长的任期为 2 期 4 年，任期满后就会有新社长接任。④

（二）资本政策的问题

在资本市场的治理强度提升，信息披露制度得到强化的同时，商

---

① 柏木里佳、『日本の社外取締役制度——現状と今後——』、桜美林大学北東アジア総合研究所 2015 年版、第 56 頁。
② 徐瑾：《推荐序二知识经济时代的公司概念》，转引自［日］岩井克人著，张永亮等译：《未来的公司》，东方出版社 2018 年版，第 24 頁。
③ 株式会社東京証券取引所、「東証上場会社コーポレート・ガバナンス白書」、2009 年、http: //www.tse.or.jp/rules/cg/white-paper/white-paper09.pdf、2010 年 3 月 28 日。
④ 久保克行、『コーポレート・ガバナンス経営者の交代と報酬はどうあるべきか』、日本経済新聞出版社 2010 年版、第 103 頁。

法、公司法改革提升了公司经营者的权力。商法、公司法将权力配置给公司经营者的制度安排弱化了股东权力，其结果是公司治理失效，从而引致了资本政策问题。投资者基于资本成本的考虑，认为只有投入资本产生的现金流大于资本成本的公司，才是增加了其价值。所以从投资者立场来看，日本全部上市公司过去 10—20 年的历史就是损毁公司价值的历史。①

1. 较低的净资产收益率

公司治理失效反映出的问题之一就是经营者缺乏对反映股东利益经营指标的重视。

虽然日本企业经营者重视的业绩指标发生了很大变化，从重视销售额向销售利润转变，但依旧缺乏对投资回报率的重视。② 依据日本劳动政策研究研修机构的调查，经营者比起反映股东利益的经营指标更加重视反映企业盈利能力的经营指标。③ 由于日本企业经营者长期以来不重视反映股东利益的经营指标，所以与欧美国家相比，日本上市公司的净资产收益率处于较低水平。从 1985 年至 2006 年，日本上市公司的平均净资产收益率只有 5%，而美国企业为 10.5%，德国企业为 7.8%，法国企业为 10.3%，英国企业为 9.5%。④ 尽管近 20 年来日本以重视股东利益为中心进行了一系列的改革，但净资产收益率依然处于较低的水平。这也从一个侧面反映出公司治理改革的形式大于实质，股东利益依然处于被忽视的地位。

2. 高额的留存收益

留存收益是指企业纳税后利润不是返还给股东，而是准备再投资的

---

① 澤口実、「投資家との対話」、森濱田松本法律事務所編、『変わるコーポレートガバナンス』、日本経済新聞出版社 2015 年版、第 308 頁。
② 江川雅子、『現代コーポレートガバナンス』、日本経済新聞出版社 2018 年版、第 58 頁。
③ 加護野忠男、砂川伸幸、吉村典久、『コーポレート・ガバナンスの経営学——会社統治の新しいパラダイム』、有斐閣 2012 年版、第 158 頁。
④ 中野誠、『戦略的コーポレート・ガバナンス』、日本経済新聞出版社 2016 年版、第 24 頁。

资本，这在财务理论上应该属于股东。如果企业没有发现投资利润大于资本成本和可增加企业价值的投资项目，则经营者不应该在企业内部保留这些资金，而应该返还给股东，以使股东可以向其他企业再投资。而如果经营者认为需要向将来有成长性的项目投资而进行留存收益，应向投资者进行说明。对于公司治理有问题的企业，公司保有现金会对公司治理的评价产生负面影响，被称为"治理折价"（Governance Discount）；而对于公司治理良好的企业，公司保有现金会被认为是提高投资者将来企业价值的实物期权（Real Option）。投资者是不被允许不能有效利用资本，而仅仅为了安全性增加保有现金的。① 尽管一定的留存收益具有降低投资风险的作用，但过高的留存收益不利于提升公司治理水平，会成为滋生代理问题的温床。

与较低的净资产收益率相对的是日本企业高额且逐渐增加的留存收益。依据财务省的法人企业调查，上市公司的留存收益1988年为100兆日元，2004年突破200兆日元，"雷曼冲击"加速了这一动向，2012年超过300兆日元。许多大企业的高层宣称"我们企业是没有借款的企业"。②

尽管近年日本企业经营状况逐渐改善，但这些盈余被作为企业留存保留了下来，并没有进行投资或用于提升员工工资。企业经营者趋于保守，缺少发展企业、实现高收益的意欲。③ 所以，日本公司出现的高留存收益必然受到投资家的诟病。高留存收益是日本公司在内部人控制下，经营者为维持内部人持续控制的具有内在激励性行为的结果。

3. 政策性持股

政策性持股受到机构投资者的批评。对于政策性持股的概念在法令上并没有明确的定义，但有价证券报告书要求对持有股份的目的进行公

---

① 江川雅子、『現代コーポレートガバナンス』、日本経済新聞出版社2018年版、第76—77页。
② 三橋規広、内田茂男、池田吉紀、『新・日本経済入門』、日本経済新聞出版社2018年版、第21页。
③ 佐藤浩介、「コーポレートガバナンスとは何か」、株式会社日本総合研究所編、『葛藤するコーポレートガバナンス改革』、金融財政事情研究会2017年版、第27页。

开。政策性持股一般被理解为持有纯投资目的以外的股份。① 政策性持股对股东有如下几方面不良影响。

第一，政策性持股就如同法人间相互持股，投资获利并不是其持股的主要目的，其目的主要是维持稳定交易或作为反敌对收购措施等。由于利益不一致性，持有政策性股份的股东不会站在普通股东的立场上为保护普通股东利益而实施股东提议权，或行使决议权，成为了"沉默的股东"，影响一般股东通过投票保护自己的利益。因此亚洲公司治理协会在 2008 年 5 月发表的《日本公司治理白皮书》中指出，相互持股下以影响投票决议为目的的"投票权的交易"损害了少数股东的利益。② 稳定股东屏蔽了一般股东对管理团队正常的要求与交流，在稳定股东的支持下，公司业绩不影响经营者的选任或解任，会降低公司治理的有效性。

第二，由于政策性持股不是出于投资获益的目标，所以持有的股份不具有经济合理性，降低了市场有效配置资源的功能，偏离了重视资本效率的经营。

（三）企业集团治理的问题

日本在 1997 年通过修改反垄断法解禁了纯持股公司，再加上 1999 年商法修改创立的股份交换、移动制度，使得公司之间的并购及成立控股公司更加容易。控股公司的增多使得母子公司的治理问题开始显现。企业集团公司治理不充分的问题受到批评。

依据反垄断法，控股公司是指占有子公司总资产超过 50% 的公司。只持有其他公司股份，而不开展任何经营活动的公司称为纯控股公司，在持有其他公司股份的同时，自己也开展业务的公司称为事业控股

---

① 澤口実、「10のキーワードから紐解く、コーポレートガバナンスの潮流」、森濱田松本法律事務所編、『変わるコーポレートガバナンス』、日本経済新聞出版社 2015 年版、第 43 頁。

② スコット、キャロン、古田憲一郎、「日本のコーポレートガバナンス改革の進歩と今後の課題」、一橋大学イノベーション研究センター編、『一橋ビジネスレビュー』、2017 年 WIN.（65 巻 3 号）、東洋経済新報社 2017 年版、第 50 頁。

公司。

　　日本在第二次世界大战战败前,与军部、政党具有密切关系的财阀控制着日本经济,被认为是支持军国主义的经济基础。基于这一历史教训,日本长期以来严格禁止成立纯控股公司(1947—1997年)。但随着各国对控股公司及控股公司处于组织顶端的康采恩的认可,对控股公司在经营战略上作用的认识,及日本企业应对全球化的需求,经济界要求解禁控股公司的呼声不断提高。1997年通过修改《反垄断法》第九条,以不出现对事业过度集中的支配为前提,允许成立控股公司。随着控股公司的解禁,许多公司在企业集团的顶部或中间阶段成立了控股公司,以对集团的全体或特定事业部门进行统一管理。[1] 控股公司的设立,在为日本提供了新的公司治理结构的同时,也出现了一些母公司与子公司之间的问题。如,控股公司对子公司的经营控制的权限与界限不明确,控股公司有可能榨取子公司的利益,子公司发生不良事件后对子公司董事的责任追究比较暧昧等。[2]

(四) 不良事件的频发

　　在内部人的控制下很难实现股东利益。经营者权力缺乏约束,容易发生道德风险和对股东利益的侵害。在资本市场压力加大与内部治理不足的不平衡中,已暴露出了种种问题,特别是财务造假问题的不断出现。

　　2005年嘉娜宝的虚假决算、有价证券报告书的虚假记载、西武铁道的虚假记载(日本经济新闻2005年3月23日)、森本组的粉饰决算(日本经济新闻2005年5月13日)、三洋电机虚假决算(日本经济新闻2007年12月16日)、ASCII虚假决算(日本经济新闻2008年5月22日)、ACCES虚假决算(日本经济新闻2008年5月24日)、NIWS虚假决算(日本经济新闻2008年11月4日)、URBAN虚假决算(日本经济

---

[1] 柴田和史、『図でわかる会社法』、日本経済新聞出版社2014年版、第190頁。
[2] 柴田和史、『図でわかる会社法』、日本経済新聞出版社2014年版、第191頁。

新闻2008年11月8日)等事件,[①] 野村证券和日本IBM共同成立的IT企业NIWS的虚构循环交易(2008年)、丰田下属企业双叶产业的虚列资产(2009年)、奥林巴斯隐瞒损失以及东芝财务造假等事件[②]都反映出了日本公司治理的缺位。日本企业大规模不良事件的发生,引起了投资者的不安,要解决上述问题,需要推动具有实效性的公司治理改革。

四、进攻型公司治理改革

强化公司治理的目的是提升公司中长期的企业价值,如果只是从形式上完善公司治理机制,结果反而会增加企业的合规成本。[③] 所以,强制性、一刀切式的改革不适用于公司治理改革。公司治理改革的重要性是引导其演化的方向,[④] 为公司提供可以依据公司融资结构、股权结构、经营战略及经营优势构建与之相匹配的公司治理体系的制度环境。日本公司治理改革政策推动着日本公司治理从"形式化"改革向"实效性"改革转变。这也标志着日本从20世纪90年代开始的注重与英美形式化趋同的公司治理改革摸索期,迈向了以促进"企业可持续发展"与提升"企业价值"为公司治理改革目标的转型期。[⑤]

(一)日本成长战略确定进攻型公司治理改革方向

2012年末自民党重新执政后,为打破泡沫经济破灭后持续20多年的经济低迷,安倍内阁推出了由被称为"三支箭"的"大胆的金融政策""灵活的财政政策"与"唤起民间投资的成长战略"构成的安倍经

[①] 岩原紳作、「監査役制度の見直し」、前田重行、神田秀樹、神作裕之、『企業法の変遷』、有斐閣2009年版、第4頁。
[②] 濱田康、『粉飾決算』、日本経済新聞出版社2016年版、第14頁。
[③] 経済産業省経済産業政策局産業組織課編、「コーポレートガバナンスの実践~企業価値向上に向けたインセンティブと改革~」、経済産業調査会2016年版、第8頁。
[④] 池田唯一、「金融システムとコーポレート・ガバナンスの改革」、神田秀樹、小野傑、石田晋也編、『コーポレート・ガバナンスの展望』、中央経済社2011年版、第239頁。
[⑤] 平力群:《日本公司法与公司治理》,社会科学文献出版社2021年版,第310页。

济政策。自2013年制定《日本再兴战略——日本回归》后，依据成长战略的实施情况与新的挑战，每年都对上一年制定的成长战略进行修改，并依次推出了《〈日本再兴战略〉修订2014——向未来挑战》《〈日本再兴战略〉修订2015——向未来投资与生产率革命》《日本再兴战略2016——迎接第4次产业革命》《未来投资战略2017——社会5.0》《未来投资战略2018——向"社会5.0""数字驱动型社会"》及2019年制订的《成长战略实施计划》。为最大限度地释放民间活力，唤起民间投资，激励经营者，使经营者将沉睡在企业中的巨大资金投向未来可以产生价值的领域，日本政府将公司治理改革定位为成长战略的重要支柱。[①] 这就意味着日本公司治理改革上升为国家战略。公司治理改革随着成长战略的不断推进而得到深化。

在《〈日本再兴战略〉修订2014——向未来挑战》中明确了公司治理改革在安倍经济政策中的定位，即为了"使日本重新获得创造财富的力量"应进一步推动公司治理改革，并将其作为成长战略中的最重要的一项改革措施。因此在《〈日本再兴战略〉修订2014——向未来挑战》中进一步将强化公司治理作为修订战略的关键政策，强调通过推进公司治理改革，改变企业，提升公司的盈利能力。公司治理有两方面的作用，即"负面的减少"与"正面的增加"。前者是防止企业内部不良事件的发生，后者可提升企业的价值。公司治理不仅要抑制公司不良事件的发生，更要提升企业中长期价值，增加投资回报，支持国民资产的稳定形成，推动日本经济实现良性循环。希望通过强化公司治理来改变经营者的精神状态，将净资产收益率是否能达到国际水平作为评价之一，强化推动有利于在国际竞争中获胜的经营判断机制的形成。特别是对于经过多年运营终于实现盈利的企业，不应只是将利润保存在企业内部，而是鼓励企业投资新设备，实施大胆的事业重组与并购等。作为强化公司治理的措施之一，为了促进企业自律地开展持续发展的努力，东京证

---

① 「日本再興戦略 – JAPAN is BACK – 」、2013 – 6 – 14、http：//www.kantei.go.jp/jp/singi/keizaisaisei/pdf/saikou_ jpn.pdf。

券交易所应制定新的《公司治理准则》，并要求上市公司对没有遵守《公司治理准则》的行为做出解释。[1] 在《〈日本再兴战略〉修订2015——向未来投资与生产率革命》中，以推进制度改革为前提，将构建具有实效的治理机制作为最优先的课题。[2] 为通过向未来投资实现生产率革命，提升企业的盈利能力，将进一步强化"进攻型"公司治理作为修订战略的关键政策，因为投资的决定最终要依靠企业经营者的大胆决策。[3]

在日本成长战略的推动下，围绕日本公司治理改革，2013年6月出台了《机构投资者责任准则》，并于2014年2月开始实施，同年6月国会通过了《公司法修订草案》，并决定于2015年实施，2014年8月公布了《伊藤报告》，2015年6月公布了《公司治理准则》。基于这些文件、法律的基本思想、原则与条款，日本对公司治理开展了一系列改革。这也标志着推动日本公司治理改革的方式发生了改变，从修改制定商法、公司法等"硬法"，到通过"硬法"与"软法"的有机结合来推动、引导公司治理改革。不仅以法律形式，而且以准则、报告等形式推动公司治理改革主要是基于以下原因。首先，由于标榜自由主义经济重视企业自主性的原则，所以日本很难制定规制企业行为的新法律；其次，改变法律规定后，为保持利益相关者间的适当平衡，就需要进行效果验证、广泛征求国民意见等的各种程序，而这需要相当长的时间。因此，没有采用强制的"法律"，而是采用了比较灵活的"准则"形式，指出了公司治理的改革方向。[4]

在2016年以后出台的日本成长战略中，仍然将强化公司治理改革

---

[1]「日本再興戦略改訂 2014 –未来への挑戦–」、2014年6月24日、https://www.kantei.go.jp/jp/singi/keizaisaisei/pdf/honbunJP.pdf。

[2] 宮島英昭、「企業統治制度改革の20年」、宮島英昭編、『企業統治と成長戦略』、東洋経済新報社2017年版、第8—9頁。

[3]「日本再興戦略改訂 2015 –未来への投資・生産性革命–」、2015年6月30日、http://www.kantei.go.jp/jp/singi/keizaisaisei/pdf/dai1jp.pdf。

[4] 佐藤浩介、「コーポレートガバナンスとは何か」、株式会社日本総合研究所編、『葛藤するコーポレートガバナンス改革』、金融財政事情研究会2017年版、第26頁。

作为关键的政策措施，并通过推动《机构投资者责任准则》与《公司治理准则》的完善，强化进攻型公司治理，推动公司治理改革从"形式"向"实效"深化。日本公司治理改革并不是为了形式上的改革，而是要将公司治理改革与提升企业盈利能力、企业竞争力的经营改革联系起来。通过日本公司治理改革，构建具有可持续创造企业价值的机制，提升企业国际竞争力，增加可以创造出"国富"的企业。[①] 这就是"进攻型治理"。《公司治理准则》对"进攻型治理"进行了解释，即以持续保证包括进行责任与义务说明责任的公司决策的透明性与公正性为前提，通过促进公司迅速、果断的决策，以实现"进攻型治理"。[②] 以将强化进攻型公司治理改革作为日本成长战略重要支柱地位的确立为前提，在赋权性公司法、《机构投资者责任准则》《公司治理准则》及上市规则等各种制度的合力推动下，形成了解决长期困扰日本公司治理问题的方案，支持日本以提升公司盈利能力为目标的公司治理改革。这也标志着日本放弃了从20世纪90年代开始的注重与国际标准形式化趋同的公司治理改革，迈向了以促进"企业可持续发展"与提升"企业价值"为公司治理改革目标的转型期。

（二）增设审计等委员会设置公司

董事会有多种类型，按照其核心职能可分为：偏重于保护股东利益的"监督型"、[③] 偏重于制定与决定公司经营战略的"决策型"，与既重视"监督"又重视"决策"的"混合型"。只要管理层进入董事会不影响董事会对公司的基本控制关系，管理层在董事会中的参与会带来三点

---

① 伊藤邦雄、加賀谷哲之、鈴木智大、河内山拓磨，「日本におけるガバナンス改革の『実質的』影響をめぐる実証分析」、一橋大学イノベーション研究センター編、『一橋ビジネスレビュー』2017 年 WIN.（65 巻 3 号）、東洋経済新報社 2017 年版，第 91 页。

② 澤口実，「10 のキーワードから紐解く、コーポレートガバナンスの潮流」、森濱田松本法律事務所編、『変わるコーポレートガバナンス』、日本経済新聞出版社 2015 年版，第 28—32 页。

③ ［美］奥利弗·E. 威廉姆森著，孙经纬译：《资本主义经济制度：企业、市场和关系合同》，上海财经大学出版社 2017 年版，第 259 页。

好处。首先，它能使董事会观察和评估决策过程与结果。董事会因此更了解管理层的能力，这有助于避免用人失误或在发生失误时迅速纠正失误。其次，董事会必须在相互竞争的投资项目之间作出选择。与正规的项目说明相比，管理层的参与能诱生更多、更深入的信息。最后，管理层的参与可以保护管理层与企业之间的雇佣关系。[1]

在2014年公司法修改前，要求上市公司的董事会组织形态或选择委员会设置公司，或选择监事会设置公司。但由于委员会设置公司没能普及，监事会设置公司受到投资者"业务执行"与"监督"分离不充分的批评。为了满足不同公司对董事会类型的不同需要，解决"业务执行"与"监督"分离不充分的问题，在2014年公司法修订时增加了审计等委员会设置公司这一新的董事会组织形态。[2] 由于新设立了审计等委员会设置公司，为了与审计等委员会设置公司相区别，将原来的委员会设置公司更名为提名委员会等设置公司。新设置的审计等委员会设置公司对原有的董事会制度进行了重大改革。在审计等委员会设置公司中，作为审计等委员会的董事和以外的董事之间相互区别，在选任以及任期上均有不同的规定。作为审计等委员会的董事其半数以上必须为独立董事，且其特征被赋予了同监事会设置公司的监事类似的权限。[3] 这使审计等委员会设置公司具有混合型董事会的特征。

审计等委员会设置公司的设置，一方面，为了使日本公司治理符合国际标准，促进上市公司采用独立董事制度，强化董事会的独立性，增强董事会的监督功能，提升国外投资者对日本公司的信任，促进外国投资者的投资；另一方面，承认日本公司的商业习惯，发挥日本企业的竞

---

[1] [美]奥利弗·E.威廉姆森著，孙经纬译：《资本主义经济制度：企业、市场和关系合同》，上海财经大学出版社2017年版，第260页。

[2] 田中亘，「企業統治改革の現状と展望」、宮島英昭編，『企業統治と成長戦略』、東洋経済新報社2017年版、第376页。

[3] [日]近藤光男著，梁爽译：《最新日本公司法（第7版）》，法律出版社2016年版，第212页。

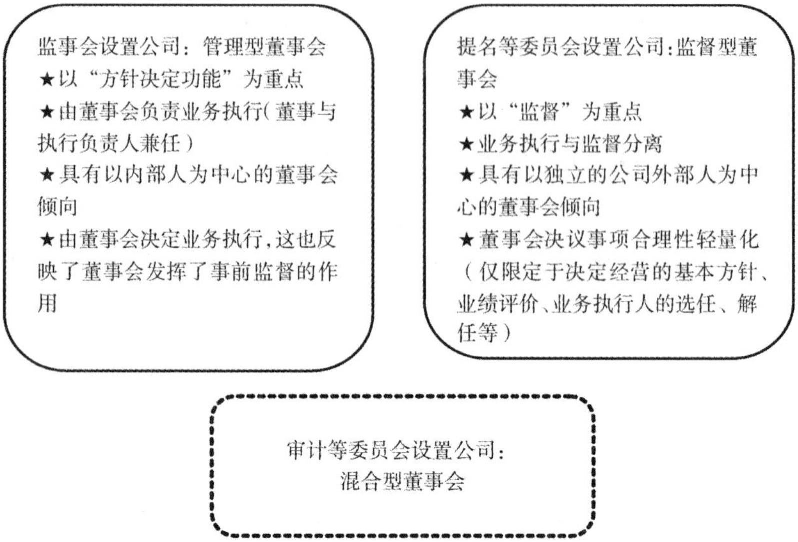

```
┌─────────────────────────────┐    ┌─────────────────────────────┐
│ 监事会设置公司：管理型董事会 │    │ 提名等委员会设置公司:监督型董│
│ ★以"方针决定功能"为重点     │    │ 事会                        │
│ ★由董事会负责业务执行(董事与│    │ ★以"监督"为重点             │
│  执行负责人兼任)            │    │ ★业务执行与监督分离         │
│ ★具有以内部人为中心的董事会 │    │ ★具有以独立的公司外部人为中 │
│  倾向                       │    │  心的董事会倾向             │
│ ★由董事会决定业务执行,这也反│    │ ★董事会决议事项合理性轻量化 │
│  映了董事会发挥了事前监督的作│    │ (仅限定于决定经营的基本方针、│
│  用                         │    │  业绩评价、业务执行人的选任、│
│                             │    │  解任等)                    │
└─────────────────────────────┘    └─────────────────────────────┘

           ┌───────────────────────┐
           │ 审计等委员会设置公司： │
           │    混合型董事会       │
           └───────────────────────┘
```

图 11-3　审计等委员会设置公司的董事会特征

资料来源：泽口実、太子堂厚子、「監査等委員会設置会社への移行」、森濱田松本法律事務所編、『変わるコーポレートガバナンス』、日本経済新聞出版社2015年版、第138頁。

争优势，把重要的业务执行委托给业务执行董事以提升经营效率。审计等委员会设置公司的机关结构可以说是对监事会设置公司与提名委员会等设置公司的折中。① 审计等委员会设置公司的增设在一定程度上缓解了监事会设置公司监督与经营不分离、监事在董事会没有决议权造成的董事会、监事会监督功能弱化，独立监事与独立董事重复设置增加的公司的合规成本，解决了提名等委员会等独立董事人数要求的高门槛、人事权与报酬权旁落，以及一部分高级管理者无法进入董事会等与日本传统企业惯例的冲突。审计等委员会设置公司在降低公司守法成本的同时强化了董事会的监督功能。②

通过对公司法的修改，日本实现了股份公司机关设置的弹性化与灵

---

① 森本滋、『企業統治と取締役会』、商事法務2017年版、第24頁。
② 平力群：《日本公司法与公司治理》，社会科学文献出版社2021年版，第359页。

活化。机关设计规定的多元化,满足了不同公司对董事会类型的不同需要。这样日本上市公司就可以依据公司的实际情况来决定是选择以决定业务执行事项为重点的管理型董事会——传统的监事会设置公司,还是选项以监督业务执行为重点的监督型董事会——提名等委员会设置公司,抑或是选择既重视决定业务执行事项又重视监督的中间型董事会——审计等委员会设置公司。不同类型的董事会的组织形态、董事人数、独立董事的比例及业务执行董事人数都会有很大的不同。[①]

(三) 独立董事制度改革

股东在股东大会上选举董事,由被选举的董事构成董事会,董事会具有代表股东监督经营者经营行为的使命。但当友好型股东超过有选举权股东总数一半时,实际就成了经营者决定董事会人选,股东大会就会是一种走形式的认可而已。这样产生的董事很难对股东尽忠实义务,对经营者也很难进行很好的监督,可见董事会的人员构成对股东利益具有重大影响。所以,独立董事制度的引入,将直接影响公司的治理水平。但对于重视"管理型"功能、由内部人把持的日本公司董事会,引入独立董事制度并不是一件容易的事。

1. 放弃对独立董事制度的强制性规定

内部晋升者占大多数的董事会,具有监督职能的董事与被监督的执行董事之间一般是"前辈"与"后辈"的关系。内部人监督内部人的结构并没有改变,于是试图通过引入外部人监督来提升监督客观性。

经过 1981 年商法修改,日本董事会的"管理型模式"得以确立。管理型模式的董事会,通过引入外部人来加强董事会的监督功能引起内部对立的观点持续了很长一段时期。因此,即使进入平成时期,在日美结构问题协议的压力下,虽然独立董事制度得到了关注,但实业界对独立董事制度的采用一直采取消极的态度。[②]

---

① 中村直人、山田和彦、倉橋雄作、『実践取締役会改革』、中央経済社 2018 年版、第 144 頁。

② 森本滋、『企業統治と取締役会』、商事法務 2017 年版、第 16—17 頁。

为了尊重公司依据经营战略选择其治理机制的自主性，修订版公司法放弃了对独立董事制度的强制性规定，选择了"遵守或解释"原则。而要解决上市公司所有与经营分离产生的代理问题，独立董事制度是不可缺少的。所以，尽管公司法没有强制规定公司一定要选任独立董事，但要求进行没有设置独立董事的合理性说明。再加上采用《公司治理准则》对独立董事职责的规定，不仅支持了更多的上市公司选任独立董事，而且允许各公司依据其董事会的特征来发挥独立董事在公司治理中的作用。

2. 独立董事的义务化

2018 年 7 月在东京证券交易所上市的公司中选任 1 名以上独立董事公司的比例达到了 97.7%。[①] 日本独立董事比例虽然显著增加，但经营者采用独立董事制度的主要理由并不是监督经营者，而是希望从独立董事方面获得建议。[②] 独立董事在日本上市公司中主要发挥的是对内部晋升者的顾问作用，以弥补公司内晋升董事的知识局限性及经验不足，听到公司外部的声音，可以获得新的建议。同时，选聘独立董事还有利于提升公司的形象和信誉度。也就是说，不管是立法者还是经营者，引入独立董事制度的目的都不是为削弱"内部人控制"。随着选任独立董事的日本公司逐渐增加，日本立法机构认为即使在公司法中增加对公司选任独立董事的强制性规定，也不会对公司实践造成冲击，所以开始讨论通过修改公司法实现选任独立董事的义务化，并在 2019 年 11 月公布、12 月 4 日成立的《公司法部分修订法律》（2019 年法律第 79 号）中增加了对独立董事义务化的规定。[③]

[①] 法務省、「会社法制（企業統治等関係）の見直しに関する法制審議会における検討状況」、2019 年 1 月 18 日、https：//www.kantei.go.jp/jp/singi/keizaisaisei/miraitoshikaigi/suishinkaigo2018/corporate/dai3/siryou3.pdf。

[②] 宮島英昭、齋藤卓爾、胥鵬、田中亘、小川亮、「日本型コーポレート・ガバナンスはどこへ向かうのか?：『日本企業のコーポレート・ガバナンスに関するアンケート』調査から読み解く」、2013 年 6 月、https：//www.rieti.go.jp/jp/publications/pdp/13p012.pdf。

[③] 法務省民事局、「会社法の一部を改正する法律について」、2019 年 12 月 11 日、http：//www.moj.go.jp/MINJI/minji07_00001.html。

日本用半个多世纪的时间来消化、适应、接受独立董事制度。以此也反映了公司法要符合日本公司治理政策范式的"重视企业的真实原则",即其立法目标是支持企业追求效率,降低交易成本,为公司选择最适宜公司实际情况的公司治理机制提供法律支持,而不是将所谓最优的公司治理机制强加于公司。正如交易成本经济学的基本假设所提出的,判断制度的适当性应以该制度是否能"把交易(它们在特征上有差异)和治理结构(它们在成本和能力上有差异)以一种交易成本最小化的方式搭配起来"[1] 为标准。

---

[1] [美] 奥利弗·E. 威廉姆森:《对经济组织不同研究方法的比较》,载[德]埃瑞克·G. 菲吕博顿、鲁道夫·瑞切特编,孙经纬译:《新制度经济学》,上海财经大学出版社1998年版,第132页。

第十二章　动漫产业发展与国际化

2020年，动漫作品《鬼灭之刃》成为提振日本经济的一大亮点。它实现了多个突破：电影《鬼灭之刃·无限列车》超越动画电影《千与千寻》成为日本电影史上票房最高的电影；截至2020年12月4日，漫画单行本的发行量（包含电子书）突破1.2亿册；[①] 日本漫画的市场规模因此突破6000亿日元，创历史新高。不仅如此，据日本第一生命经济研究所测算，《鬼灭之刃》带来的经济效益高达2700亿日元。[②] 在疫情肆虐、经济下行压力不断加大的日本，这些突破无疑给低迷的经济带来了希望。同时，也令世人对日本动漫的神奇威力及其文化产业发展给予高度关注。

只要回顾日本动漫的历史，就不难发现日本时常出现像《鬼灭之刃》这样的现象级动漫作品，《龙珠》《海贼王》《幽灵公主》《精灵宝可梦》《千与千寻》《你的名字》《天气之子》等均为典型代表。《哆啦A梦》《名侦探柯南》等经典人气动漫作品长年活跃荧屏，继续创造经济价值。而且，这些高质量的佳作还走出国门飞向全球，不仅扩大了日本现代流行文化的影响力，也为日本动漫产业开辟出广阔的国际市场。在经济全球化背景下，活跃于世界舞台的众多日本动漫角色形象不仅掀起了日本动漫全球热潮，还创造出丰厚的经济利润。2019年公布的"世界角色形象媒体组合全世界总收益排行榜"显示，精灵宝可梦、凯蒂猫、面包超人、马里奥入围前十。其中，位列第一、第二的分别是精灵宝可梦和凯

[①] 「マンガ『鬼滅の刃』発行部数1億2000万部のすごさ　最終巻初版数の忖度はある?」、https://news.yahoo.co.jp/byline/kawamurameikou/20201204-00210792。

[②] 「鬼滅の刃に見る経済効果!」、https://shikin-up.co.jp/blog/information/23440/。

蒂猫，总收益分别为 921.21 亿美元和 800.26 亿美元；日本最知名的漫画杂志《周刊少年 JUMP》位列第九，总收益为 341.17 亿美元。[1] 由此可见，国际市场也是日本动漫产业发展不可或缺的重要组成部分。

一、做大国内市场

在日本，动画产业和漫画产业通常分开表述，二者的市场完全不同。其中，动画产业的市场是指电视、电影、录像、衍生商品、网络视频、音乐、海外、游乐等多个领域的总和；而漫画产业的市场仅包括杂志、单行本、电子书三个领域。这两大市场貌似泾渭分明，实际却密切相关。人气漫画是日本动画产品开发的重要基础，而动画产品的成功也会给漫画业带来新读者，带动漫画单行本销量的上升。例如，2019年，在电视动画《鬼灭之刃》开播之初，同名漫画单行本的销量为350万册左右。2020年，电视动画播映结束两个月后，单行本的销量已达到2500万册。截至2020年底，单行本的销量又因电影《鬼灭之刃》的上映而突破1.2亿册。[2] 漫画单行本在短时间内销量飙升，堪称奇迹，同时也表明日本的漫画、电视动画、动画电影在形成媒体联盟后相辅相成并爆发出巨大的市场能量。

日本动漫文化产业的发展通常从人气漫画作品的诞生开始，其间经历产业链的形成与发展、国内市场的不断扩大、消费者的提质创新，逐步形成融合大市场和小市场为一体的超级大市场。

（一）人气漫画作品的诞生

一般认为，设计漫画故事是漫画家自己的事情，他们只需用几支笔、一摞纸就能创作出来。然而，要使漫画作品达到出版水准，仅靠漫

---

[1] 「1 位はポケモン！キャラクター『メディアミックス』総収益の世界ランキングに日本の底力を見た」、http://finders.me/articles.php?id=1492。

[2] 「マンガ『鬼滅の刃』発行部数1億2000万部のすごさ　最終巻初版数の忖度はある?」、https://news.yahoo.co.jp/byline/kawamurameikou/20201204-00210792。

画家个人很难达到。因为，商业源自需求，漫画家未必了解市场的实际情况，未必洞悉市场的潜在需求，也未必清楚如何更好地取悦读者。而作为出版把关者的编辑则在这些方面起到关键作用。在日本，漫画编辑的工作大多从漫画最初的创意开始。如果作品在创意阶段就难入编辑的法眼，就很难有未来。认可漫画家的创意之后，编辑就和漫画家展开合作，不断提出意见和建议，引导漫画家创作出能够满足市场需求的作品。被誉为"日本漫画之神"的手冢治虫在最初创作《铁臂阿童木》时就采纳了编辑的建议，将原本是配角的阿童木设定为主人公。在创作漫画《鬼灭之刃》的初始阶段，作者吾峠呼世晴也是根据编辑和前辈的意见建议，改变了故事主人公、世界观等方面的设计思路，从而写就现在的故事版本。可以说，日本漫画的诞生离不开出版社编辑的助力，在漫画创作过程中，编辑起到引导和推动的重要作用。

漫画故事经由出版社推向市场之后，残酷的竞争才刚刚开始。漫画作品能否成为人气作品，取决于读者的阅读感受。出版社在杂志中附上已付邮资的明信片，以这种方式开展问卷调查。出版社再利用抽奖、发放免费商品等多种手段尽可能地回收这些问卷。明信片中的读者建议成为非常宝贵的反馈信息，通过这些信息可以了解到读者对漫画作品的评价及需求，这就为漫画创作如何抓住人心提供了重要依据。编辑利用这些反馈信息及时鼓励漫画创作者并提出改进建议，而明信片中的人气投票则成为漫画作品取舍的重要参考。对于人气颇高的漫画作品，出版社将连载了十几集的漫画内容集结成单行本发行，并获利颇丰，漫画产业也由此起步；而那些不太受欢迎的漫画作品则面临停止连载、直接被淘汰的境地。尽管竞争十分惨烈，但对漫画作品质量的提高起到至关重要的作用。

日本漫画历经70余年的成长，形成巨大的故事宝库。在这个宝库中，漫画故事题材包罗万象，既有魔幻世界、科幻冒险、机器人的故事，也有现实世界的故事、历史故事；既有魔法美少女的成长故事，也有热血少年的冒险故事。而且，从儿童到少年、青年、中老年等，几乎所有年龄段的人都能从中找到心仪的内容。这也是日本漫画的一大魅力。另外，尽管故事内容多种多样、千差万别，但提到人气漫画，几乎都绕不开一个关键词：成长。"随着故事的发展，主人公都经历了精神上的变化和成长。"① 世界知名的日本动漫作品《阿基拉》《龙珠》《海贼王》《美少女战士》等均属此类。日本著名漫画杂志《周刊少年JUMP》还总结出一套"畅销方程式"，即"努力、友情、胜利"。② 处于青春期的人未必愿意时常向他人吐露心声，而充满积极价值观的漫画作品就成为他们学习应对困难和挑战的重要参考。少年漫画杂志同样还吸引着日本成年男性，他们大多看漫画长大，出于习惯，还会继续翻阅漫画杂志，在了解信息的同时，还可以排解繁重的工作和人际关系带来的压力和烦恼。《周刊少年JUMP》编辑后藤广喜指出，漫画杂志"给人们展示了这样的信念：只要你努力工作，你就能有所成就。这正是我们的故事想要告诉人们的，这样的哲理既吸引儿童又吸引成人"。③ 除了"努力、友情、胜利"之外，日本著名漫画作品所传递的价值观还包括正义、和平、团结、协作等内容。这些理念通过漫画这一载体浅显易懂地表达出来，很容易跨越国界并获得世界各国民众的认可。风靡世界的绝大多数日本动漫作品已经充分证明了这一点。

同时，着力刻画角色形象也是日本漫画家创作的重中之重。因为，角色形象不仅是漫画作品的重要标志，还是漫画作品被二次利用时的主要卖点。动画制作公司在选择人气漫画做素材时，首先评估的便是角色形象的受欢迎程度。动画制作需要投入巨额资金，而赞助商是否投资，就取决于角色形象潜在的商业价值，可见角色形象的重要性。"可爱"是人们对日本漫画角色形象的第一印象。手冢治虫所开创的大眼睛并偏西方化的"可爱"形象，一直被跟风模仿并延续至今。除此之外，角色形象越来越接地气，这也是日本人气漫画作品的重要特征之一。众所周知，日本漫画故事多如牛毛，角色形象更是数不胜数。日本人气漫画

---

① 杉山知之，『クール・ジャパン世界が買いたがる日本』、祥伝社2006年版、第44页。
② 遠藤英樹、『現代文化論　社会理論で読み解くポップカルチャー』、ミネルヴァ書房2011年版、第64页。
③ ［英］保罗·格拉维特著，周彦译：《日本漫画60年》，世界图书出版公司2013年版，第59页。

的早期作品倾向于集可爱、俊秀、智慧于一身的英雄形象。然而，人们的审美会随时代变迁而发生改变。例如，1977年开始在杂志上连载的著名漫画《银河铁道999》，"其划时代意义还在于主人公铁郎并不是传统型的英雄"，"他是一个让人略感遗憾的男孩子，长相有点像土豆，绝对称不上是美男子。这个形象可以说就是同观众一样的年轻人"，"该片所描绘的成长不是技术能力的成长，而是作为一个人的成长"，"这种思想对于其后的作品也产生了很大的影响"。[1] 又如，2020年爆火的《鬼灭之刃》的主人公炭治郎也属于平常人，意志不太坚强，也害怕鬼。但是，为了让变成鬼的妹妹恢复本性，他不得不硬着头皮与鬼战斗。这种人设很容易令人联想到现实社会。其实在现实生活中，大多数人并不坚强，都是在重重压力下不得不迎接挑战。因此，读者和观众会自然而然对铁郎、炭治郎的处境和心态产生共鸣共情，从而更加关注他们如何奋不顾身为他人而战斗、如何咬紧牙关克服眼前的困难。由此可见，尽管故事背景可以设在虚构的世界，但角色形象的设定需要与现实生活中的普罗大众产生某种关联。这种关联可以是具有类似的烦恼和困难，可以是并不完美的人格特征，还可以是具有类似的心境。唯其如此，才有可能使读者和观众在阅读和欣赏过程中产生代入感并获得心灵抚慰和感悟。可以说，这也是漫画能够成为人气漫画的一个重要原因。

顺带一提，闻名世界的宫崎骏和他所在的吉卜力工作室在日本动画业界是极为独特的存在。自1985年吉卜力工作室成立后，宫崎骏只制作具有高品质画面的动画电影，在选材上"倾向于那些世界各地已经得到社会认可的作品"，并非出自人气漫画。[2]

（二）产业链的形成、发展及优势

如前所述，在日本，漫画行业和动画行业并非孤立存在，而是和其他行业连接在一起形成产业群，于1970年依靠人气漫画作品及其角色

---

[1] [日]山口康男著，于素秋译：《日本动画全史——日本动画领先世界的奇迹》，中国科学技术出版社2008年版，第104页。

[2] 杨晓林：《动画大师宫崎骏》，复旦大学出版社2012年版，第197页。

形象串联起来形成产业链。出版社将人气漫画作品二次利用，制作成单行本发行，获得高额利润。人气漫画作品的连载通常会持续几年，甚至是十几年。当发现其潜在的商业价值之后，动画制作公司便开始围绕该漫画的角色形象进行创作，有的动画片的制作尽量忠实于原著，也有制作公司根据情况自行改编。电视动画的播映通常会持续几个月到一年多的时间。当电视动画收视率出现高涨时，制作动画电影便纳入议事日程。一条从漫画到电视动画，再到动画电影的基础产业链得以形成。

之后，动漫文化产业链仍在不断延伸，吸纳更多行业加入。例如，以漫画故事为素材改编而成的电视连续剧、电影等不胜枚举。中国观众熟悉的《排球女将》《流星花园》《麻辣教师 GTO》等均属此列。游戏行业也参与进来，由动漫作品改编的游戏吸引了众多玩家。《龙珠》《海贼王》《火影忍者》等世界知名漫画均有游戏出品。通过角色形象将漫画、电视动画、动画电影、游戏等媒体串联起来形成庞大的文化产业，这种融合是日本动漫文化产业的重要特征。此外，进入 21 世纪以来，动漫与旅游业也挂上了钩，一种名为"动漫圣地巡礼"的活动悄然兴起。它原本是日本动漫爱好者去自己喜欢的动漫作品取景地打卡的一种自发行为，但随着前往动漫作品取景地访问的人数不断增多，该活动逐渐带动起当地以及周边的旅游业。为了通过旅游业搞活地方经济，日本地方政府有意支持这种活动，并提出一些具体措施。

动漫文化产业链的形成使日本动漫业完全有别于其他国家同类行业，其优势不言而喻。对动漫行业而言，产业链的形成无疑延长了人气漫画作品的寿命，避免了"孤立存在""昙花一现"的情况；人气漫画还会因电视动画、动画电影的爆火而获得反哺，不但吸引更多的读者，还能提高单行本的销量；动画行业则是借助人气漫画在一定程度上降低了创作风险，动画片的成功也带来更多的版权收益。对受众而言，他们可以通过以多种媒体形式呈现的漫画故事获得更多的阅读体验和观赏体验，有利于身心健康。对整条产业链而言，动漫文化产业链上的行业叠加形成了一个巨大的市场。在这个市场内，产业链上的各方都是赢家，《鬼灭之刃》便是典型案例。2016 年 2 月，该漫画作品正式连载。2019 年 4 月，电视动画开播。2020年10月16日，动画电影上映。电视动画的热播和动画电影的热映，不仅在短时间内推高了《鬼灭之刃》的人气，还直接引发漫画原作单行本、周边商品和关联商品销量的暴增。2021年，《鬼灭之刃》游戏也已推出。2020年，经日本第一生命经济研究所推算，《鬼灭之刃》会带来2700亿日元的经济效益。其中，有1300亿日元是通过销售周边和联名商品获得的，接近总经济效益的一半。[1]

有一点值得注意：在这条动漫产业链上，商家的造富能力不容小觑。动画业最初的商业模式是动画制作公司、电视台和赞助商之间形成合作关系，各司其职。动画制作公司创作艺术作品，电视台播放动画片及相关节目，形成强大的广告效应。赞助商则是创作资金的重要来源，动画制作公司要靠这笔资金填补制作费用的巨大窟窿。同时，赞助商也利用动画的角色形象授权、联名商品促销活动赚得盆满钵满。至20世纪90年代，电视动画的制作又出现新的商业模式，即"制作委员会模式"。该模式的主要内容是：由动画制作公司、电视台、广告公司、出版社、新媒体企业、赞助商等多家单位组成联合制作委员会，共同对文化产品的策划、制作和流通等问题进行集体决策，共担风险、共享版权。这些单位通过人气动漫的角色形象与其他行业企业结成"形象联盟"，在经济利益驱动下，相互借力、烘托造势，共同打造爆款的文化产品，从而最大限度实现盈利，例如，前面提到的精灵宝可梦、凯蒂猫、面包超人、马里奥，入围"世界角色形象媒体组合全世界总收益排行榜"前十名。在它们的收益比例中，联名商品的收益占比之高令人瞠目。

（三）国内市场的不断扩大

如前所述，日本动漫文化产业链的不断延伸和行业的不断加入，使得围绕该产业链形成的巨大市场仍在不断扩大。不仅如此，产业链上的各行各业都在与时俱进，各自行业的市场也因此得以持续成长。此处仅以动漫产业中最主要的漫画业和动画业为例。

---

[1] 「『鬼滅の刃』の経済効果は2,700億円と試算！」、http://news.japa.work/anime/222。

在日本，漫画原本只是儿童的专属。第二次世界大战结束后，日本经历了一次生育高峰。在这个高峰期出生的孩子被称为"团块世代"。他们是从小看漫画长大的一代，长大后也依旧保持着阅读漫画的习惯。于是，发现读者的潜在需求之后，出版商便着力开发适合不同年龄层读者的漫画并获得成功。漫画读者经历了从儿童、少年到青年、中年、老年的成长，日本漫画也随之不断开发新市场以满足读者在各个成长阶段的需求。经过五十多年的发展，日本漫画的内容几乎涵盖全年龄段，而且题材丰富多样，形成巨大的故事宝库。同时，日本漫画还拥有非常广泛的读者群，且涉及多个年龄段，这种情况在其他国家根本难以想象。日本漫画业的成长还源自产业链上其他行业的发展所带来的反哺红利。例如，动画片的成功播映会惠及漫画业。电视动画和动画电影均具有强大的广告效应，可以吸引原本不愿阅读漫画的人"路转粉"。当发现动画片的乐趣之后，他们便会主动购买漫画的单行本阅读。更有甚者，一些超级粉丝并不满足于阅读单行本，而是购买漫画家的漫画全集阅读收藏。此举使得漫画销量大增，这对出版社而言无疑是意外惊喜。此外，科技进步，尤其是数字技术、网络技术的发展使电子漫画杂志和电子漫画书应运而生，漫画业因此又开辟出一个新市场。由于少子老龄化现象加剧、日本经济长期低迷等多重因素叠加，纸版漫画杂志和漫画单行本的销量于1995年达到历史高峰后便呈下滑态势。然而，电子漫画杂志和电子漫画书出现后，漫画业逐渐逆势飞扬，并于2019年彻底扭转整体销量的颓势。2020年，电子漫画杂志和电子漫画书的销量达到3420亿日元，明显超越纸版漫画销量。[①]

日本动画业的发展过程也是其市场规模不断扩大的过程。电视和电影这两大媒体是动画的基本载体，传播速度快和传播范围广是其重要特点。因此，动画业的市场规模之大可想而知。然而，有一点无法忽视：无论是电视动画还是动画电影的制作，均具有高投入、高风险的特征。

---

① 「マンガの売り上げが2020年、過去最高になったことはもっと取り上げるべきニュースだ」, https://news.yahoo.co.jp/byline/shinodahiroyuki/20210417-00233227。

因此，在策划阶段就必须考虑尽可能吸引更多的观众，这样才有可能获得更大利润。日本动画经历了三次高潮，观众群也从儿童扩大到青年等普通大众。2000年以后，女性粉丝不断增加。日本吉卜力工作室的制片人铃木敏夫就曾提到，"除非能争取到年轻的女性观众，否则日本电影就不可能大获成功"。[①] 宫崎骏的大部分电影貌似是儿童电影，但其实观影人群均被设定为全年龄段。由此可见，尽可能多地争取观众对以票房为首要评价标准的日本电影而言至关重要，观众的增多也意味着市场规模的扩大。20世纪80年代，录像带这一新型媒体形态问世，动画影视作品因此增加了新载体。录像带的出现导致观众的欣赏习惯发生改变。人们不必在固定时间守在电视机前或专门去电影院，可以在家中随心所欲地观看。这就为动画市场开辟了新天地，具有经济基础的成年人购买录像带后可以随时观看影视作品，给生活娱乐带来更多便利。之后，动画行业还出现了一种原创光盘动画作品，即所拍摄的动画作品专门以录像带形式发售。自此，影视动画的商业模式得以改变，录像带等文化产品逐渐成为动漫市场的重要盈利点。"自1983年起，日本录像制品的销量激增，并在此后20年里一直支撑着动画产业。"[②] 经营录像带的商家还成了动画作品的主要投资者。此后，随着科技的进一步发展，20世纪90年代出现了DVD，21世纪初出现了蓝光光碟等。这些高画质的数字介质存储也陆续成为影视动画作品的新载体，为市场规模的进一步扩大提供了技术支撑。自20世纪80年代中期起，动画制作公司的商业模式发生改变，即采用了"制作委员会"模式。它是指由文化产品制作公司、电视台、广告公司、出版社、赞助企业等组成联合制作委员会，对文化产品的策划、生产和销售进行集体决策，并共享文化产品的版权。这种模式解决了文化产品制作过程中的高投入和高风险问题，资金和风险均由参与单位分摊，利益也根据出资比例划分。影视文化作品制作单位得以缓解资金压力，放下包袱创作更多的作品投放市场。这种

[①] 铃木敏夫、『ジブリの哲学』、岩波書店2011年版，第18页。
[②] 増田弘道、『もっとわかるアニメビジネス』、NTT出版2011年版，第54页。

做法取得了效果，20世纪90年代中后期，日本漫画的市场规模出现萎缩，而动画行业却逆势前行，继续扩大市场规模。进入21世纪，数字技术和网络技术的进步以及智能手机、平板电脑等移动终端的出现，为动画市场带来了一片新蓝海。动画行业实现了数字化制作之后，影像数据得以迅速传输到网络，受众可以通过网络直接利用移动终端来观看。这种畅通的传播渠道吸引了更多网民接触到影视动画作品。这也成为影视动画《鬼灭之刃》于2020年成为现象级文化产品的重要原因之一。电视动画《鬼灭之刃》就采取了多渠道播映的策略，除在多家地方电视台播映之外，同时还在二十多家知名的网络视频平台播映。观众因此突破了电视台在固定时间播放的限制，得以自由选择观赏时间，并且还可随时反复观看。《日本动画产业报告2021》显示，近十年，日本动画产业通过视频网站播放产生的销量呈现出直线上升的趋势，并且销售额不断翻番。从数字上看，2020年的销售额是2012年的5倍。①

（四）消费者的提质创新作用

消费对经济增长的重要作用不言自明。在日本，动漫文化产品的消费者不仅具有强大的购买力，还对动漫作品质量的提升起到推动作用，甚至有一部分消费者因爱好而钻研，最终成为动漫作品的创作者。

日本是一个几乎全民消费动漫文化产品的国家。第二次世界大战结束后出生的"团块世代"从小接触漫画，漫画行业也伴随他们的成长而发展，并与动画行业（包括电视动画和动画电影）共同成为重要的文化产业。不同于其他国家，在日本，"动漫并非儿童专属"的观念早已深入人心。这就为动漫产业的发展壮大奠定了坚实的受众基础。2020年，日本出现了"鬼灭贫乏"这一热词，指的是因沉迷于《鬼灭之刃》而大量购买关联产品、最终导致手头拮据的状况。这个词生动地反映出粉丝惊人的消费需求，其购买力成为促进动漫再生产的重要动力源。粉丝的消

---

① 日本動画協会、「アニメ産業レポート2021 サマリー」、https://aja.gr.jp/download/anime‐industry‐report‐2021‐summary_jp。

费行为直接拉高漫画的销量、电视动画的收视率、动画电影的票房以及联名商品的销售额，从而快速拉动经济增长。事实已经充分证明这一点。

在日本，动漫文化产品的消费者还是督促提升动漫质量的重要存在。如前所述，在人气漫画的诞生过程中，热心读者的投票成为重要参考。出版社高度重视市场调研，常常以在杂志中附上明信片等方式对读者进行问卷调查，征询他们的意见和建议，并希望对方投票支持心仪的漫画。回收的问卷便成为市场研究的第一手资料，极具价值。出版社编辑认真对待这些读者评价，并仔细分析研究。他们把读者的投票当作漫画是否继续连载的判定依据；把来自读者的赞美及时传达给漫画家以资鼓励；把读者的意见和建议作为改进的动力。这种做法不仅有利于快速锁定人气高的漫画，而且还有助于督促漫画家提高创作质量，有效把握市场需求。不光是漫画，在动画方面也会进行类似的市场调查。例如，2019年3月末，电视动画《鬼灭之刃》正式播映之前，动画制作公司先将动画的前五集剪辑成短片，拿到多家电影院点映播放，反馈的信息成为开拓市场时的决策参考。

此外，作为动漫超级粉丝的御宅族群体还具有很强的原创力，为日本动漫文化的特色发展提供了一定的助力。御宅族兴起于20世纪70年代中期，指的是那些"完全沉浸在某种兴趣爱好之中的现代人"。[①] 但由于1989年发生的宫崎勤诱拐杀害幼女事件而导致御宅族的形象一落千丈。接触过御宅族的日本艺术家村上隆发现，御宅族的确具有"从逃避现实开始，然后逼迫到欲望的灰暗表现"。[②] 不过，御宅族群体具有很强的原创力这一点却是不争的事实。例如，同样喜爱漫画创作的御宅族会将自己的原创作品刊登在自费出版的《漫画同人志》上，或拿去同人志展销会销售，或委托专业书店销售，抑或通过社团进行网络销售。这些作品也成为出版社发掘后备人才的重要依据。目前，漫画家当中就有人在《漫画同人志》上发表过作品。御宅族在动画领域也有不

---

① 榎本秋、『オタクのことが面白いほどわかる本』、中経出版2009年版、第20页。
② ［日］村上隆著，江明玉译：《艺术创业论》，中信出版社2011年版，第196页。

俗的成绩。例如，1995年，电视动画《新世纪福音战士》横空出世，成为现象级作品，广受年轻人的青睐。制作该片的庵野秀明、山贺博之都是"御宅一代"。①

二、开拓国际市场

（一）开拓国际市场简史

日本动画电影率先通过参展国际电影节、国际动画电影节等方式走上国际舞台。与国际电影节同期举办的还有电影交易市场，参展单位均可在此洽谈商务，为作品寻找国际销路。日本第一部国产长篇动画电影《白蛇传》（1958年公映）就是在获奖后经此渠道远销世界各国，并赚得大量外汇。尝到甜头的日本动画电影业人士便成为国际动画电影节的常客并屡屡获奖。如宫崎骏的《红猪》和《千与千寻》、山村浩二的《年老的鳄鱼》、新海诚的《你的名字》、今敏的《未麻的部屋》等动画陆续在国际电影节赢得大奖，并由此打开国际市场。日本动画电影的实力可见一斑。自20世纪80年代起，录像机和录像带的出现为日本动画电影带来另一个广阔市场。著名导演大友克洋执导的《阿基拉》、押井守执导的《攻壳机动队》等多部日本动画电影在美国引发关注。1989年，《阿基拉》的"票房仅有55.3万美元，录像带销量却超过了10万盒并因此一下子成为话题"。② 1996年，《攻壳机动队》在美国著名的《公告牌》杂志的家庭用录像作品播放排行榜上名列榜首。③ 此后，LD（镭射影碟）、DVD等新型载体不断涌现。它们与电影、电视和录像带一起，成为日本动画电影的重要载体，同时也成为国际市场中不可或缺的重要文化产品。21世纪初，它们在

---

① ［日］山口康男著，于素秋译：《日本动画全史——日本动画领先世界的奇迹》，中国科学技术出版社2008年版，第119页。

② 増田弘道、『もっとわかるアニメビジネス』、NTT出版2011年8月版、第64页。

③ ［日］津坚信之著，秦刚、赵峻译：《日本动画的力量——手冢治虫于宫崎骏的历史纵贯线》，社会科学文献出版社2011年版，第100页。

国际市场的销量均取得不俗成绩。

日本电视动画在诞生后迅速进军国际市场,这是电视动画高投入的特点使然。在草创时期,电视动画这个"烧钱的无底洞"必须通过商业化运作和海外销售来填补巨额的制作亏损。① 因此,制作完《铁臂阿童木》之后,手冢治虫便积极通过商业渠道将其推向美国市场。此后,日本电视动画制作公司纷纷效仿、积极行动,"使得动画片的海外出口发展成为最具希望的输出产业"。② 同时,需求是日本动画商业输出的重要条件。例如,20世纪60年代的美国、70年代的欧洲,多个国家均因电视频道扩容而导致节目短缺。日本电视动画便由此进入欧美国家市场。然而好景不长,20世纪60年代末,美国就以片中带有色情和暴力的画面,儿童不宜为由停止引进日本电视动画。80年代,法国也以同样理由抨击日本动画,当时的文化部长贾克朗更是指责日本电视动画在法国的播出是一种"文化侵略"行为。法国还通过建立制度来减少日本动画在公营电视台的播映。③ 1991年,法国甚至有社会党议员著书谴责日本动画。此后,日本电视动画便很少通过商业渠道进入欧美。另外,日本经济的繁荣也使得日本现代流行文化获得发展中国家民众的强烈关注。从20世纪70年代末开始,在日本获奖的优质电视动画被引进到东南亚和中南美洲,大获好评。80年代,日本优秀的电视动画作品同样在中国和中东地区受到青睐。然而,由于当地的物价水平不高,日本电视动画未能实现较好收益。有的日本企业甚至通过免费赠与的方式获得当地国营电视台的广告播映权,以此来推销自家产品。进入20世纪90年代,随着欧美国家民众对动画片认知的逐渐改变,日本电视动画开始重返欧美市场,《美少女战士》《龙珠》等便是典型案例。90年代末,《精灵宝可梦》在美国实现媒体组合,电视动画、电子游戏、卡

---

① [日]手冢真著,沈舒悦译:《我的父亲手冢治虫》,新星出版社2014年版,第96页。

② [日]山口康男著,于素秋译:《日本动画全史——日本动画领先世界的奇迹》,中国科学技术出版社2008年版,第74页。

③ 浜野保樹、『模倣される日本——映画、アニメから料理、ファッションまで』、祥伝社2005年版、第47頁。

牌、动画电影等媒体形成联动，引发日本流行文化的全球热潮。日美两国的相关企业和商家也因此大赚一笔。进入21世纪，随着数字技术、网络技术的发展，日本动画拥有了更多新型载体和传播渠道，还通过网络直接销售动漫文化产品。因此，国际市场出现全新的利益增长点。国外观众可以利用智能手机、平板电脑等移动终端设备欣赏视频网站上的日本电视动画。国外观众人数的增多意味着国际市场的进一步扩大。

日本漫画业开拓国际市场的起步时间明显晚于动画电影和电视动画。原因有三：一是要想进入国际市场，漫画需要根据国外读者需求与阅读习惯等修改大量内容，包括版式和翻译，十分费事；二是动画的视觉效果远超漫画，成为国外观众首选，因此日本漫画市场并不被优先考虑；三是日本出版商认为漫画收益低于预期，因此，出口漫画的意愿并不强烈。日本漫画最先通过人际传播流传开来。一些具有在日本游学、留学、旅游等经历的青少年将日本漫画杂志和单行本带回国并与朋友和家人分享。复印机的问世给漫画的传播带来便利，但导致盗版开始在东亚和东南亚国家盛行，同时也意味着日本漫画在该地区具有很大的市场潜力。① 于是，当地精明的商家便主动与日本出版商洽谈漫画正版引进事宜。20世纪80年代末至90年代初，日本漫画在欧美国家开始大量传播。美国漫威漫画公司推出大友克洋的《阿基拉》英文版漫画，引起轰动。"这部漫画从真正意义上俘虏了大批西方青年。""《阿基拉》为欧洲打开了日本漫画的大门。"此后，日本漫画在欧美国家的销量直线上升。例如，1993年，法国出版发行了《龙珠》的翻译版，成为畅销读物。其中有一点值得关注，即欧美漫画市场正在逐渐发生改变，欧美国家出版商开始陆续采用日本的出版样式，即黑白色和右开本印刷。1998年，德国版《龙珠》单行本除了翻译成德语以外，其他内容也一并参照日本漫画的式样。② 为满足读者需求，欧美市场甚至还出现了未经翻译的原版日本漫画。欧美国家的漫画出版行业开始出现使用日本的

---

① 冈田美弥子，『マンガビジネスの生成と発展』、中央経済社2017年版、第123—124页。
② ［英］保罗·格拉维特著，周彦译：《日本漫画60年》，世界图书出版公司北京公司2013年版，第155—156页。

出版规则的倾向，可谓是欧美漫画出版行业的一项革命性举措，同时也标志着日本漫画国际地位的飙升。至20世纪90年代中期，由于国内市场逐渐萎缩，日本的出版社开始主动进军国际市场。例如，小学馆设在美国的子公司碧日在美国出版了英文杂志《Shonen Jump》，依靠人气漫画开拓美国的漫画市场。[1] 进入21世纪，随着日本动画风靡世界，日本漫画也因此受益，国际市场销量大增。同时，有数字技术与网络技术的加持，电子漫画应运而生，漫画产业由此开拓出新的广阔市场。以日本三大出版社之一的集英社为例。在进军国际市场方面，它与时俱进，不断扩大电子漫画新业务。例如，依托当地出版社出版纸质漫画单行本、利用网络发行漫画电子书、推出智能手机软件"少年JUMP+"等。近年来，它又采取了一项新举措。据《东洋经济》报道，2019年1月，集英社推出漫画软件"MANGA Plus by SHUEISHA"，上传了30部该社出版的著名人气漫画，供国内外读者同步阅读。这是集英社第一次自主向国际市场推出漫画软件。[2]

（二）国际市场上日本动漫的商业价值

一般认为，有可能在国际市场上获得高收益的动漫文化产品大多是那些导演知名度高、质量上乘的作品，或是那些国内市场人气旺、票房高的作品。然而，现实与想象之间似乎存在较大差距。最具代表性的案例，便是宫崎骏的动画电影。《幽灵公主》是日本国民级电影，也是20世纪日本电影史上票房最高的作品，却在世界娱乐中心之一的美国遭遇票房惨败。《千与千寻》曾荣获柏林金熊奖、美国奥斯卡奖，为日本动画文化赢得世界尊重做出重要贡献，且长年雄霸日本电影史票房第一。但另一方面，这部影片的得奖与其在国际市场上的票房也未能成正比。它在美国的票房仅为1千万美元，与其国际地位完全不相匹配。究其原

---

[1] 玉川博章、「日本出版社の海外ライセンス販売 —マンガを事例に」、www. jstage. jst. go. jp/article/jshuppan/43/0/43_ 105/_ pdf。

[2] 島大輔、「世界市場を狙う集英社、『ジャンプ』の勝ち目 電子コミック事業の海外展開を戦略的に推進」、https：//toyokeizai. net/articles/ -/351056？ page = 2。

因，国外观众需求问题和国外流通渠道问题成为重要障碍。宫崎骏的动画电影画面精美、艺术性极强、技术高超，这些特点不言自明，但电影所表达的思想和价值对于国外普通观众而言则显得过于深奥，甚至有美国专业人士直言难以理解。美国迪士尼集团的下属公司米拉麦克斯影业公司负责发行的工作人员认为，《幽灵公主》中的世界观和人设令美国观众难以接受。[1] 而且，进入美国市场的大多数日本电影被当作艺术电影来对待，因此，可供观影的影院数量充其量也就只有几百家，与美国的大制作影片动辄几千家的影院数量根本无法相提并论。

那么，什么样的日本动漫作品在欧美国家发行商、出版商眼中具有商业价值呢？以美国为例，已有美国发行商对这一问题做出总结："实践证明，营销成功的净是那些反映不出日本生活文化、以另一个世界为舞台、即便把角色名字改成英文名字也并无大碍的作品。"[2] 由此可知外国发行商在引进日本动画片时的主要标准，即故事内容和背景都要与日本无关，而且将日文名字改成英文名字也不影响放映效果的作品。如此操作，日本动画和漫画作品便去掉了日本特色，成为"无国籍"作品。而这类作品表面上根本看不出它来自日本，很容易被国外观众误解为本国制造。21世纪初，美国买家就开始与日本动画频繁接触，寻找能够与《精灵宝可梦》相提并论的爆款动漫作品。[3] 他们开始重视那些在日本收视率高、周边联名商品多的作品。此外，日本动漫中的英雄往往都具有积极的和消极的两面，会为自身行动而感到苦恼，内容中还加入大量心理描写。而美国观众则喜欢将人物设定为惩恶扬善、打败敌人这种单纯明快的形象。[4] 这种差异，必然成为发行商进行选择时的重要参考。

日本在美国电影史上获得最高票房的动画电影是《精灵宝可梦：超

---

[1] 日经BP社技术研究部、『進化するアニメ・ビジネス』、日经BP社2003年版、第49页。

[2] 草薙聪志、『アメリカで日本のアニメは、どう見られてきたか?』、東京徳間書店2003年版、第88页。

[3] 草薙聪志、『アメリカで日本のアニメは、どう見られてきたか?』、東京徳間書店2003年版、第327页。

[4] 日经BP社技术研究部、『進化するアニメ・ビジネス』、日经BP社2003年4月版、第49页。

梦的逆袭》。1999年，该影片在美国3043家影院上映，最终获得8575万美元的票房。① 影院数量是确保观影人数的一个重要条件。由上述数字可知，当时上映该片的影院数量与美国本土制作的大片的影院数量相当，是上映宫崎骏电影的影院数量的几十倍。而这种流通渠道的差异源自于发行商的实力差异。同时，从故事内容、角色形象等方面的设定来看，动画电影《精灵宝可梦》美国版本完全符合能够营销成功的影片的标准：故事地点和故事内容与日本没有明显关联，将主角小智的名字改成英文名Ash也并无大碍。此外，出场人物的肤色、使用的音乐等方面都改编成了符合美国人喜好的内容。还有一点值得注意：在该片放映之前，电视动画已经在美国的主流电视网络播映并大受欢迎，之后还带动了电子游戏和卡牌游戏的火爆销售。这些不同的媒体因一个故事而组合在一起，互相借力、互相成就，不断造势。在此背景下，电影版《精灵宝可梦》创造出票房奇迹就不足为奇了。

综上所述，要想创造出国际商业价值高的动漫文化产品，从国外受众（包括发行商、观众、读者等）的视角来分析并把握文化产品的特点显得尤为必要。首先，价廉物美是商品选择的基本标准。"廉价"是日本动画进军国际市场的一个小优势。20世纪90年代中后期，日本东映动画公司出口的产品价格被压到美国动画产品的1/3。② 而"物美"除了作品本身制作精良、故事有趣、作画技艺高超之外，在国内外获奖、人气旺、国内的商业价值等情况也是值得考虑的重要因素。其次，故事背景简单，尽量避免因文化差异造成的误解。再次，内容通俗易懂、向上向善，避免因过于复杂的内容和价值观的差异而导致误解。最后，围绕一个动漫故事开发多种媒体，将其组合起来形成协同效果，无论在国内还是在国外，均有可能创造出丰厚的经济价值。

---

① 増田弘道、『もっとわかるアニメビジネス』、NTT出版2011年8月版，第66頁。
② 川邊信雄、「アニメ・ビジネスの海外展開―と東映ニメーションの事例研究―」、加藤佐和子/アイシェヌール・テキメン/マグダレナ・ヴァシレヴァ編、「漫画・アニメに見る日本文化『国際共同研究』」、冨山山房インターナショナル2016年版、第165頁。

（三）动漫文化产品的国际版权交易之路

高度依赖版权保护是文化产业的重要特点，美国和欧洲多国甚至直接将文化产业界定为版权产业。由于版权的利润率高，所以版权也成为版权拥有者（通常是企业，创作者个人则委托企业代理版权事宜）高度重视的经济增长点。日本动漫文化产品主要是通过日本的版权拥有者与当地企业签订版权合同来开拓国际市场，本质上就是日本企业与国外商家围绕动漫文化产品进行的版权交易。

文化产品在国际市场上的版权收益是文化产业经济利益的重要组成部分。在开拓国际市场时，日本动漫文化产品的版权收益有六大主要来源：一是漫画版权，由出版社等版权享有者与当地出版商签订版权合同后所得；二是动漫影视作品的发行权，由签约的国外发行商支付；三是动漫影视作品播放权，由签约的当地电视台等支付；四是角色形象使用权，由使用动漫角色形象的企业和商家支付；五是网络播放版权，由网络视频平台支付；六是手机游戏版权，近几年，国外通过网络和移动终端玩手机游戏的玩家人数急剧增加，导致手机游戏版权收益丰厚。上述收益中，网络播放权和手机游戏版权收益是进入 21 世纪以来增加的新内容。日本大型动漫公司东映动漫经济数据显示，2022 年第二季度业绩优异，营业额与利润均创新高，原因是版权收益丰厚。其中，《龙珠》系列、《海贼王》等影视动画的角色形象使用权的高收益带动了海外版权收益的提升。[1] 版权收益会随着科技的发展、新情况的出现而产生新变化。例如，近年来国外影视公司争相翻拍日本的影视动画的情况屡见不鲜。

关于国际市场中的版权交易，日本动漫文化产品版权所有者通常采取以下四种做法。

一是通过参展国际电影节、国际动画电影节、国际电视节等来开拓国际市场。各国影视动画制作公司在相互切磋技艺的同时，也在同时举

---

[1] 「東映アニメ第2Q 売上・利益が過去最高、海外比率は65％に拡大」、http://animationbusiness.info/archives/12184。

办的影视文化交易市场洽谈产品和版权购买事宜。例如，日本最大的动画公司东映动画就是带着日本第一部长篇动画电影《白蛇传》参展并获奖的。同时，它还在该电影交易市场找到了合适的国外买家并赚得外汇。又如，日本的龙之子制作所的《科学忍者队》就是以参展法国戛纳电视节为契机与美国发行商取得了联系。通过这种方式，日本动画制作公司便可逐步构建自己的海外销售网络。

二是动画作品制作公司委托代理公司拓展市场。当初手冢治虫利用《铁臂阿童木》进军美国市场时，就是委托代理公司牵线搭桥。在 20 世纪，日本动画作品的版权拥有者大多采用这种方式来进行版权交易。当地的代理公司买下动画作品的播放权和角色形象使用权，然后由它来推销给电视台、玩具商家、零售商等。这种做法比较适合那些专注艺术创作而分身乏术的企业，的确可以省时省力，但存在的弊端也十分明显。由于中间商的存在，版权收益必然较低。而且，被买断的作品与创作者再无关联，还往往被当作素材随意编辑、剪切和篡改。这种现象大多出现在美国市场。例如，20 世纪 60 年代初东映动画公司的《西游记》因被买断版权而导致该片美国版与原作截然不同。70 年代的电视动画《宇宙战舰大和号》原本极具日本特色，被改编后就"完全抹掉了日本和日本人的痕迹"。更有甚者，80 年代美国曾经将日本的三部机器人题材的动画片改编成一部完全不同于原版的电视动画片。[①] 因此，这种拓展方式值得高度警惕。

三是通过在国外设立办事处或子公司来直接开拓文化产品直销业务。例如，在千禧年的前后几年，日本著名出版社小学馆和任天堂公司在美国均设有子公司。东映动画公司陆续在美国洛杉矶、法国巴黎、中国北京设立子公司。这些公司接下原先代理店的业务，直接与电视台、发行商洽谈版权事宜，增加录像带、DVD 等文化产品的销售门店等。在国外设立子公司，除了能够省下原来支付代理店的开支以外，还更有利于公司掌握当地情况、规避文化屏障、确保版权收益的最大化。

[①] 草薙聡志、『アメリカで日本のアニメは、どう見られてきたか?』、東京徳間書店 2003 年版、第 128 頁。

四是版权拥有者组成版权委员会并协同版权单位的国外子公司统一协调版权事务。这方面最为典型的代表便是共同打造《精灵宝可梦》产业链的企业群体。这个版权委员会由两部分组成，分别是拥有《精灵宝可梦》原作版权的任天堂等三家游戏公司和拥有《精灵宝可梦》动画版权的小学馆、东京电视、JR 东日本企划这三家公司。[①] 它们与小学馆和任天堂公司在美国的子公司碧石和任天堂美国一起共同处理国内外角色形象使用权的版权事宜。其中，由任天堂子公司负责在美国的角色形象使用权洽谈基本谈妥后，提交日本国内的版权委员会审核。这种做法便于版权委员会对国内外的版权使用进行统筹管理，以便获得更多的版权收益。《精灵宝可梦》在美国的爆红证明了这种做法的有效性。被授权使用该片角色形象的商家均赚得盆满钵满。算上动画电影的票房，《精灵宝可梦》在国际市场创造了 2000 亿日元的经济价值。

另外，网络数字技术的进步给日本动漫业开拓国际市场带来新机遇。进入 21 世纪第二个十年以来，日本做出积极尝试。利用视频播放平台、智能手机应用软件等向海外传播正版的日本动漫作品。在动画方面，2014 年，由日本国内多家动画相关企业、出版社和酷日本机构共同出资成立日本动画国际财团株式会社，旨在通过智能手机应用软件《ANIME NOW》以及视频播放平台（DAISUKI.net）等方式运用多国语言向海外传播正版日本动画、发布独家信息等，且几乎与日本同步发送。[②] 日本出版社集英社一改过去仅仅依靠签约当地出版社来负责纸版漫画单行本以及电子漫画书的网络发布这一做法，于 2019 年推出漫画《MANGA PLUS BY SHUEISHA》手机应用软件，由自家编辑部直接负责运营。[③] 它们所采用的商业模式与传统模式完全不同，即通过招揽会员、播放广告来获得收益。这反映出日本动漫文化产业在开拓国际市场时更加积极主动地谋求版权利益最大化。视频播放平台"DAISUKI.net"因多种原因于 2017 年停止业务。2018 年，日本动画国际财团株式会社也被最大股东万代南梦宫株式

---

① 岡田美弥子、『マンガビジネスの生成と発展』、中央経済社 2017 年版、第 127—128 頁。
② https：//animationbusiness.info/archives/1345。
③ https：//toyokeizai.net/articles/-/351056？page=2。

会社收购成为旗下子公司。这种商业模式的效果如何？能否持久？怎样才能更加合理？这些问题还有待在实践中进一步论证。

三、面临的问题和挑战

2020年，在疫情肆虐的背景下，日本动漫文化产业发展仍取得了不俗的成绩。一方面，漫画市场整体销售额以及动画产业中视频网站的视频销量和海外市场的消费均创历史新高。但另一方面，漂亮数据的背后仍隐藏着亟待解决的问题，日本动漫文化产业还面临着新挑战。

（一）面临的问题

首先，人气漫画的选拔面临风险。如前所述，人气漫画是动漫产业链的重要基础。它的选拔通常是编辑根据读者的投票来实施。而日本全国出版协会·出版科学研究所的数据显示，纸版漫画杂志销售额下滑的情况已经持续多年，2020年的数据甚至只有2014年的一半。[①] 这表明日本漫画产业发展的基础正在被蚕食。日本漫画杂志是培养漫画人才的沃土之一。编辑付出了很多辛劳才成就了人气漫画和漫画家。然而，这种独特的培养方式目前正在因纸版杂志销售额持续下滑而遭遇严峻局面。不仅编辑队伍的稳定受到影响，选拔人气漫画难度增大，竞争环境的改变还会直接影响漫画质量的提升。尽管从长远来看，今后纸版杂志有可能被电子杂志所取代，但立刻被取代的可能性不大。因此，如何在当前情况下确保人气漫画的选拔并在电子版杂志为主的时代到来之前提前做好预案便成为当务之急。

其次，动画业中值得关注的问题：一是电视动画片数量减少的情况已经持续4年，录像制品销量下滑已持续7年。[②] 电视动画是日本动漫

[①]「マンガの売り上げが2020年、過去最高になったことはもっと取り上げるべきニュースだ」，https：//news.yahoo.co.jp/byline/shinodahiroyuki/20210417-00233227。

[②] 日本動画協会、「アニメ産業レポート2021 サマリー」，https：//aja.gr.jp/download/anime-industry-report-2021-summary_jp。

产业的重中之重，也是日本动漫产业的特色所在。然而，年产量持续减少势必会影响整个动漫产业链的市场，录像制品销量连年下滑也令人担忧。自20世纪90年代起，录像制品成为动漫产业结构中的重要存在，其市场规模越来越大，录像制品经销商也实力大增，成为影视动画制作的主要投资方。现在，销售业绩多年差强人意，必然会对动画作品的制作、制作委员会模式产生较大影响。

最后，盗版问题依旧是顽瘴痼疾。盗版纸版书、盗版光盘等违法行为屡禁不止。进入数字网络时代后，"比现有盗版更大的问题是网络上随时随地免费观看，还出现了非法网站和违规下载等情况"。[1] 原版漫画单行本经过扫描、翻译、上传到网络这几个步骤之后，非法制品便在网络上以最快速度传播开来。为满足粉丝对日本动画原版片的需求，字幕组自发翻译节目内容，制成字幕后上传网络共享。这些都极大地损害了版权方的利益，应当取缔。但如何采取有效措施精准打击，仍然需要重点研究。必要时，可以由多国联手合作应对。

（二）遇到的挑战

首先，电子漫画书领域将面临更加激烈的竞争。有数据显示，2020年日本电子漫画书的销量首次超越纸版杂志和单行本，为日本漫画市场的销量再创新高做出了贡献。这也意味着今后几年有可能会迎来电子书引领漫画市场的时代。小学馆、集英社、讲谈社这三大出版巨头早早布局并且在该领域不断创新尝试。前面提到的集英社推出智能手机漫画软件就是一大亮点。不仅如此，就连光文社、文艺春秋这些原本没有漫画业务的出版社也纷纷加入该赛道，设立漫画部门，有意打造电子漫画书。可见电子漫画书领域的竞争已经硝烟四起。

其次，国际市场的版权销售具有挑战性。《日本动画产业报告2021》显示，日本动画国际市场首次超过国内市场，并且推测：海外版

---

[1] 樱井孝昌、『アニメ文化外交』、筑摩書房2009年版、第36頁。

权交易中来自手机游戏的收益是导致海外市场扩大的原因。① 由于少子老龄化现象导致国内市场萎缩，日本不得不开拓国际市场，尽管目前已经做出一定成绩，但仍有不少问题有待解决。例如，如何解决动漫文化产品人气与票房不相匹配的问题、如何在版权谈判中胜出、如何处理版权纠纷等，还需要进一步调查研究商业模式、掌握本国与对象国知识产权相关法律。此外，在网络发展势不可挡的当下，探索利用网络视频来扩大版权收益也是重要课题。

再次，人才培养仍是长期任务。这里所说的"人才培养"主要指统动漫文化产品生产流通过程的制片人、国际营销人才、具备版权知识的法律人等高级专业人才。日本动漫文化产业发展的经验告诉我们，上述人才在文化产业开拓国内外市场时不可或缺。尤其是在开拓国际市场时，日本因人才储备不足而在文化产品统筹管理、国际商务谈判、与知识产权相关的法律诉讼方面得到不少教训。因此，人才培养任重道远。

最后，抵制不良动漫作品的网络流通刻不容缓。众所周知，日本动漫既有许多精华也有不少糟粕。尽管其中精华声名远扬，但这并不意味着充斥着暴力、色情的糟粕就此消失。这些现象仍然存在，而且在当前网络传播速度惊人、人人均可成为自媒体随意发声的环境下，这些内容很容易四处泛滥，不仅危及全世界青少年的健康成长，还有损自身形象，使国家形象蒙羞，甚至还有可能破坏国家间关系。形象可以助推经济发展，但也可能拖累经济增长，后果不言自明。因此，需要国家、行业、企业和个人共同抵制不良动漫作品的网络流通。

一个漫画故事和一群角色形象，串联起一条动漫文化产业链，并引发一系列行业参与联动，在国内形成文化产业的超级大市场，为文化经济带来一定的繁荣和活力，这就是日本独特的国内市场开拓之路。在走向国际时，尽管日本动漫文化产品也经历挫折，但它们在版权交易模式、国内外版权统筹管理、协同发展等方面仍有可圈可点之处。

---

① 日本動画協会,「アニメ産業レポート2021 サマリー」、https：//aja.gr.jp/download/anime-industry-report-2021-summary_jp。

图书在版编目（CIP）数据

现代日本经济治理：百年变局的转型探索／刘云主编．—北京：时事出版社，2022.12
ISBN 978-7-5195-0525-7

Ⅰ.①现… Ⅱ.①刘… Ⅲ.①经济治理—研究—日本—现代 Ⅳ.①F131.33

中国版本图书馆 CIP 数据核字（2022）第 199022 号

出 版 发 行：时事出版社
地　　　址：北京市海淀区彰化路 138 号西荣阁 B 座 G2 层
邮　　　编：100097
发 行 热 线：(010) 88869831　88869832
传　　　真：(010) 88869875
电 子 邮 箱：shishichubanshe@sina.com
网　　　址：www.shishishe.com
印　　　刷：北京良义印刷科技有限公司

开本：787×1092　1/16　印张：20　字数：308 千字
2022 年 12 月第 1 版　2022 年 12 月第 1 次印刷
定价：125.00 元

（如有印装质量问题，请与本社发行部联系调换）